Vista Higher Learning

Cuaderno para hispanohablantes

Blanco • Donley

VISTA
HIGHER LEARNING

Boston, Massachusetts

Printed in the United States of America.

ISBN-13: 978-1-60007-109-6
ISBN-10: 1-60007-109-0

1 2 3 4 5 6 7 8 9 10 B 12 11 10 09 08 07

Table of Contents

contextos

1 **Saludos**

A. Completa cada oración con la palabra que corresponda.

1. Les _____ a Roberto.

2. El _____ es mío.

3. ¿ _____ te llamas tú?

4. _____ días.

5. ¿ _____ tal?

6. _____ pronto.

B. Ahora, reemplaza las oraciones por otras similares.

1. _____

2. _____

3. _____

4. _____

5. _____

6. _____

2 **Escribir** Observa la imagen y escribe un diálogo de saludo, presentación y despedida.

_____
_____
_____
_____
_____
_____
_____
_____
_____
_____
_____
_____

3 **Otras expresiones** ¿Conoces otros saludos y despedidas que sean diferentes a las que se presentan en la sección de **Contextos** de tu libro? ¿Cuáles son y a qué expresiones equivalen?

> **modelo**
> ¿Qué onda? es igual a ¿Qué tal?
> Chévere es igual a Bien.

1. _____

2. _____

3. _____

4. _____

4 **Tú y usted** Observa la imagen y elige a una persona adulta y a una joven. Escribe un diálogo de saludo entre ellos y tú. Usa **tú** o **usted** según corresponda.

_____

_____

_____

_____

_____

_____

_____

_____

_____

_____

5 **Conversaciones** Las personas de la imagen pertenecen a cinco países hispanos diferentes. Imagina nombres y nacionalidades para ellos. Escribe un diálogo en que se presentan y se dicen de dónde son.

_____

_____

_____

_____

_____

_____

_____

_____

_____

pronunciación y ortografía

El alfabeto español

El alfabeto español tiene 29 letras. En él hay una letra que no está en el alfabeto inglés, la **ñ (eñe).**

Letra	Nombre(s)	Ejemplos	Letra	Nombre(s)	Ejemplos
a	a	adiós	n	ene	nacionalidad
b	be	bien, problema	ñ	eñe	mañana
c	ce	cosa, cero	o	o	once
ch	che	chico	p	pe	profesor
d	de	diario, nada	q	cu	qué
e	e	estudiante	r	ere	regular, señora
f	efe	foto	s	ese	señor
g	ge	gracias, Gerardo, regular	t	te	tú
h	hache	hola	u	u	usted
i	i	igualmente	v	ve	vista, nuevo
j	jota	Javier	w	doble ve	walkman
k	ka, ca	kilómetro	x	equis	existir, México
l	ele	lápiz	y	i griega, ye	yo
ll	elle	llave	z	zeta, ceta	zona
m	eme	mapa			

En el alfabeto español hay algunas letras que tienen diferentes formas de pronunciarse según el lugar que ocupan en la palabra.

La letra **c** puede sonar como la **s** cuando se escribe antes de **e** o **i**, y suena como la **k** cuando se escribe antes de alguna consonante o de las vocales **a, o, u.**

cena   **ci**nta   **cr**ema   **ca**pa   **co**lonia   a**cu**dir

La letra **g** suena como en **gato** en combinaciones con otras consonantes y en **ga, gue, gui, go** y **gu.** Y en las combinaciones **ge** y **gi** suena como en **jota.**

gracias   pe**ga**mento   **gue**rra   **Gui**llermo   al**go**dón   se**gu**ridad

gente   **gé**nero   ima**gi**na   **ge**nial   **gi**rasol   **gi**gante

El español no tiene ciertas letras dobles que en inglés son comunes, como **ss, mm** y **nn.** Algunos cognados te permitirán observar mejor esta diferencia.

clase *class*   **común** *common*   **discusión** *discussion*   **milenio** *millennium*

Práctica

1   **Pronunciación**   Lee cada palabra en voz alta. Escribe **gato** o **jota** debajo de cada **g** y escribe **s** o **k** debajo de cada **c** de acuerdo con la forma en que se pronuncian.

1. **g**eneral   3. a**g**radar   5. pe**c**era   7. á**c**ido   9. **c**éntri**c**o

2. a**g**osto   4. Re**g**ina   6. a**c**omodar   8. **c**abeza   10. **g**eo**g**rafía

2   **Sonidos**   Primero, lee estas oraciones en voz alta. Después, encierra en un círculo las combinaciones de letras con **c** y con **g.** Por último, escribe qué sonidos se practican en cada uno.

Ayer compré cinco cosas muy curiosas para mi amiga Eugenia Gómez: crema para la cara, una cinta para el cabello, un cuadro para la cocina y cuatro cebollas para la cena.

cultura

Saludos y besos en los países hispanos

 En los países hispanos, a menudo se usa un beso en la mejilla para saludar a amigos y parientes. Es común besar a alguien al presentarse, particularmente dentro de un ámbito informal. Mientras los norteamericanos mantienen un espacio interpersonal bastante considerable al saludar, en España y Latinoamérica se tiende a disminuir este espacio y a dar uno o dos besos en la mejilla, a veces acompañados por un apretón de manos o un abrazo. En circunstancias laborales formales, donde los colegas no se conocen a nivel personal, los saludos implican un simple apretón de manos.

El saludo con un beso varía de acuerdo a la región, el género y el contexto. Con excepción de Argentina —donde los amigos y parientes varones se besan sutilmente en la mejilla—, los hombres a menudo se saludan con un abrazo o un efusivo apretón de manos. Los saludos entre hombres y mujeres, y entre mujeres, pueden diferir dependiendo del país y el contexto, pero generalmente incluyen un beso. En España, es habitual dar dos besos, comenzando primero con la mejilla derecha. En los países latinoamericanos, incluyendo México, Costa Rica, Colombia y Chile, el saludo consiste en un "roce de mejillas" en el lado derecho. Los peruanos también "rozan sus mejillas", pero los extraños simplemente se estrechan la mano. En Colombia, las mujeres que ya se conocen tienden a darse simplemente una palmadita en el antebrazo o en el hombro derecho.

---

1 **Comprensión** Responde a las preguntas con oraciones completas.

1. ¿Qué cultura demuestra una actitud más distante al saludar? ¿Por qué?

   _____

2. ¿Qué diferencias existen en general entre los saludos de amigos y parientes varones y los saludos de las damas?

   _____

3. ¿Para qué piensas que sirve el saludo?

   _____

4. ¿Crees que los saludos que usan los jóvenes son diferentes a los que usan sus padres? ¿Por qué?

   _____

5. ¿En qué situaciones te resultaría especialmente útil la información de este texto?

   _____

6. De todos los saludos que leíste, ¿cuál te agrada más? ¿Por qué?

   _____

estructura

1.1   Sustantivos y artículos

▸ Los sustantivos y los artículos tienen género (que puede ser masculino o femenino) y
número (que puede ser singular o plural).

▸ Cuando usas un artículo junto a un sustantivo, ambos deben tener el mismo género
y el mismo número.

el corredor   **los** corredores

la corredora   **las** corredoras

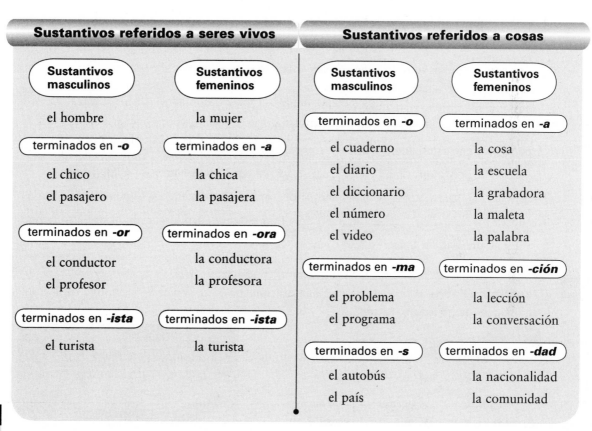

Sustantivos referidos a seres vivos		Sustantivos referidos a cosas	
Sustantivos masculinos	**Sustantivos femeninos**	**Sustantivos masculinos**	**Sustantivos femeninos**
el hombre	la mujer	**terminados en -o**	**terminados en -a**
terminados en -o	**terminados en -a**	el cuaderno	la cosa
el chico	la chica	el diario	la escuela
el pasajero	la pasajera	el diccionario	la grabadora
		el número	la maleta
terminados en -or	**terminados en -ora**	el video	la palabra
el conductor	la conductora	**terminados en -ma**	**terminados en -ción**
el profesor	la profesora	el problema	la lección
		el programa	la conversación
terminados en -ista	**terminados en -ista**	**terminados en -s**	**terminados en -dad**
el turista	la turista	el autobús	la nacionalidad
		el país	la comunidad

¡Atención!

Algunos sustantivos se escriben igual en masculino y en femenino. En estos casos, el género se indica con los artículos **el** (masculino) y **la** (femenino).

el pianista
el cantante

la pianista
la cantante

▸ Los sustantivos femeninos que en singular comienzan con la sílaba fuerte **a-** o **ha-** llevan un
artículo masculino (**el** o **un**). Esto se hace para evitar la repetición del sonido **a** y sólo ocurre en
singular. En plural, se usa el artículo femenino (**las** o **unas**). Los adjetivos que acompañan a estos
sustantivos mantienen su forma femenina.

Singular   **Plural**

el águila calva   **las** águilas calvas

un hacha afilada   **unas** hachas afiladas

el agua cristalina   **las** aguas cristalinas

un acta resumida   **unas** actas resumidas

Práctica

1 **Completar** Completa cada espacio en blanco con la opción correcta.

En el mundo hay una gran variedad de pájaros. Una de (1) _____ (las, los) aves

no voladoras más grande es (2) _____ (el, la) avestruz, que habita en África y

Australia. En algunas regiones de Australia hay (3) _____ (unas, unos)

avestruces consideradas animales salvajes.

(4) _____ (El, La) ave voladora más grande y en peligro de extinción es

(5) _____ (el, la) águila americana, o águila calva, considerada símbolo nacional

de los Estados Unidos. Puede llegar a medir casi un metro de longitud y cuando extiende

(6) _____ (las, los) alas, llega a medir más de dos metros. Viven en parejas y

permanecen juntas toda su vida. Anidan sobre árboles o riscos.

(7) _____ (Las, Los) águilas son aves rapaces, calman (8) _____

(el, la) hambre comiendo peces, pájaros y mamíferos que atrapan con su pico y sus

poderosas garras. Algunos alimentos complementarios son los reptiles, invertebrados

y carroña, por lo que (9) _____ (el, la) agua no es vital para ellas. Tienen

(10) _____ (el, la) habilidad de divisar grandes distancias. Con su vista aguda

cubren (11) _____ (un, una) área muy extensa cuando vuelan, lo que les permite

ver a su presa desde lejos.

2 **Describir** Observa la imagen. Escribe una oración completa con cada sustantivo de la lista.
No olvides anteponer un artículo.

modelo

Los niños pescan en el lago.

| pescadores | peces | agua |
| aire | niños | orilla |

_____

_____

_____

_____

_____

_____

_____

1.2 Los números del 0 al 30

Los números del 0 al 30					
0	cero				
1	uno	**11**	once	**21**	veintiuno
2	dos	**12**	doce	**22**	veintidós
3	tres	**13**	trece	**23**	veintitrés
4	cuatro	**14**	catorce	**24**	veinticuatro
5	cinco	**15**	quince	**25**	veinticinco
6	seis	**16**	dieciséis	**26**	veintiséis
7	siete	**17**	diecisiete	**27**	veintisiete
8	ocho	**18**	dieciocho	**28**	veintiocho
9	nueve	**19**	diecinueve	**29**	veintinueve
10	diez	**20**	veinte	**30**	treinta

▶ El número **uno**, ante sustantivos masculinos, se convierte en **un**. Los números que terminan en **uno**, como **veintiuno**, cambian el **uno** por **ún**, con tilde. Ante sustantivos femeninos, uno se convierte en **una**.

> **un** diccionario   **veintiún** diccionarios
>
> **una** palabra   **veintiuna** palabras

¡Atención!

Nunca olvides escribir con tilde los números **dieciséis**, **veintidós**, **veintitrés** y **veintiséis**.

▶ Generalmente, en español los números del 0 al 30 se escriben con una sola palabra. En el caso de 16, 17, 18 y 19, que usan la palabra **diez**, la **z** se cambia por **c**.

> die**c**iséis   die**c**iocho
>
> die**c**isiete   die**c**inueve

▶ Cuando resuelves problemas de suma y resta en matemáticas, te encuentras con los símbolos +, –, =. Lee el símbolo + como **más**. Lee el símbolo – como **menos**. El símbolo = se lee **es** si el resultado es **cero** o **uno**; y se lee **son** si el resultado es **dos** o más. Si estás resolviendo problemas de multiplicación, lee el signo × como **por** y para divisiones lee el signo ÷ como **entre**.

$$9 + 8 = \qquad 9 - 8 = \qquad 9 \times 3 = \qquad 9 \div 3 =$$

Nueve más ocho son diecisiete. Y nueve menos ocho es uno.

Nueve por tres son veintisiete. Y nueve entre tres son tres.

Lección 1 Cuaderno para hispanohablantes

Lección 1

Práctica

1 **Resolver** Soluciona los siguientes problemas. Escribe el problema y el resultado en palabras.

modelo

> 4 + 6 = Cuatro más seis son diez.

1. 12 + 5 = _____

2. 30 – 14 = _____

3. 3 × 3 = _____

4. 16 – 15 = _____

5. 18 ÷ 6 = _____

6. 7 × 0 = _____

7. 30 – 9 = _____

8. 11 × 2 = _____

9. 19 + 7 = _____

10. 20 ÷ 2 = _____

2 **¿Cuántos?** Responde a las preguntas con oraciones completas. Escribe los números con palabras.

1. ¿Cuántos años tienes?

_____

2. ¿Cuántas personas hay en tu familia?

_____

3. ¿Cuántos varones hay en la clase?

_____

4. ¿Cuántas mujeres hay en la clase?

_____

5. ¿Cuántas ventanas tiene la clase?

_____

3 **Están en...** Observa la imagen y describe el lugar, di cuántas personas hay, cuántas personas faltan y aproximadamente cuántas puede haber en total.

_____

_____

_____

_____

_____

_____

_____

1.3 El presente de **ser**

El verbo **ser** se puede utilizar con diversos fines.

▶ Para identificar a personas, animales y cosas.

—¿Quién **es** él? —¿Qué **es** ese animal? —¿Qué **es** eso?
—**Es** Javier Lozano. —**Es** un perro. —**Es** un silbato.

▶ Para expresar la procedencia, usando la preposición **de**.

—¿**De** dónde **es** Álex? —¿**De** dónde **es** Maite?
—**Es de** México. —**Es de** España.

▶ En español, los verbos se pueden presentar en tres tiempos distintos: el **pasado**, que indica que la acción ya se realizó; el **presente**, que dice que la acción se está realizando; y el **futuro**, que da a conocer que la acción se realizará. La siguiente tabla muestra el modelo del verbo **ser** en el tiempo presente.

El verbo **ser** (*to be*)		
FORMAS SINGULARES	yo **soy**	*I am*
	tú **eres**	*you are* (fam.)
	Ud./él/ella **es**	*you are* (form.); *he / she is*
FORMAS PLURALES	nosotros/as **somos**	*we are*
	vosotros/as **sois**	*you are* (fam.)
	Uds./ellos/ellas **son**	*you are* (form.); *they are*

▶ **¡Atención!** No debes confundir el pronombre **tú** con el posesivo **tu**. El pronombre va con tilde; el posesivo no lleva tilde.

▶ El español tiene dos pronombres personales para la segunda persona singular. Se usa **tú** cuando se trata de una situación informal. En cambio, se usa **usted (Ud.)** para dirigirse a personas con las que no se tiene un trato formal o se tiene una relación más distante.

tú	**usted**
amigos/as	superiores en el trabajo
familiares	profesores/as
niños/as	personas mayores

Tú eres mi mejor amiga. **Usted**, profesor, es una excelente persona.

¡Atención!

El uso de **usted** varía de país en país y hay varios lugares donde las personas tratan de **usted** (que a veces se abrevia como **Vd.**) incluso a familiares y amigos. Por eso, si estás en otro país y no estás muy seguro de cómo tratar a las personas, ¡usa **usted!**

▶ En España, los pronombres personales **vosotros** y **vosotras** se usan siempre. Sin embargo, en el resto de los países hispanohablantes se usan con muy poca frecuencia, prefiriéndose el empleo de ustedes.

Vosotros sois mis mejores amigos. **Ustedes** son mis mejores amigos.

▶ En algunos países de América Latina, se usa el pronombre **vos** en vez de **tú**. En este caso, también se cambia el verbo **ser**, adoptando la forma **sos**.

—¿**Quién** sos vos? —**Soy** Javier Lozano.

Lección 1 Cuaderno para hispanohablantes

Práctica

1 **Completar** Completa las frases de una manera lógica. Usa las formas correctas del verbo **ser.**

1. Mi mejor amigo/a _____ .

2. Mis padres _____ .

3. Yo _____ .

4. Shakira _____ .

5. Mis amigos/as y yo _____ .

6. Jennifer López y Marc Anthony _____ .

2 **¿Cómo son?** Imagina que alguien quiere conocer a dos amigos/as tuyos/as que vienen de otro país. Escribe una descripción de sus características más importantes. Usa diferentes formas del verbo **ser.**

> **modelo**
>
> Eugenio es de Bolivia y es muy alegre. Mariela es de Costa Rica y es simpática.

_____

_____

_____

_____

_____

_____

3 **¿Tú o usted?** Menciona cinco personas a quienes tratarías de **tú** y otras cinco a las que tratarías de **usted**. Di en cada caso por qué, utilizando las formas del verbo **ser.**

_____

_____

_____

_____

_____

_____

_____

_____

_____

_____

_____

_____

_____

_____

1.4   Decir la hora

En español se usa el verbo **ser** y los números para decir la hora.

▷ Para preguntar la hora se usa la expresión **¿Qué hora es?** Para decir la hora, se usa **es la** para la **una** y **son las** para las otras horas.

▷ Para decir que han pasado quince minutos después de la hora, se usa **y cuarto** o **y quince**. Para decir que han pasado treinta minutos después de la hora, se usa **y media** o **y treinta**.

Es la una **y cuarto.**

Son las doce **y media.**

▷ Para decir que ha pasado más de media hora, se restan los minutos que faltan para la próxima hora.

Son las tres **menos diez.**

Es la una **menos cuarto.**

▷ Para preguntar cuándo va a suceder algo, se usa la frase **¿A qué hora (...)?** Para decir cuándo va a suceder algo, se usa la construcción **a la(s)** + **[hora]**.

—**¿A qué hora** comienza la película?   —La película comienza **a las ocho y cuarto.**

—**¿A qué hora** es el concierto?   —El concierto es **a las diez en punto.**

▷ Aquí tienes otras expresiones que se relacionan con decir la hora.

Son las nueve **de la mañana.**   Son las siete **de la tarde.**
(9:00 a.m.)   (7:00 p.m.)

Llegaremos a Los Ángeles **de madrugada.**   Terminó su trabajo **al atardecer.**
(entre la medianoche y la salida del sol)   (cuando el sol se empieza a esconder)

Nos levantamos **al amanecer.**   Volvimos a casa **al anochecer.**
(a la hora en que sale el sol)   (al comenzar la noche)

▷ En algunos países hispanos se usa el horario de 24 horas, es decir, se da la hora desde las 00:00 hasta las 23:59. De las 00:00 a las 11:59 corresponde a las horas a.m. y de las 12:00 a las 23:59 corresponde a las horas p.m. Cuando se da la hora con este horario, no se usa a.m. ni p.m.

8:15 p.m. = 20:15   11:40 p.m. = 23:40

Lección 1 Cuaderno para hispanohablantes

Práctica

1 **¿Cómo lo dirías?** Escribe una frase que se relacione con cada hora dada entre paréntesis.

1. Antonio se levanta _____ . (a las seis a.m.)

2. El médico termina su turno _____ . (a las dos a.m.)

3. La cena termina _____ . (a las nueve p.m.)

4. Catalina sale de la oficina _____ . (a las diecinueve horas)

2 **Describir** Observa las imágenes y las horas. Escribe una oración para describir lo que pasa en cada una. Indica las horas en palabras. Sigue el modelo.

> **modelo**
> 9:00 p.m.
> **Amaya baila en una fiesta a las *nueve de la noche.***

8:30 a.m.

10:20 a.m.

1. _____

_____

2. _____

_____

3:45 p.m.

7:50 p.m.

3. _____

_____

4. _____

_____

3 **Cuaderno de bitácora** Imagina un sábado cualquiera de tu vida. Escribe una hoja de bitácora contando diez sucesos que te ocurren ese día. Indica las horas en palabras.

> **modelo**
> *Me levanto a las nueves y media de la mañana...*

_____

_____

_____

_____

_____

adelante

Lectura

Antes de leer

La palabra inglesa *circus* y la palabra española **circo** son cognados porque tienen una forma muy parecida y significan lo mismo. Escribe una lista de palabras que conozcas que puedan ser cognados. Pero ten cuidado con los falsos cognados. Por ejemplo, *parents* significa **padres**, no **parientes**. Y **éxito** significa *success*, no *exit*.

Español	Inglés

El circo chino

El espectacular circo chino ha llegado a la ciudad. Diego Soto invita a su esposa al teatro para ver la función. Por la mañana llama a Lisa para que cuide a su hija mientras están fuera. Le costó tomar la decisión de asistir, porque además le dolía una muela y debía ir ese día al dentista. Sin embargo, pensaba que no iba a tener otra oportunidad como ésa para satisfacer su gusto por la sociología y aprender más de la cultura oriental. Así que pensó que sería una inteligente decisión pasar primero por el dentista. Antes de salir, le dejaron a Lisa una lista de teléfonos, el biberón y los juguetes favoritos de su hija sobre la mesa.

Al llegar al teatro, la gente que deseaba entrar era tanta, que el administrador tuvo que telefonear a la policía para poner un poco de orden en el lugar. En la puerta de entrada, se toparon con el doctor Valdés, el médico de la familia. El doctor Valdés contestaba algunas preguntas para un canal de televisión que cubría la función. Se saludaron cariñosamente y se sentaron juntos para ver la importante muestra artística.

Ésta es la lista que Diego Soto y su esposa le dejan a Lisa.

Teléfonos importantes

Policía - 23.75.44

Pizzería - 23.46.12

Restaurante chino - 24.66.04

Dr. Valdés - 23.58.41

Dentista - 23.13.26

Teatro - 24.11.11

Rodrigo Soto - 24.86.54

Pediatra - 24.17.11

Lección 1 Cuaderno para hispanohablantes

Después de leer

1 **Comprensión** Responde a las preguntas con oraciones completas.

1. ¿En qué circunstancias puede Lisa llamar al veinticuatro, diecisiete, once?

   _____

2. ¿A qué número puede llamar Lisa si escucha ruidos extraños en el jardín?

   _____

3. ¿A qué tipo de restaurante crees que van a ir los Soto después de la función?

   _____

4. Si poco después de salir los Soto, Lisa nota que el Sr. Soto dejó olvidados sus
   documentos, ¿a qué número puede llamarlo? ¿Cómo lo sabes?

   _____

5. Si ya es de madrugada y los Soto aún no regresan a su hogar, ¿a quién puede recurrir
   Lisa en busca de ayuda? ¿Por qué?

   _____

   _____

2 **Interpretación** Contesta las preguntas con oraciones completas.

1. ¿Por qué piensas que le dejan a Lisa el número de la pizzería?

   _____

   _____

2. ¿Quién puede ser Rodrigo Soto?

   _____

   _____

3. ¿Le resultará útil a Lisa el teléfono del doctor Valdés? ¿Por qué?

   _____

   _____

4. Si tú tienes que cuidar a un bebé, ¿qué diez números de teléfono crees que debes tener?

   _____

   _____

5. ¿Cuáles crees que son los principales problemas que enfrenta un(a) joven que cuida a un
   bebé de meses?

   _____

   _____

   _____

6. ¿Qué tipo de preparación debe tener una persona para poder cuidar bien a un bebé?

   _____

   _____

   _____

Escritura

Estrategia

Writing in Spanish

Why do we write? All writing has a purpose. For example, we may write a poem to reveal our innermost feelings, a letter to impart information, or an essay to persuade others to accept a point of view. Proficient writers are not born, however. Writing requires time, thought, effort, and a lot of practice. Here are some tips to help you write more effectively in Spanish.

Do...

▷ try to write your ideas in Spanish.

▷ use the grammar and vocabulary that you know.

▷ use your textbook for examples of style, format, and expressions in Spanish.

▷ use your imagination and creativity.

▷ put yourself in your reader's place to determine if your writing is interesting.

Avoid...

▷ translating your ideas from English to Spanish.

▷ simply repeating what is in the textbook or on a web page.

▷ using a dictionary until you have learned how to use foreign language dictionaries.

TEMA: Hacer una lista

Antes de escribir

1 Vas a crear una lista que pueda ser útil en tu estudio del español. La lista debe incluir:

▷ nombres, números de teléfono y direcciones electrónicas de cinco compañeros/as de clase

▷ el nombre de tu profesor(a), su dirección electrónica y su número de teléfono

▷ tres números de teléfono y tres direcciones electrónicas relacionadas con tu estudio del español

▷ cinco recursos electrónicos para estudiantes de español

2 Escribe los nombres de los/las compañeros/as de clase que quieres incluir en tu lista.

3 Entrevista a tus compañeros y a tu profesor(a) para averiguar la información que debes incluir. Usa las siguientes preguntas y escribe sus respuestas.

Informal ¿Cómo te llamas?, ¿Cuál es tu número de teléfono?, ¿Cuál es tu dirección electrónica?

Formal ¿Cómo se llama?, ¿Cuál es su número de teléfono?, ¿Cuál es su dirección electrónica?

4 Piensa en tres lugares de tu comunidad que podrían ayudarte en tu estudio del español. Podría ser una biblioteca, una librería de textos en español, una estación de televisión en español, una estación de radio en español, un centro comunitario hispano u otro tipo de organización hispana. Averigua sus direcciones electrónicas y sus números de teléfono y escríbelos.

Lección 1 Cuaderno para hispanohablantes

Lección 1

5 Busca cinco sitios web en Internet que se dediquen al estudio del español como segunda lengua o que ofrezcan *keypals* (amigos por Internet) de países de habla hispana. Escribe sus URL.

Escribir

Escribe tu lista completa y asegúrate de que incluye toda la información relevante. Debe incluir al menos cinco personas (con sus números de teléfono y sus direcciones electrónicas), tres lugares (con sus números de teléfono y sus direcciones electrónicas) y cinco sitios web (con sus URL). Evita el uso del diccionario y sólo escribe lo que puedas escribir en español.

Después de escribir

1 Intercambia tu lista con la de un(a) compañero/a de clase. Coméntala y contesta estas preguntas.

▶ ¿Incluyó tu compañero/a el número correcto de personas, lugares y sitios web?

▶ ¿Incluyó tu compañero/a la información pertinente de cada persona, lugar o sitio web?

2 Corrige el trabajo de tu compañero/a, señalando los errores de ortografía y de contenido. Observa el uso de estos símbolos de corrección.

ℰ	eliminar
∧	insertar letra(s) o palabra(s) del margen
/	reemplazar la letra tachada por la que se indica al margen
~~palabra~~	reemplazar palabra tachada con la que se indica al margen
a̲	cambiar a mayúscula (colocar justo debajo de la letra)
E̸	cambiar a minúscula (colocar justo encima de la letra)
∿	transponer las letras o palabras indicadas (tr.)

Observa ahora un modelo de cómo se ve un borrador corregido:

Nombre: Sally   r
Teléfono: 655-8888   é
Dirección electrónica: sally@uru.edu   (tr.)

Nombre: Profesor Josén ramón Casas
655-8090   Teléfono:
Dirección electrónica: jrcasas@uru.edu   ó

3 Revisa tu lista de acuerdo con los comentarios y correcciones de tu compañero/a. Después de escribir la versión final, léela otra vez para eliminar errores en:

▶ la ortografía   ▶ la puntuación   ▶ el uso de letras mayúsculas y minúsculas

contextos

1 **Preguntas** Responde a las preguntas con oraciones completas.

> **modelo**
>
> ¿Qué clases te gustan más?
> A mí me gustan más los cursos de historia y español.

1. ¿Qué clases tomas hoy?

   _____

2. ¿En qué clase se estudia a Shakespeare?

   _____

3. ¿Qué aprendes en la clase de geografía?

   _____

4. ¿Qué clases tienen lugar en el laboratorio?

   _____

5. ¿Qué sirven hoy en la cafetería?

   _____

2 **¿Cómo se dice?** Primero, observa las palabras y escribe otras formas que conozcas para referirte a ellas en español. Después, escribe una oración con cada palabra modelo.

1. escuela _____

   _____

2. papelera _____

   _____

3. pizarra _____

   _____

4. lápiz _____

   _____

5. pluma _____

   _____

6. tarea _____

   _____

7. escritorio _____

   _____

8. sala de clase _____

   _____

3 **El calendario** Observa el calendario y completa el diálogo entre Marta y Daniel usando palabras del vocabulario de la lección. Imagina las actividades que deben realizar en cinco fechas del calendario. El primer ejercicio es el modelo.

marzo

L	M	M	J	V	S	D
		1	2	3	4	5
6	7	8	9	10	11	12
13	14	15	16	17	18	19
20	21	22	23	24	25	26
27	28	29	30	31		

abril

L	M	M	J	V	S	D
					1	2
3	4	5	6	7	8	9
10	11	12	13	14	15	16
17	18	19	20	21	22	23
24	25	26	27	28	29	30

1. **MARTA** ¿Qué día de la semana es el 6 de marzo?

   DANIEL Es lunes. Recuerda que el primer examen es tres días después.

2. **MARTA** _____

   DANIEL _____

3. **MARTA** _____

   DANIEL _____

4. **MARTA** _____

   DANIEL _____

5. **MARTA** _____

   DANIEL _____

6. **MARTA** _____

   DANIEL _____

4 **Entrevista** Imagina que eres un(a) joven que quiere ir a una universidad para entrevistar a un(a) estudiante que estudia allí. Escribe ocho preguntas relacionadas con los cursos, el horario, las salas de clases, la residencia, el calendario, los profesores y los compañeros.

1. _____

2. _____

3. _____

4. _____

5. _____

6. _____

7. _____

8. _____

Lección 2

pronunciación y ortografía

Cómo deletrear en voz alta

Para deletrear palabras hay que decir o escribir cada letra por su nombre.

zanahoria: zeta - a - ene - a - hache - o - ere - i - a

En los sustantivos propios se deben indicar las letras que se escriben con mayúscula.

Latinoamérica: ele mayúscula - a - te - i - ene - o - a - eme - e con tilde - ere - i - ce - a

Cuando se deletrean palabras compuestas que están separadas por un guión, debe mencionarse el guión como si fuera una letra más.

franco-español: efe - ere - a - ene - ce - o - guión - e - ese - pe - a - eñe - o - ele

En las expresiones formadas por dos o más palabras, debe indicarse el final de cada palabra diciendo **espacio** después de cada una.

Los Ángeles: ele mayúscula - o - ese - espacio - a mayúscula con tilde - ene - ge - e - ele - e - ese

Cuando una persona no está segura de cómo se escribe una palabra, puede preguntar:

—**¿Burro se escribe con be grande o con ve chica?**   —**Burro se escribe con be grande.**
—**La palabra biología, ¿lleva tilde o no?**   —**Biología lleva tilde en la segunda i.**

Lección 2

Práctica

1 **En voz alta** Primero, escribe el nombre de lo que indica cada flecha. Después, deletrea en voz alta cada una de las palabras.

1. _____
2. _____
3. _____
4. _____

2 **¿Cómo se escribe?** Escribe cómo preguntarías para escribir correctamente las siguientes palabras. Luego deletrea en voz alta cada palabra.

> **modelo**
> hablar *¿Se escribe con hache o sin hache?*

1. gente _____
2. teórico-práctico _____
3. queso _____
4. América del Sur _____

3 **Deletrear** Responde en voz alta y por escrito. ¿Cómo se deletrea...

1. tu nombre? _____
2. el nombre de tu profesor(a)? _____
3. el nombre de tu escuela? _____
4. el nombre de la calle donde vives? _____

cultura

La elección de una carrera universitaria

Como en el mundo hispanohablante la educación superior recibe un subsidio estatal importante, la matrícula es casi gratuita y por esta razón las universidades tienen muchos estudiantes. En España y América Latina, los estudiantes generalmente escogen su carrera universitaria alrededor de los dieciocho años, ya sea un año antes o un año después de ingresar a la universidad. Para matricularse, todos los estudiantes deben completar su enseñanza secundaria, conocida también como bachillerato o colegio*. En países como Bolivia, México y Perú, el último año de la secundaria tiene por objetivo especializar a los estudiantes en un área de estudio, como artes o ciencias naturales. Después, ellos escogen sus carreras de acuerdo a sus áreas de especialización.

De la misma manera, los estudiantes de Argentina que quieren estudiar en la universidad siguen el sistema polimodal durante los últimos tres años de escuela secundaria. El polimodal consiste en que los estudiantes estudien varias disciplinas, como negocios, ciencias sociales o diseño. Los estudiantes argentinos eligen después su carrera con base en este proceso. Por último, en España, los estudiantes eligen su carrera de acuerdo con el puntaje que obtienen en un examen de aptitud, conocido como examen de Selectividad.

Los estudiantes graduados de la universidad reciben un título de licenciatura. En Argentina y Chile, la licenciatura se completa en un período de cuatro a seis años y se considera equivalente a una maestría. En Perú y Venezuela, estos estudios son un proceso de cinco años. En España y Colombia, las licenciaturas demoran de cuatro a cinco años, aunque en algunas carreras, como medicina, se requieren seis años o más.

Estudiantes hispanos en los EE.UU.

En el año académico 2004-05, más de 13.000 estudiantes mexicanos (2,3% de los estudiantes internacionales) realizaron estudios en universidades de los EE.UU. Los colombianos fueron el segundo grupo más grande de hispanohablantes, con más de 7.000 estudiantes.

---

*La palabra colegio es un falso cognado. En la mayoría de los países latinoamericanos significa escuela secundaria, pero en algunas regiones y también en España se refiere a la escuela primaria.

---

1 **Comprensión** Responde a las preguntas con oraciones completas.

1. ¿Qué diferencias hay entre las formas de prepararse para la universidad en Perú y Argentina?

_____

2. Según el texto, ¿dónde es más probable que un estudiante de pocos recursos económicos pueda estudiar en la universidad? ¿En los Estados Unidos o en algún país de América Latina? ¿Por qué?

_____

3. ¿Cuáles son las ventajas y/o desventajas de estudiar una carrera universitaria?

_____

4. Investiga en Internet cómo es el sistema de ingreso a la universidad en algún país hispano. Descríbelo con tus propias palabras.

_____

estructura

2.1 Presente de verbos que terminan en -ar

▶ Para hablar de acciones necesitas los verbos, pues ellos expresan la acción o el estado de alguien o de algo. En español, el infinitivo es el nombre del verbo y puede ser reconocido por las terminaciones **-ar**, **-er** o **-ir**. En esta lección aprenderás sobre los verbos regulares terminados en **-ar**.

-ar	-er	-ir
am**ar**	beb**er**	viv**ir**

El verbo trabajar

Formas en singular		Formas en plural	
yo	trabaj**o**	nosotros/as	trabaj**amos**
tú	trabaj**as**	vosotros/as	trabaj**áis**
Ud./él/ella	trabaj**a**	Uds./ellos/ellas	trabaj**an**

▶ En español, el tiempo presente indica que la acción se realiza en el ahora; en cambio, el **presente progresivo** señala que la acción está en desarrollo. Este tiempo se usa muy poco en español, pero en inglés se usa muchísimo.

Presente

Pago el pasaje del autobús.

I am paying for the bus.

Presente progresivo

Estoy pagando el pasaje del autobús.

I am paying for the bus (right now).

Termino mi tarea.

I am finishing my homework.

Estoy terminando mi tarea.

I am finishing my homework (right now).

▶ A diferencia del inglés, en español los verbos **buscar, escuchar, esperar** y **mirar** se pueden escribir sin preposición.

Amelia busca un libro de historia.

*Amelia is looking **for** a history book.*

Espero el metro.

*I am waiting **for** the subway.*

Abel escucha una canción en español.

*Abel is listening **to** a song in Spanish.*

Ana y Jaime miran el horario.

*Ana and Jaime are looking **at** the schedule.*

El verbo *gustar*

▶ Para expresar que algo es de tu agrado o no, usa la expresión **me gusta** + [*sustantivo en singular*] o **me gustan** + [*sustantivo en plural*].

Me gusta el cine francés.

Me gustan las manzanas.

▶ Para expresar lo que te gusta hacer, usa la expresión **me gusta** + [*infinitivo(s)*].

Me gusta conversar con José Luis.

Me gusta leer y escribir.

Práctica

1   **La clase** Escribe un párrafo para describir lo que tus compañeros y tú hacen en la clase de español. Usa los verbos de la lista.

bailar	gustar
escuchar	hablar
estar	preparar
estudiar	saludar

_____

_____

_____

_____

_____

_____

_____

_____

2   **¡Ayúdala!** Imagina que una persona te pide que la orientes para llegar a su destino. Escribe siete instrucciones utilizando el presente de verbos terminados en **-ar.**

1. _____

2. _____

3. _____

3   **Cuestión de gustos** Conversas con alguien que tiene gustos muy distintos a los tuyos. Si tú dices blanco, él/ella dice negro. Escribe un diálogo sobre los gustos de ambos en cuanto a música, películas, deportes y alimentación. Incluye también algunos gustos comunes y los gustos de una tercera persona en el diálogo.

> **modelo**
>
> Tú: A mí me gusta la música rock.
> Él: No, a mí no me gusta. A mí me gusta la música clásica. La música rock me aburre, me parece poco imaginativa. Pero a mi novia le gusta. A ella también le gusta mucho la salsa.

_____

_____

_____

_____

_____

_____

_____

_____

_____

Lección 2

2.2 Formar preguntas en español

▶ Ya sabes que para formar preguntas en inglés sólo se usa un signo de interrogación. En cambio en español es necesario usar dos signos de interrogación: un signo de interrogación al comienzo de la oración (¿) y un signo de interrogación al final de la oración (?).

> ¿Trabajan mucho tus padres?
>
> ¿Vas a estudiar en Nueva York?
>
> ¿Qué carrera te gusta más?

▶ Para formular una pregunta en inglés, siempre se debe usar un pronombre personal. En español, las preguntas se pueden formular con o sin pronombres, pero generalmente se omiten cuando se sabe bien de quién se está hablando.

Con pronombres	**Sin pronombres**
¿**Ustedes** van a ir al cine?	¿Van a ir al cine?
¿Qué quiere hacer **ella**?	¿Qué quiere hacer?

▶ En las preguntas que comienzan con palabras interrogativas como **qué** o **cuál**, el pronombre nunca se pone entre esta palabra y el verbo. El pronombre debe ir después del verbo, al principio o al final de la pregunta.

> ¿Qué piensas **tú** sobre la clase?   ¿Cómo van a llegar a casa **ustedes**?

▶ Cuando se pide a otra persona que repita lo que dijo, debe preguntarse **¿Cómo?** El preguntar **¿Qué?** puede tomarse como una falta de respeto.

▶ La expresión interrogativa **¿por qué?** la forman dos palabras y lleva tilde en la **e**. Para responder a esta pregunta se usa una sola palabra sin tilde: **porque**.

> –¿**Por qué** te gusta esta clase?   –**Porque** es muy interesante.

▶ Al igual que en inglés, se puede formular una pregunta invirtiendo (cambiando) el orden de las palabras. En una oración afirmativa generalmente primero va el sujeto y después el verbo. Este orden puede cambiar y, en español, el sujeto puede ir incluso al final de la oración.

Afirmación	**Pregunta**
SUJETO VERBO	VERBO SUJETO
Roque estudia toda la semana.	¿**Estudia Roque** toda la semana?
SUJETO VERBO	VERBO SUJETO
Margarita está enferma.	¿**Está** enferma **Margarita**?
SUJETO VERBO	VERBO SUJETO
El examen estuvo difícil.	¿**Estuvo** difícil **el examen**?

▶ **¡Atención!** En las oraciones que llevan al final una pregunta corta como **¿no?**, **¿verdad?** o **¿cierto?**, los signos de interrogación sólo van antes y después de esa pregunta corta.

> Estás cansada, **¿no?**   Hoy no tienes que ir a estudiar, **¿verdad?**

Lección 2 Cuaderno para hispanohablantes

Práctica

1 **Las preguntas** Observa las imágenes. Escribe dos preguntas diferentes para cada imagen. Trata de escribir distintos tipos de preguntas.

> **modelo**
>
> La profesora Salinas es buena, ¿verdad?
> ¿Qué clase enseña ella?

1.

2.

_____

_____

3.

4.

_____

_____

_____

_____

2 **Preguntas** Tu amigo Enrique entrevistó a un actor de cine, pero ahora no encuentra parte de la entrevista; sólo tiene las respuestas. Ayúdalo a escribir la pregunta que corresponde a cada respuesta.

> **modelo**
>
> ¿Qué te gusta hacer los fines de semana?
> Los fines de semana me gusta salir con amigos y pasear en bicicleta.

1. _____

Soy de Quito, Ecuador.

2. _____

Tengo veintiséis años.

3. _____

Mi comida favorita es la italiana.

4. _____

Mi última película se llama *Héroes del mañana*.

5. _____

Decidí actuar en esta película porque la historia me parece maravillosa.

3 **¿Qué estudias?** Margarita y Alberto están en la universidad. Ella estudia medicina y él literatura. ¿Qué comentarios crees que hacen sobre sus carreras? Escribe una conversación entre ellos, donde incluyas al menos seis oraciones interrogativas. Trata de usar distintos tipos de preguntas.

_____

_____

_____

_____

2.3 Presente de **estar**

A pesar de que el verbo **estar** termina en **-ar,** no sigue el mismo patrón de conjugación que los verbos regulares terminados en **-ar.** Observa la conjugación del verbo **estar** y luego completa las oraciones donde se compara este verbo con los verbos regulares terminados en **-ar.**

		caminar	estar
FORMAS SINGULARES	yo	camin**o**	est**oy**
	tú	camin**as**	est**ás**
	Ud./él/ella	camin**a**	est**á**
FORMAS PLURALES	nosotros/as	camin**amos**	est**amos**
	vosotros/as	camin**áis**	est**áis**
	Uds./ellos/ellas	camin**an**	est**án**

Presente de caminar y estar

▷ La forma del verbo **estar** para la primera persona del singular **yo** es irregular porque termina en _____ y no en **-o** como en los verbos regulares.

▷ Las terminaciones de los verbos regulares terminados en **-ar** son _____ para **yo,** _____ para **tú,** _____ para **Ud./él/ella,** _____ para **nosotros/as** y _____ para **Uds./ellos/ellas.**

▷ Las terminaciones de las formas **tú, Ud./él/ella** y **Uds./ellos/ellas** del verbo **estar** son diferentes a las de los verbos regulares porque llevan _____.

▷ El verbo **estar** se usa muchas veces con algunas preposiciones para describir la ubicación de una persona o de un objeto.

Preposiciones que se usan comúnmente con estar

a la derecha de	debajo de	entre
a la izquierda de	delante de	frente a
al final de	dentro de	fuera de
al lado de	detrás de	junto a
alrededor de	en	lejos de
cerca de	en la esquina de	sin
con	encima de	sobre

Los campistas **están alrededor de** la fogata.

La oficina del director **está al final** del pasillo.

Mis libros de matemáticas **están en** el coche de mi papá.

La cafetería **está junto a** la biblioteca.

Pilar y Roberto **están frente a** la estación.

Ulises **está en la esquina de** Presidentes e Independencia.

Lección 2

Práctica

1 **¿Dónde?** Escribe una oración para describir dónde está cada lugar en la imagen. Usa el verbo **estar** y las preposiciones que aprendiste.

1. cine Metrópolis
2. restaurante El Fogón
3. librería Casa de Letras
4. escuela Benito Juárez

5. hotel El Mirador
6. café Bohemio
7. banco Citadino
8. hospital Santa Fe

1. El cine Metrópolis está delante del banco.
2. _____
3. _____
4. _____
5. _____
6. _____
7. _____
8. _____

2 **Cambio de cuartos** Esta noche debes dormir en el cuarto de tu hermano/a porque tu primo/a va a dormir en el tuyo. Indícale dónde están algunos objetos que puede necesitar. Usa correctamente el verbo **estar** en cada oración.

> **modelo**
> La linterna está en el primer cajón del armario.

1. _____
2. _____
3. _____
4. _____

3 **Los países** Describe el país de origen de tu familia. Usa estos temas como guía.

▶ ubicación
▶ clima

▶ comida
▶ recursos más importantes

▶ problemas que enfrenta actualmente

_____
_____
_____
_____
_____

Lección 2

estructura

2.4 Números del 31 en adelante

▷ La palabra **y** se usa en casi todos los números del 31 al 99. A diferencia de los números del 21 al 29, estos números se deben escribir como tres palabras distintas.

El año tiene **cincuenta y dos** semanas.   Estoy leyendo la página **ochenta y seis**.

▷ Debes tener cuidado con los falsos cognados. Las palabras en inglés *billion* y *trillion* no significan lo mismo que las palabras en español **billón** y **trillón**. En la siguiente tabla se muestran las equivalencias en inglés y español además de la cantidad que representa cada palabra.

Inglés	Español	Cantidad
billion	mil millones	1.000 millones (1 seguido de 9 ceros)
trillion	billón	1 millón de millones (1 seguido de 12 ceros)
quintillion	trillón	1 millón de billones (1 seguido de 18 ceros)

▷ Muchos números deben concordar en género con los sustantivos a que se refieren. En los números que terminan en **uno** (31, 41, etc.), **uno** se convierte en **un** delante de sustantivos masculinos y en **una** delante de sustantivos femeninos.

El edificio mide **sesenta y un** metros de altura.

El poema tiene **sesenta y una** palabras.

▷ Los números del 200 al 999 también deben concordar en género con el sustantivo al que acompañan.

563 págin**as**

quinient**as** sesenta y tres págin**as**

451 peldañ**os**

cuatrocient**os** cincuenta y **un** peldañ**os**

375 letrer**os**

trescient**os** setenta y cinco letrer**os**

981 sill**as**

novecient**as** ochenta y **una** sill**as**

▷ En español, los años se leen como un solo número, no en pares de dos dígitos como en inglés, pero los números telefónicos generalmente se leen en pares de dos dígitos en los países de habla hispana.

Año	Número de teléfono
1492 mil cuatrocientos noventa y dos	5 - 28 - 03 cinco, veintiocho, cero tres
1994 mil novecientos noventa y cuatro	25 - 19 - 16 veinticinco, diecinueve, dieciséis

Lección 2

Práctica

1 **Resolver** Escribe cada problema matemático completo y su resultado con palabras.

+ más
– menos
× por
÷ entre

1. 61 + 13 = _____
2. 96 – 54 = _____
3. 12 × 8 = _____
4. 99 ÷ 3 = _____
5. 3 × 27 = _____
6. 88 – 31 = _____
7. 39 + 26 = _____
8. 100 ÷ 4 = _____

2 **Grandes cantidades** Escribe las palabras **cientos, mil millones, billón** o **trillón** según corresponda.

1. La población de la India es de 1.045.845.226 habitantes. _____

2. En el mundo se hacen negocios por millones de millones de dólares. _____

3. El planeta Neptuno está a más de cuatro mil millones de kilómetros del Sol. _____

4. El territorio de Papúa-Nueva Guinea, en el océano Pacífico, comprende unas

   seiscientas islas. _____

5. En el universo es posible que haya un millón de billones de estrellas. _____

3 **El gordo de la lotería** Has ganado el premio mayor de la lotería: $1.000.000.000,00. Tienes que gastarte todo el dinero. Describe por lo menos cinco cosas que vas a comprar y cuánto te va a costar cada una.

_____
_____
_____
_____
_____
_____
_____
_____
_____
_____
_____
_____
_____

Adelante

Lectura

Antes de leer

Observa la foto e intenta reconocer de qué trata el texto. También puedes deducir cómo es la chica que lo escribió y qué cosas le gustan.

Programa de verano

Comité Académico

Escuela de Veterinaria

Universidad San Marcos

¿Fue el libro *Margarita Flores salva el planeta* lo que cambió mi manera de ver el mundo? ¿Fueron las inolvidables visitas al campo con papá? ¿Algún programa del *Discovery Channel*? ¿O fue tal vez mi maestra de ciencias quien me reveló la verdad sobre el calentamiento del planeta, la lluvia ácida y las especies en peligro de extinción? Al mirar hacia atrás, veo muchos momentos y personas que marcaron mi vocación hacia la ecología y los animales.

Cuando en la escuela secundaria estudiaba alguna especie en peligro de extinción o la sobrepoblación de animales domésticos, me di cuenta de que necesitaba hacer algo más que reciclar latas, recolectar botellas plásticas, evitar el uso de aerosoles, escribir por ambos lados de las hojas de las libretas y cuidar de mis mascotas. Quería saber mucho más. Esta curiosidad comenzó a los seis años cuando iba con mi papá al campo. Él me explicaba todo acerca de las plantas y los animales. Juntos creamos una colección de semillas multicolores que aún conservo y es uno de mis tesoros más preciados. Desde esos días de aventura, siempre hemos tenido mascotas en casa, y las consideramos parte de nuestra familia.

Actualmente, de lunes a viernes, trabajo por las tardes en un hospital veterinario de mi comunidad. Allí ayudo a cuidar a los animales que se están recuperando, les doy de comer y limpio sus heridas para evitar infecciones. Los fines de semana soy voluntaria en un refugio de mascotas donde ayudamos a animales que han sido abandonados o maltratados. También, junto con otros voluntarios, voy a tiendas de animales y exposiciones caninas a informar a la gente sobre la adopción de estos animales tan necesitados de amor.

No tengo dudas sobre mi vocación y creo que el programa de verano "Introducción a la medicina veterinaria" será un paso trascendental para familiarizarme con los fundamentos de esta interesante carrera. Sé que este programa me permitirá aprender, desarrollar destrezas y ganar experiencia. No sólo deseo ayudar a

Lección 2

los animales; también quiero colaborar para que la gente tome conciencia de los derechos de los animales. Estoy completamente convencida de que el programa de introducción a la veterinaria de su universidad es la manera más efectiva y exitosa de lograr mis objetivos personales y profesionales.

Atentamente,

María Isabel Pérez

Después de leer

1 Comprensión Responde a las preguntas con oraciones completas.

1. ¿De qué se dio cuenta Isabel cuando estudiaba en la secundaria?

_____

2. ¿Qué hacían Isabel y su papá cuando ella era pequeña?

_____

3. ¿A qué se dedica Isabel por las tardes?

_____

4. ¿Qué hace Isabel como voluntaria?

_____

5. ¿Cuál es la razón más importante por la cual desea entrar al programa de introducción a la veterinaria?

_____

_____

2 Interpretación Contesta las preguntas con oraciones completas y explica tus respuestas.

1. ¿Crees que Isabel va a ser aceptada en el programa de verano?

_____

_____

2. ¿Cómo piensas que es la personalidad de Isabel?

_____

_____

3. ¿Qué carrera piensas que es la mejor para ti? ¿Por qué?

_____

_____

4. ¿Qué importancia crees que tienen los programas introductorios de verano?

_____

_____

5. ¿Piensa en una persona importante en tu vida que estudia en la universidad. ¿En qué carrera está? ¿Por qué crees que eligió esa carrera?

_____

_____

Lección 2 *(margin tab)*

Escritura

Estrategia

Brainstorming

How do you find ideas to write about? In the early stages of writing, brainstorming can help you generate ideas on a specific topic. You should spend ten to fifteen minutes brainstorming and jotting down any ideas about the topic that occur to you. Whenever possible, try to write down your ideas in Spanish. Express your ideas in single words or phrases, and jot them down in any order. While brainstorming, do not worry about whether your ideas are good or bad. Selecting and organizing ideas should be the second stage of your writing. Remember that the more ideas you write down while you are brainstorming, the more options you will have to choose from later when you start to organize your ideas.

Me gusta	No me gusta
bailar	levantarme temprano
caminar	los lunes
conversar	correr
la clase de arte	la clase de historia
la clase de contabilidad	la clase de literatura

TEMA: Una descripción

Antes de escribir

1 Vas a escribir una descripción de ti mismo/a que incluya tu nombre, de dónde eres, a qué escuela vas, los cursos que tomas, dónde trabajas (si es que tienes un trabajo) y algunas cosas que te gustan y otras que no te gustan. Usa la siguiente tabla para generar información sobre lo que te gusta y lo que no te gusta.

Me gusta...	No me gusta...

2 Ahora completa estos datos para organizar la información que debes incluir en tu descripción.

Me llamo... (nombre)

_____

Soy de... (de dónde eres)

_____

Estudio... (nombres de las clases) **en** (nombre de la escuela)

_____

_____

_____

No trabajo. /Trabajo en... (lugar donde trabajas)

_____

Me gusta... (actividades que te gustan)

_____

_____

_____

_____

No me gusta... (actividades que no te gustan)

_____

_____

_____

_____

Escribir

Usa la información que organizaste en la actividad anterior para escribir un párrafo descriptivo sobre ti mismo/a. Asegúrate de incluir en tu párrafo toda la información. Añade otros detalles sobre ti mismo/a que consideres importantes.

Después de escribir

1 Intercambia el borrador de tu descripción con el de un(a) compañero/a de clase. Coméntalo y contesta estas preguntas.

▷ ¿Incluyó tu compañero/a toda la información necesaria (al menos seis datos)?

▷ ¿Añadió tu compañero/a otros detalles importantes sobre si mismo/a?

2 Revisa tu descripción de acuerdo con los comentarios de tu compañero/a. Después de escribir la versión final, léela otra vez para eliminar errores en:

▷ la ortografía   ▷ el uso de letras mayúsculas y minúsculas

▷ la puntuación   ▷ el uso de los verbos

contextos

Lección 3

1 **Los parentescos** Indica si lo que dicen las oraciones es **cierto** o **falso**. Corrige la información falsa.

> **modelo**
>
> Mi hermanastra es la hija de mi abuelo.
> Falso. Es la hija de la esposa de mi padre.

1. El marido de mi hermana es mi cuñado.

   _____

2. La hija de mi tío es mi media hermana.

   _____

3. El padre del padre de mi madre es mi abuelo.

   _____

4. Mi hermana es nieta de la hija de mi bisabuela.

   _____

5. La nieta de mi bisabuela es mi prima.

   _____

6. La tía de mi primo puede ser mi mamá.

   _____

2 **¿Quiénes son?** Lee el texto y contesta las preguntas con oraciones completas.

 Soy Samuel y tengo quince años. Vivo con mis padres. Mi padre es ingeniero y se llama Martín. Tiene dos hermanos y una hermanastra. Su hermano mayor es doctor, está casado con Carla y tienen una hija de tres años.

> **modelo**
>
> ¿Quién es Samuel?
> Samuel es el hijo de Martín.

1. ¿Qué es Carla de Samuel?

   _____

2. ¿En qué trabaja el padre de Samuel?

   _____

3. ¿Qué es Samuel de la hija de Carla?

   _____

4. ¿En qué trabaja el tío de Samuel?

   _____

5. ¿Quién es la sobrina de Martín?

   _____

Lección 3

3 **En la playa** Escribe un párrafo para describir la escena en la playa. Señala cuál es el parentesco entre los personajes y en qué trabajan. Usa por lo menos ocho palabras de la lista.

amigo/a	hijastro/a	médico/a	suegro/a
artista	ingeniero/a	muchacho/a	programador/a
cuñado/a	madrastra	novio/a	yerno

_____
_____
_____
_____
_____
_____
_____
_____
_____
_____

4 **Mi familia** Describe a tu familia. Usa las preguntas como guía.

▶ ¿Qué miembro(s) de tu familia llegó/llegaron primero a este país?

▶ ¿Hace cuánto tiempo llegaron?

▶ ¿Qué otros familiares tienes aquí?

▶ ¿Tienes parientes en el país de donde viene tu familia? ¿Quiénes?

_____
_____
_____
_____
_____
_____
_____

Lección 3

pronunciación y ortografía

Diptongo, triptongo e hiato

En español, las vocales **a**, **e** y **o** se consideran vocales fuertes. Las vocales débiles son **i** y **u**.

hermano   **niña**   **cuñado**

Un **diptongo** es una combinación de dos vocales débiles o de una vocal fuerte con una débil que generalmente se pronuncian en la misma sílaba.

ruido   par**ie**ntes   can**ció**n

Un **triptongo** es la combinación de dos vocales débiles y una fuerte en la misma sílaba.

Parag**uay**   g**uau**   alivi**áis**

Un **hiato** es la unión de dos vocales que se pronuncian en sílabas separadas. Si el hiato está formado por una vocal fuerte y una débil y la sílaba donde está la vocal débil se pronuncia con más fuerza, esa vocal debe llevar tilde.

dí-a   **ba-úl**   **tra-e**

Algunos verbos en español presentan **hiato** en algunas de sus conjugaciones, aunque no lo tengan en el infinitivo.

reunir ⟶ **reú**ne   haber ⟶ hab**í**a

Práctica

1 **Clasificar** Lee estas palabras en voz alta. Escribe si es un diptongo, triptongo o hiato.

1. historia _____
2. ríe _____
3. dio _____
4. limpiáis _____

5. presencia _____
6. miau _____
7. ortografía _____
8. vegetación _____

9. Uruguay _____
10. mayoría _____
11. Venezuela _____
12. caída _____

2 **Tildes** Ponles tilde a las palabras que la necesiten. Indica si cada una tiene diptongo o hiato.

1. dia _____
2. familia _____
3. raiz _____
4. Luis _____
5. recuerda _____
6. veias _____

Lección 3

cultura

¿Cómo te llamas?

En el mundo hispano, es común tener dos apellidos. El primero se hereda del padre y el segundo, de la madre. En algunos casos, se conectan los dos apellidos con las conjunciones *de* o *y*. Por ejemplo, en el nombre **Juan Martínez de Velasco**, *Martínez* es el **apellido paterno** y *Velasco* es el **apellido materno**; *de* simplemente une los dos apellidos. Esta convención de usar doble apellido es una tradición europea que los españoles trajeron a América y que continúa practicándose en muchos países, como Chile, Colombia, México, Perú y Venezuela. Sin embargo, existen algunas excepciones. En Argentina, la costumbre que prevalece es la de usar sólo el apellido del padre.

Cuando se casa una mujer en un país en que se usa doble apellido, legalmente ella conserva sus dos apellidos de soltera. Sin embargo, socialmente puede usar el apellido paterno de su marido en lugar de su apellido materno heredado.

Por lo tanto, como **Mercedes Barcha Pardo** está casada con el escritor colombiano **Gabriel García Márquez**, podría usar **Mercedes Barcha García** o **Mercedes Barcha de García** en situaciones sociales, aunque oficialmente su nombre sigue siendo **Mercedes Barcha Pardo**. (La adopción del apellido del esposo con propósitos sociales, aunque generalizada, sólo es legalmente reconocida en Ecuador y Perú.)

La mayoría de los padres hispanos no rompen esta tradición con sus hijos. Les dan el primer apellido del padre seguido por el primer apellido de la madre, como en el nombre **Rodrigo García Barcha**. Sin embargo, uno debe notar que ambos apellidos provienen de los abuelos varones y, por lo tanto, todos los apellidos son en realidad paternos.

Hijos en casa

En los países hispanos, la familia y la sociedad no ejercen presión para que los adultos jóvenes se independicen, y los hijos generalmente viven con sus padres hasta los treinta años o más. Aunque el desinterés por independizarse es en parte cultural, la razón principal es económica: los salarios bajos y el alto costo de la vida dificultan que los adultos jóvenes vivan solos antes de casarse. Por ejemplo, el 60% de los españoles menores de 34 años vive con sus padres.

---

1   **Comprensión** Responde a las preguntas con oraciones completas.

1. ¿De dónde proviene la tradición del doble apellido?

_____

2. ¿Qué país hispano presenta una excepción en el uso del doble apellido?

_____

3. ¿Sabes cuál es el origen de los apellidos de tu familia?

_____

4. ¿Sigue tu familia la tradición de los dos apellidos? Explica.

_____

5. ¿Qué información puedes deducir del apellido de una persona?

_____

Lección 3

estructura

3.1 Adjetivos descriptivos

Los adjetivos son palabras que se usan para describir personas, lugares y cosas. En español, los adjetivos descriptivos deben coincidir en género y número con los sustantivos a que se refieren. Los adjetivos que terminan en **-o** y en **-or** tienen cuatro formas diferentes: dos formas para el singular y dos formas para el plural.

Singular	**Plural**
Mi hijo es delgad**o**.	Mis hijos son delgad**os**.
Mi hija es delgad**a**.	Mis hijas son delgad**as**.
Jorge es encantad**or**.	Ellos son encantad**ores**.
Alma es encantad**ora**.	Ellas son encantad**oras**.

▶ Los adjetivos terminados en **-e** o en consonante sólo varían en número. En masculino y femenino tienen la misma forma.

Singular	**Plural**
Ernesto es aleg**re**.	Ernesto y Juan son aleg**res**.
Elena es aleg**re**.	Elena y Julia son aleg**res**.

▶ A diferencia del inglés, en español los adjetivos que se refieren a la nacionalidad se escriben con minúscula.

Esteban es **mexicano**.   Flor es **española**.
Esteban is Mexican.   *Flor is Spanish.*

▶ Éstos son los adjetivos de nacionalidad de los países hispanohablantes.

argentino/a	cubano/a		
boliviano/a	dominicano/a	hondureño/a	peruano/a
canadiense	ecuatoriano/a	mexicano/a	puertorriqueño/a
chileno/a	español(a)	nicaragüense	salvadoreño/a
colombiano/a	estadounidense	panameño/a	uruguayo/a
costarricense	guatemalteco/a	paraguayo/a	venezolano/a

▶ Éstos son algunos adjetivos que refieren a personas nacidas en los Estados Unidos cuyos padres vinieron de otros países.

cubanoamericano/a   mexicoamericano/a
dominicanoamericano/a   venezolanoamericano/a

Adjetivos de uso común

▶ Estos adjetivos descriptivos se usan comúnmente para personas.

alegre	confiado/a	honrado/a	ordenado/a	solidario/a
amable	curioso/a	inteligente	prudente	tímido/a
atractivo/a	despreocupado/a	lento/a	rápido/a	trabajador(a)
cariñoso/a	dormilón	listo/a	responsable	triste
cómodo/a	flojo/a	miedoso/a	sociable	valiente

Práctica

1 **Comentarios** Claudia se pasa la vida calificando todo. Escribe sus comentarios sobre las personas o cosas que menciona Alfredo. Usa diferentes adjetivos en cada caso.

> **modelo**
>
> **ALFREDO** ¿Sabes que los padres de Sonia se compraron una casa?
> **CLAUDIA** Sí, es una casa muy linda.

1. **ALFREDO** Mi primo Paco nunca supera el límite de velocidad permitido.

   CLAUDIA _____

2. **ALFREDO** Marcelo siempre deja su mochila en cualquier parte.

   CLAUDIA _____

3. **ALFREDO** Mi abuelo quiere cortar el árbol que está en su jardín.

   CLAUDIA _____

4. **ALFREDO** Claudia, te queda muy bien ese corte de pelo.

   CLAUDIA _____

2 **Nacionalidad** Escribe oraciones completas para decir cuál es la nacionalidad de las personas que se mencionan, dónde viven ahora y qué profesión tienen. Recuerda que puedes inventar los detalles si no conoces a alguna de las personas.

> **modelo**
>
> Shakira/Colombia
> **Shakira es colombiana, pero ahora vive en Estados Unidos. Ella es cantante.**

1. Benicio del Toro/Puerto Rico

   _____

2. Emilio y Gloria Estefan/Cuba

   _____

3. Manny Ramírez y David Ortiz/República Dominicana

   _____

4. Madonna/Estados Unidos

   _____

3 **Tu familia** Escribe un párrafo para describirte a ti mismo/a y a tu familia. Usa estos aspectos como guía para describir a cada persona. No olvides usar la mayor cantidad de adjetivos descriptivos que puedas.

▶ nacionalidad(es) ▶ forma de ser ▶ películas favoritas
▶ clases y/o actividades favoritas ▶ comidas preferidas ▶ música preferida

_____

_____

_____

_____

_____

3.2 Adjetivos posesivos

▷ Los adjetivos posesivos son los que indican posesión o pertenencia.

Adjetivos posesivos		
FORMAS SINGULARES	**FORMAS PLURALES**	
mi	**mis**	*my*
tu	**tus**	*your* (fam.)
su	**sus**	*his, her, its, your* (form.)
nuestro/a	**nuestros/as**	*our*
vuestro/a	**vuestros/as**	*your* (fam.)
su	**sus**	*their, your* (form.)

▷ **¡Atención!** Los adjetivos posesivos **tu** y **tus** se usan de forma familiar. Para mostrar respeto por una persona mayor y en situaciones formales, se usan **su** y **sus**. Un niño le puede decir a otro niño: "¿Él es **tu** papá?" Pero si le habla a un adulto, para mostrar respeto le dirá: "¿Él es **su** papá?"

▷ Como **su** y **sus** tienen muchos significados (de él, de ella, de ellos, de ellas, de usted, de ustedes), es necesario fijarse bien en el contexto. A veces es posible evitar la confusión usando la construcción [*artículo*] + [*sustantivo*] + **de** + **Ud./él/ella/Uds./ellos/ellas**. Otras veces debes redactar la oración buscando otras formas de evitar la confusión. Observa estos ejemplos.

> Gracia llegó temprano a casa de Amanda para acompañarla porque **sus** padres salieron de la ciudad. (Por contexto, se entiende que se refiere a los padres de Amanda, pero se podría haber evitado la confusión si se hubiera dicho **porque los padres de Amanda salieron de la ciudad**).

> Un policía detiene a un sospechoso y le pregunta hacia dónde va. El sospechoso le responde que va a visitar a una amiga que vive en esa cuadra. Entonces el policía le pregunta: "¿Cuál es **su** casa?" El sospechoso, que se había puesto nervioso y pensaba que se refería a él y no a su amiga, le responde: "**Mi** casa está en otro vecindario".

CONFUSIÓN	SIN CONFUSIÓN
¿Cuál es **su** casa?	¿Cuál es **la** casa **de ella**?

▷ Se debe repetir el adjetivo posesivo cuando se refiere a dos personas. Si el adjetivo posesivo se refiere a la misma persona, no se repite.

UNA SOLA PERSONA	DOS PERSONAS
Te presento a **mi** amiga y colega.	Te presento a **mi** amiga y a **mi** colega

▷ **¡Atención!** Para diferenciar los adjetivos posesivos **mi** y **tu** de los pronombres personales **mí** y **tú**, éstos últimos llevan tilde.

▷ A diferencia del inglés, que usa adjetivos posesivos para referirse a las partes del cuerpo y a la ropa, en español siempre se usan los artículos definidos **el, la, los, las**.

Inglés	Español
My *arms hurt.*	Me duelen **los** brazos.
Ángela is washing **her** *hands.*	Ángela se lava **las** manos.
I lost **my** *hat.*	Se me perdió **el** sombrero.

Lección 3 Cuaderno para hispanohablantes   **39**

Práctica

1 **Preguntas y respuestas** Responde a cada pregunta con una oración completa. Usa en cada oración un adjetivo posesivo.

> **modelo**
>
> ¿Dónde viven tus tíos?
> Mis *tíos viven en Colorado.*

1. ¿Cómo son tus padres?

   _____

2. ¿Cómo celebran ustedes sus cumpleaños en casa?

   _____

3. ¿A qué se dedican tus hermanos/as?

   _____

4. ¿Cómo se llama tu mascota?

   _____

5. ¿Quién es tu actor o actriz favorito/a?

   _____

6. ¿Cuál es la parte que más te gusta de tu casa?

   _____

2 **Mi familia** Escribe un párrafo donde Pepe describe a su familia. Usa adjetivos posesivos.

Pepe

_____
_____
_____
_____
_____
_____
_____
_____
_____
_____
_____

3.3 Presente de verbos terminados en **-er** e **-ir**

En la **Lección 2**, aprendiste a formar el presente de los verbos regulares terminados en **-ar.**
Ahora vas a aprender los verbos regulares terminados en **-er** e **-ir.**

> Yo **escribo** los verbos en español.
>
> Tú **comes** sopa de verduras.
>
> Mariana **abre** la puerta de la casa.
>
> Mis primos y yo **corremos** en el parque.
>
> Los Sres. Herrera **viven** en el edificio de la esquina.

Los verbos terminados en **-er** e **-ir** tienen casi las mismas terminaciones. Observa la tabla de
arriba y completa las reglas para las terminaciones de las distintas formas. Fíjate en las partes
que van en negritas.

➤ Para la forma **yo**, los verbos regulares terminados en **-er** o **-ir** llevan _____
en la terminación.

➤ Para la forma **tú**, los verbos regulares que terminan en **-er** o **-ir** llevan _____
en la terminación.

➤ Para la forma **Ud./él/ella**, los verbos regulares terminados en **-er** o **-ir** llevan _____
en la terminación.

➤ Para la forma **nosotros/as**, los verbos regulares que terminan en **-er** llevan _____
y los verbos terminados en **-ir** llevan _____ en la terminación.

➤ Para la forma **Uds./ellos/ellas**, los verbos regulares que terminan en **-er** o **-ir** llevan
_____ en la terminación.

Por lo tanto, los verbos regulares terminados en **-er** e **-ir** tienen las mismas terminaciones,
excepto en el sujeto _____.

Práctica

1 **Preguntas** Responde a las preguntas con oraciones completas.

1. ¿Asistes a clases de matemáticas?

_____

2. ¿Tu familia y tú comen juntos?

_____

3. ¿Tú mejor amigo/a comparte sus secretos contigo?

_____

4. ¿Escribes muchas postales cuando viajas?

_____

5. ¿Tus amigos/as y tú corren todos los días?

_____

6. ¿Tu mamá lee poesía?

_____

2 **Tu rutina** Describe tu rutina diaria usando por lo menos seis de los verbos de la lista.

abrir	comer	creer	recibir
asistir	comprender	escribir	vivir

_____

_____

_____

_____

_____

_____

_____

_____

_____

3 **Retrato en palabras** ¿Qué actividades realizan las personas que tienen más edad en tu familia? Escribe un retrato sobre alguna persona de la tercera edad usando la mayor cantidad de verbos en presente que puedas.

> **modelo**
>
> Mi abuelo camina todas las mañanas hasta el parque más cercano. Allí pasa un rato con sus amigos y lee algún libro.

_____

_____

_____

_____

_____

_____

_____

_____

_____

_____

_____

Lección 3

3.4 Presente de tener **tener** y de **venir**

▷ Los verbos **tener** y **venir** son dos de los verbos que más se usan en español. La mayoría de sus formas son irregulares, excepto las formas para **nosotros/as** y **vosotros/as**, que son regulares.

Los verbos **tener** y **venir**			
		tener	**venir**
FORMAS EN SINGULAR	yo	ten**go**	ven**go**
	tú	**tie**nes	**vie**nes
	Ud. / él / ella	**tie**ne	**vie**ne
FORMAS EN PLURAL	nosotros / as	tenemos	venimos
	vosotros / as	tenéis	venís
	Uds. / ellos / ellas	**tie**nen	**vie**nen

▷ En ciertas expresiones del español, se usa la construcción **tener** + [*sustantivo*] para expresar lo mismo que en inglés se expresa con **ser** (*to be*) + [*adjetivo*].

TENER + SUSTANTIVO	SER + ADJETIVO
Tengo miedo.	*I am afraid.*

▷ Para un hispanohablante es perfectamente natural usar el verbo **tener** para decir lo mismo que en inglés se dice con el verbo *to be*. Observa los siguientes ejemplos en la tabla.

Expresiones con **tener**			
tener... años	*to be... years old*	**tener (mucha) prisa**	*to be in a (big) hurry*
tener (mucho) calor	*to be (very) hot*	**tener razón**	*to be right*
tener (mucho) cuidado	*to be (very) careful*	**no tener razón**	*to be wrong*
tener (mucho) frío	*to be (very) cold*	**tener (mucha) sed**	*to be (very) thirsty*
tener (mucha) hambre	*to be (very) hungry*	**tener (mucho) sueño**	*to be (very) sleepy*
tener (mucho) miedo (de)	*to be (very) afraid/ scared (of)*	**tener (mucha) suerte**	*to be (very) lucky*

▷ Ahora observa otras expresiones que en español usan el verbo **tener** y no los verbos **ser** o **estar.**

Español	**Inglés**
Tengo dieciséis años.	*I am sixteen years old.*
¿**Tienes** frío?	*Are you cold?*
Él **tiene** vergüenza.	*He is ashamed.*
Ellas **tienen** éxito.	*They are successful.*

Lección 3

Práctica

1 **Tener** Escribe una oración completa para responder a cada pregunta.

modelo

¿Cuándo debes tener mucho cuidado?
Debo tener mucho cuidado cuando cruzo una avenida importante.

1. ¿De qué tienes miedo?

_____

2. ¿En qué tienes suerte?

_____

3. ¿Cómo te sientes cuando descubres que no tienes la razón?

_____

4. ¿En qué tienes cuidado?

_____

2 **Sinónimos** Primero, escribe una expresión con **tener** que sea sinónimo de cada palabra o expresión. Después, escribe una frase con cada una de las expresiones con **tener** que descubriste.

1. querer _____

_____

2. estar cansado _____

_____

3. apurarse _____

_____

4. ser viejo _____

_____

3 **Autobiografía** Imagina que eres el vocalista de una nueva banda de rock y que escribes una breve autobiografía de ti y tu grupo para un periódico de la ciudad. En la autobiografía puedes contar, por ejemplo, de dónde vienes, cuántos años tienes en la música, cómo se formó el grupo, cuántas canciones tienen, qué otras cosas vienen a hacer a esta ciudad. Usa el presente de los verbos **tener** y **venir**.

_____
_____
_____
_____
_____

adelante

Lectura

Antes de leer

¿Qué características debe tener un grupo humano para ser considerado una familia?

_____

_____

_____

Historias familiares

- Me llamo Angélica y tengo nueve años. Vivo con mi hermanita Susana y mi madre, quien trabaja para un canal de televisión. Mi papá ya no vive en casa, pero lo vemos casi todos los fines de semana. Por eso sabemos que podemos contar con él cuando lo necesitamos. Él coopera con los gastos de la casa y nos entrega una mesada a mi hermana y a mí.

- José es mi nombre, tengo catorce años y vivo con mis papás y mi hermano Arturo, ¡y en camino viene otro hermanito! Todos en la casa nos llevamos muy bien y nos ayudamos en todo. Una vez al año vamos a México a visitar a nuestros parientes. Me gusta mucho ir a visitarlos porque nos mantienen en contacto con nuestras raíces y tradiciones. Además, la comida que prepara mi abuelita es riquísima.

- Yo soy Ingrid. Me casé con Javier hace poco, porque quisimos terminar primero nuestros estudios universitarios. Soy educadora de preescolar y trabajo con niños pequeños. Javier es profesor de español en una escuela secundaria. Nos conocimos en la universidad donde estudiamos, y después de ser novios por dos años, decidimos dar este importante paso. Estamos felices armando nuestro hogar. Siempre vienen a vernos nuestros familiares y amigos. ¿Hijos? Vamos a esperar un poco, para que tengan lo mejor. Yo apenas tengo veinticinco años y ser padres es una gran responsabilidad, así que hay que prepararse bien.

- Mi esposo Elías y yo estamos casados desde hace treinta años. Ha sido un largo tiempo juntos compartiendo lo que la vida nos ha dado. Tenemos tres hijos —Carla, Ignacio y Leticia— y ¡siete nietos! El menor sólo tiene tres años y es la luz de nuestros ojos. Hemos sido felices juntos. Claro, nuestra vida también ha tenido tiempos difíciles (como cuando mi esposo perdió el trabajo y pasaron meses antes de que consiguiera otro), pero hemos sabido salir de ellos sin comprometer nuestra unión. Incluso, todavía nos gusta pasear por la costanera tomados de la mano y aún hacemos planes para el futuro. De hecho, mi marido pronto se va a jubilar y entonces vamos a disfrutar de un viaje por nuestro Perú natal.

Lección 3

• Mi nombre es Emilia y tengo diecisiete años. Yo vivo en San Antonio, Texas, con mis papás y mis abuelos maternos. También tengo un hermano mayor, Álex, pero él vive en Nueva York en donde asiste a la universidad. Álex estudia medicina y es muy buen estudiante. Yo voy a estudiar arquitectura. En casa, mis padres y mi abuelo trabajan, mientras que mi abuela se dedica a la casa, aunque todos le ayudamos con lo que podemos. Por las tardes, me gusta pasar tiempo con mis abuelos porque me cuentan historias muy interesantes de su vida en Puerto Rico.

Después de leer

1

Comprensión Responde a las preguntas con oraciones completas.

1. ¿Qué tan seguido ve Angélica a su papá?

_____

2. ¿Qué planea hacer Elías cuando se jubile?

_____

3. ¿Cuántas personas viven en la casa de José?

_____

4. ¿A qué se dedica Ingrid? ¿Y Javier?

_____

5. ¿Qué piensa Emilia de vivir con sus abuelos?

_____

2

Interpretación Contesta las preguntas con oraciones completas y explica tus respuestas.

1. ¿Piensas que hay sólo un tipo "perfecto" de familia?

_____

2. ¿Qué miembros de tu familia son más importantes para ti?

_____

3. ¿Cuál es el recuerdo más feliz o divertido que tienes con tu familia?

_____

4. ¿Cómo es la relación entre las diferentes generaciones de tu familia?

_____

5. ¿Qué características crees que hacen que tu familia sea única?

_____

Lección 3

Escritura

Estrategia
Using idea maps

How do you organize ideas for a first draft? Often, the organization of ideas represents the most challenging part of the process. Idea maps are useful for organizing pertinent information. Here is an example of an idea map you can use:

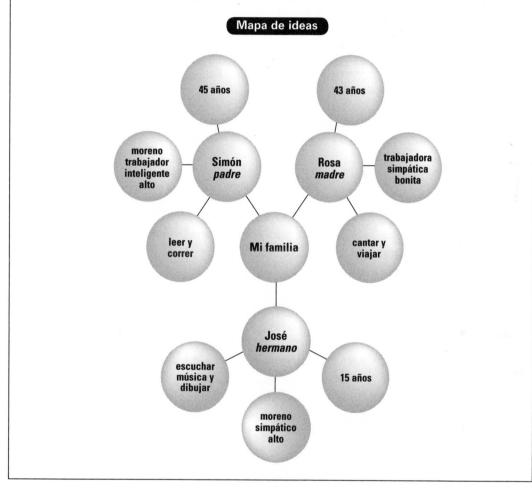

Mapa de ideas

- 45 años
- 43 años
- moreno trabajador inteligente alto
- Simón *padre*
- Rosa *madre*
- trabajadora simpática bonita
- leer y correr
- Mi familia
- cantar y viajar
- José *hermano*
- escuchar música y dibujar
- 15 años
- moreno simpático alto

TEMA: Escribir una carta

Antes de escribir

1 Vas a escribir una carta que incluye una descripción de tu familia. Antes de empezar, crea un mapa de ideas como el de arriba, con un círculo para cada miembro de tu familia. No olvides incluir información de cada una de estas categorías para cada miembro de la familia:

▶ Nombres y su parentesco contigo
▶ Características físicas
▶ Pasatiempos e intereses

2 Cuando hayas completado tu mapa de ideas, compáralo con el de un(a) compañero/a. ¿Incluyeron ambos/as el mismo tipo de información? ¿Pusieron a todos los miembros de su familia? ¿Incluyeron información de las tres categorías para cada persona?

3 Como vas a escribir una carta, repasa estas expresiones útiles para escribir cartas en español y fíjate en los signos de puntuación que deben llevar:

Saludos

Estimado/a Julio/Julia:	*Dear Julio/Julia,*
Querido/a Miguel/Ana María:	*Dear Miguel/Ana María,*

Despedidas

Un abrazo,	*A hug,*
Abrazos,	*Hugs,*
Cariños,	*Much love,*
¡Hasta pronto!	*See you soon!*
¡Hasta la semana próxima!	*See you next week!*

Escribir

Usa tu mapa de ideas y la lista de expresiones para escribir cartas y escríbele a un(a) amigo/a una carta que describa a tu familia. No olvides incluir algunos verbos y adjetivos que aprendiste en esta lección, además de las formas en presente de los verbos terminados en **-ar, -er** e **-ir.**

Después de escribir

1 Intercambia tu borrador con el de un(a) compañero/a de clase. Coméntalo y contesta estas preguntas.

▶ ¿Los adjetivos que usó tu compañero/a concuerdan con la persona que describen?

▶ ¿Incluyó tu compañero/a edad, parentesco, características físicas, pasatiempos e intereses de cada miembro de su familia?

▶ ¿Usó correctamente tu compañero/a las formas en presente de los verbos terminados en **-ar, -er** e **-ir?**

▶ ¿Usó correctamente tu compañero/a las expresiones para escribir cartas?

2 Revisa tu informe de acuerdo con los comentarios de tu compañero/a. Después de escribir la versión final, léela otra vez para eliminar errores en:

▶ la ortografía

▶ la puntuación

▶ el uso de letras mayúsculas y minúsculas

▶ el uso de los verbos

▶ la concordancia entre sustantivos y adjetivos

Lección 3

contextos

Lección 4

1 **Crucigrama** Completa el crucigrama.

Horizontales

2. nadar bajo el agua
5. actividad que practica un alpinista (dos palabras)
6. deporte que practica un nadador
7. expresarse a través de la escritura
9. deporte que se practica en patines, sobre hielo o césped

Verticales

1. Michael Jordan es un jugador de este deporte
3. deporte que se practica en un vehículo de dos ruedas
4. deslizarse *(slide)* por la nieve
8. deporte que se juega con raqueta

2 **¿Qué hacen?** Escribe una oración para describir cada fotografía.

> *modelo*
>
> La señora Angélica disfruta caminando por las calles de su barrio.

1. Sr. Felipe

_____

_____

2. Pati

_____

_____

3. Pepe y Lalo

_____

_____

4. Julián y Miguel

_____

_____

Lección 4

3 **Deportes y pasatiempos** Escribe cinco oraciones relacionadas con deportes y cinco oraciones relacionadas con pasatiempos. Puedes escribir sobre estos temas.

▶ actividades que acostumbras hacer y con qué frecuencia las haces
▶ dónde practicas estas actividades y con quién(es)
▶ actividades que (no) te gustan
▶ deportes que nunca has practicado, pero que te gustaría intentar

modelo

Deportes: Juego tenis todos los fines de semana.
Pasatiempos: A veces veo películas en casa con mi familia

Deportes

1. _____
2. _____
3. _____
4. _____
5. _____

Pasatiempos

1. _____
2. _____
3. _____
4. _____
5. _____

4 **Tiempo libre** Este grupo de amigos tiene una semana libre y la aprovechan al máximo. Escribe un párrafo para describir lo que ellos hacen por las mañanas, por las tardes y por las noches. Usa la mayor cantidad de palabras posibles que has aprendido en esta lección.

modelo

Por las mañanas juegan al fútbol en el parque.

_____
_____
_____
_____
_____
_____

Lección 4

pronunciación y ortografía

El acento y la tilde

En español, la sílaba que se pronuncia con más fuerza en una palabra es la sílaba "acentuada" o sílaba tónica. Esta sílaba no necesariamente tiene que llevar tilde (acento escrito). Para saber cuándo usar tilde y cuándo no, necesitas aprender las siguientes reglas. Son importantes también porque a veces el significado de una palabra cambia según tenga tilde o no.

pe-**lí**-cu-la   bi-blio-**te**-ca   vi-si-**tar**   **fút**-bol

Las palabras que se acentúan en la última sílaba se llaman **agudas** y no suelen terminar en **n**, **s** o **vocal**.

bai-**lar**   es-pa-**ñol**   u-ni-ver-si-**dad**   tra-ba-ja-**dor**

Si las palabras agudas terminan en **n**, **s** o **vocal**, llevan tilde (acento escrito).

na-ta-**ción**   pa-**pá**   in-**glés**   Jo-**sé**

Las palabras que se acentúan en la penúltima sílaba se llaman **graves** y generalmente terminan en **n**, **s** o **vocal**.

pe-**lo**-ta   pis-**ci**-na   **ra**-tos   **ha**-blan

Si las palabras graves no terminan en **n**, **s** ni **vocal**, llevan tilde.

béis-bol   **lá**-piz   **ár**-bol   **Gó**-mez

Las palabras que se acentúan en la sílaba anterior a la penúltima se llaman **esdrújulas** y siempre llevan tilde.

pi-**rá**-mi-de   **cá**-ma-ra   **jó**-ve-nes   **plás**-ti-co

Práctica

1   **Clasificar**   Lee las palabras y clasifícalas en agudas, graves y esdrújulas. Escríbelas separando cada sílaba con un guión. Subraya la sílaba que se pronuncia con más fuerza y escribe la tilde cuando corresponda. En algunas palabras no vas a usar la tilde.

1. credito: _____ _____
2. agil: _____ _____
3. esqui: _____ _____
4. ajedrez: _____ _____

5. semana: _____ _____
6. musica: _____ _____
7. automovil: _____ _____
8. balon: _____ _____

2   **Las Américas**   Escribe los nombres de cuatro países de las Américas que sean palabras agudas. Escribe los nombres de cuatro países de las Américas que sean palabras graves. Escribe el nombre de un país o una ciudad de las Américas que sea una palabra esdrújula. Escribe cada nombre correctamente.

Agudas	Graves	Esdrújula
_____	_____	_____
_____	_____	
_____	_____	
_____	_____	

Lección 4

cultura

Real Madrid y Barça: Rivalidad total

 En España, el fútbol es una fuerza considerable y no hay dos equipos que llamen más la atención que el **Real Madrid** y el **Fútbol Club Barcelona**. Ya sea el lugar de reunión el estadio **Santiago Bernabéu** de Madrid o el **Camp Nou** de Barcelona, las dos ciudades se paralizan por la fiebre del fútbol en cada enfrentamiento. Los boletos para asistir al partido son los más solicitados de la Liga.

La rivalidad entre el Real Madrid y el Barça se debe a algo más que al fútbol. Por ser las dos ciudades más grandes y poderosas de España, Barcelona y Madrid son comparadas constantemente y poseen una rivalidad natural. También existe un elemento político en esta dinámica. Barcelona, con su lengua y su cultura distintivas, siempre ha luchado por aumentar su autonomía frente al gobierno central de Madrid. Durante la dictadura de Francisco Franco (1939–1975), cuando la represión contra la identidad catalana estaba en su punto más alto, un encuentro deportivo entre el Real Madrid y el FC Barcelona estaba envuelto en el simbolismo del régimen contra la resistencia. Sin embargo, los dos equipos sufrieron pérdidas durante la Guerra Civil y el posterior régimen dictatorial.

Aunque los años de dictadura han quedado atrás, la energía acumulada durante esas décadas de competencia todavía llena ambas ciudades de apasionada expectativa antes de un partido. Una vez que el resultado final es anunciado, una de las dos ciudades se transforma en la mejor fiesta del país.

---

1 **Comprensión** Responde a las preguntas con oraciones completas.

1. Resume en una frase el tema del texto.

   _____

2. ¿Cuáles son las razones de la rivalidad entre los dos equipos?

   _____

3. ¿Qué equipo de fútbol te gusta? ¿Por qué?

   _____

4. ¿Por qué crees que el fútbol provoca reacciones tan apasionadas del público?

   _____

5. ¿Consideras que, aparte del espíritu deportivo, se cultivan otros valores al ser fanático de un equipo de fútbol?

   _____

6. ¿Qué otro(s) deporte/equipos provoca(n) este tipo de comportamiento?

   _____

estructura

4.1 Presente de **ir**

En presente, el verbo **ir** (*to go*) es irregular. Observa que todas las formas del presente comienzan con **v**; nunca con **b**.

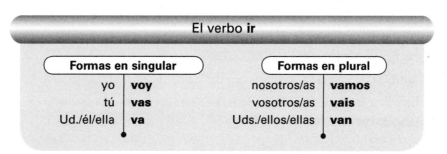

El verbo **ir**			
Formas en singular		**Formas en plural**	
yo	**voy**	nosotros/as	**vamos**
tú	**vas**	vosotros/as	**vais**
Ud./él/ella	**va**	Uds./ellos/ellas	**van**

▶ El verbo **ir** muchas veces se usa con la preposición **a** (*to*). Si la preposición **a** va seguida del artículo definido **el**, ambas palabras se combinan para formar la contracción **al**. La preposición **a** seguida de los artículos **la, los, las** no forma contracciones.

Voy **al** estadio.   Carlos y Ema van **a la** biblioteca.

Van **al** laboratorio.   **A él** le gusta ir **a los** conciertos.

▶ La construcción **ir a** + [*infinitivo*] se usa para hablar de acciones que van a ocurrir en el futuro. Equivale a la construcción *to be going to* + [*infinitive*] del inglés.

Va a comprar unos libros.   **Voy a** pasear por el parque.

▶ En español, la expresión que equivale a *let's see* es **vamos a ver**. Aunque suena exactamente igual, nunca debes usar el verbo **haber** en esta expresión. **Haber** significa existir u ocurrir, así que si usaras este verbo, la expresión no significaría nada.

Vamos a ver una película.   **Vamos a ver** la televisión.

Lección 4

Práctica

1 **¿Adónde van?** Escribe oraciones completas para indicar a qué lugar van estas personas.

1. Es la mitad del verano y Fabiola quiere nadar. _____

2. Yo necesito consultar unos libros sobre el sistema solar. _____

3. Nosotros queremos ver pinturas de Picasso y de Miró. _____

4. Tú te caíste y te rompiste una pierna. _____

2 **Mañana** Escribe dos oraciones para cada una de estas personas. Describe lo que piensas que van a hacer mañana. Agrega una persona más.

1. tú

_____

_____

2. tus compañeros/as de clase

_____

_____

3. el presidente

_____

_____

4. tu mejor amigo/a y tú

_____

_____

5. ¿?

_____

_____

3 **¿Qué van a hacer?** Observa cada ilustración y escribe en los espacios lo que van a hacer los personajes. Recuerda usar la preposición **a.**

> **modelo**
>
> Pedro y Norma van a ver la televisión.

1. _____   2. _____   3. _____   4. _____

_____   _____   _____   _____

4.2 Verbos con cambios en la raíz: e → ie, o → ue

Los verbos cuya raíz cambia no siguen el patrón normal de los verbos regulares. Observa la conjugación de este verbo.

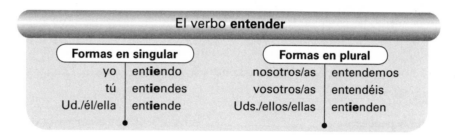

El verbo entender

Formas en singular		Formas en plural	
yo	ent**ie**ndo	nosotros/as	entendemos
tú	ent**ie**ndes	vosotros/as	entendéis
Ud./él/ella	ent**ie**nde	Uds./ellos/ellas	ent**ie**nden

Aún no **entiendo** la película.   Ellos no se **entienden**.

▶ En verbos como **entender**, la vocal de la raíz cambia de **e** a _____ en el presente. Las formas de los pronombres _____ y **vosotros/as** no tienen cambios.

▶ Observa ahora la conjugación del verbo **encontrar**.

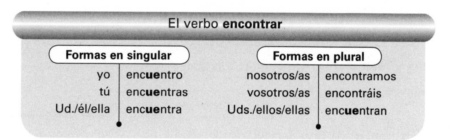

El verbo encontrar

Formas en singular		Formas en plural	
yo	enc**ue**ntro	nosotros/as	encontramos
tú	enc**ue**ntras	vosotros/as	encontráis
Ud./él/ella	enc**ue**ntra	Uds./ellos/ellas	enc**ue**ntran

▶ En verbos como **encontrar**, la vocal de la raíz cambia de **o** a _____ . Las formas de los pronombres _____ y **vosotros/as** no tienen cambios.

Mi papá no **encuentra** su teléfono.   ¿Cómo **encuentro** a Luis en la fiesta?

▶ Escribe otros verbos que conozcas que siguen el mismo patrón en el cambio de raíz.

¡Atención!

Jugar es el único verbo en español en el que la **u** de la raíz cambia a **ue**. **Jugar** va seguido de **a** y de un artículo definido cuando se menciona el nombre de un deporte.

Néstor **juega al béisbol** los domingos.

Verbos como *entender* (e:ie)

1. _____
2. _____
3. _____
4. _____
5. _____

Verbos como *encontrar* (o:ue)

1. _____
2. _____
3. _____
4. _____
5. _____

Lección 4

Práctica

1 **Completar** Completa con el verbo que corresponda al sentido de cada oración.

1. Julián _____ practicar fútbol todos los días. _____ en todo momento las enseñanzas de su entrenador. (contar, querer, recordar)

2. Mañana _____ los preparativos para el festival de verano. Se inicia a las 16 horas, pero aún no se sabe a qué hora se _____ . (empezar, pensar, cerrar)

3. Los niños pequeños _____ intensamente la mayor parte del día; por eso cuando _____ lo hacen profundamente. (mostrar, jugar, dormir)

4. Los artistas _____ las cosas de una manera diferente y algunas veces, en su obra, hasta lo más feo lo _____ de manera hermosa. (cerrar, pensar, mostrar)

5. Ana y Pepita _____ juntas una vez por semana; así, cada siete días se _____ todo lo que les ocurrió durante ese tiempo. (contarse, encontrar, almorzar)

2 **Preguntas y respuestas** Responde a las preguntas con oraciones completas.

1. ¿Con quién almuerzas?

_____

2. ¿Qué prefieres, ir a la playa o esquiar?

_____

3. ¿Cuántas horas duermes por la noche?

_____

4. ¿Tus padres te entienden?

_____

5. ¿Cúando comienzas a estudiar para un examen? ¿La noche anterior? ¿Y tus compañeros/as?

_____

3 **Descripción** Escribe un párrafo donde describas cosas que haces generalmente durante el verano. Usa por lo menos ocho verbos de la lista.

almorzar	dormir	jugar	poder	recordar
contar	empezar	pensar	querer	volver

_____

_____

_____

_____

_____

_____

Lección 4

4.3 Verbos con cambios en la raíz: e —→ i

Ya sabes que en español muchos verbos cambian la vocal acentuada de la raíz cuando se conjugan. Hay un tercer tipo de cambio que puede producirse en la raíz de algunos verbos. Lee los siguientes diálogos.

—¿Me **repites** la pregunta?

—¿Quiénes **repiten** más rápido el trabalenguas?

—¿Qué pregunta te **repito?**

—Patricio lo **repite** diez veces por minuto y Rosa, once veces.

▶ Completa ahora la conjugación del verbo **repetir** en presente y después responde a las preguntas.

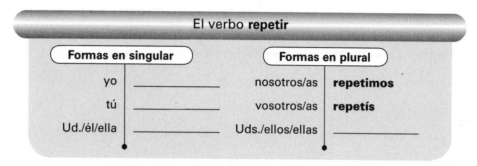

El verbo repetir

Formas en singular		Formas en plural	
yo	_____	nosotros/as	**repetimos**
tú	_____	vosotros/as	**repetís**
Ud./él/ella	_____	Uds./ellos/ellas	_____

¿En qué formas del verbo **repetir** la segunda **e** de la raíz cambia a **i**?

_____

¿En qué formas no cambia la raíz del verbo **repetir**?

_____

▶ Escribe otros verbos que conozcas que siguen el mismo patrón en el cambio de raíz.

1. _____   4. _____

2. _____   5. _____

3. _____   6. _____

¡Atención!

Aunque **decir** sigue el patrón en el cambio de raíz **e:i**, su forma del **yo** es irregular: yo **digo**, tú **dices**, él **dice**, nosotras **decimos**, vosotros **decís**, ellas **dicen**.

▶ Aunque en muchos casos los verbos **decir** y **hablar** significan lo mismo o casi lo mismo, en algunos contextos tienen significados bastante diferentes. Piensa en lo que dice el joven.

*A veces la gente **habla** mucho pero no **dice** nada.*

▶ En este caso, el verbo **hablar** significa solamente pronunciar palabras sin expresar nada importante; en cambio **decir** significa comunicar ideas y opiniones concretas. Otro verbo similar a estos dos es **contar** que se usa de manera coloquial en vez de **decir**.

Lección 4

Práctica

1 **Completar** Completa el texto con los verbos de la lista.

conseguir	repetir
decir	seguir
despedir	servir
pedir	

Hoy vamos a un partido de fútbol americano. Mi padre siempre (1) _____

buenos asientos. Mi madre (2) _____ que le gusta más el béisbol, pero igual

nos acompaña. Cuando estamos en el estadio, yo le (3) _____ a mi hermano

sus binoculares. Los jugadores de nuestro equipo (4) _____ las indicaciones

del entrenador y 5) _____ ganar el encuentro. El público los

(6) _____ con aplausos. Salimos del estadio y pasamos a una cafetería. Mis

padres (7) _____ una soda. Yo (8) _____ un jugo de frutas

y mi hermano también. Mi hermano y yo le (9) _____ a mi padre que si esto

se (10) _____ cada semana, nosotros vamos a portarnos mejor.

2 **El discurso** Imagina que eres un(a) entrenador(a) y vas a una competencia deportiva. ¿A qué tipo de deportistas te gustaría entrenar? ¿Por qué? ¿Qué marca quieres que consigan? ¿Qué les pedirías a tus deportistas? Escribe un breve discurso dirigido a tus deportistas antes de comenzar la competencia. Usa el presente de al menos cinco de los verbos aprendidos.

comenzar	hacer	mostrar	poder
conseguir	ir	pensar	querer
entender	jugar	perder	recordar

_____
_____
_____
_____
_____
_____
_____
_____
_____

4.4 Verbos con la forma del **yo** irregular

Terminación *-go*

En muchos verbos del español, la forma del **yo** es irregular en el presente. Aquí tienes una serie de verbos con la terminación **-go** en la forma de **yo.**

Verbos con la forma del **yo** irregular

	hacer *(to do; to make)*	**poner** *(to put; to place)*	**salir** *(to leave)*	**suponer** *(to suppose)*	**traer** *(to bring)*
FORMAS SINGULARES	**hago**	**pongo**	**salgo**	**supongo**	**traigo**
	haces	pones	sales	supones	traes
	hace	pone	sale	supone	trae
FORMAS PLURALES	hacemos	ponemos	salimos	suponemos	traemos
	hacéis	ponéis	salís	suponéis	traéis
	hacen	ponen	salen	suponen	traen

▶ Otros verbos que tienen **-go** en la forma del **yo** son:

caer: yo **caigo**	extraer: yo **extraigo**	satisfacer: yo **satisfago**
deshacer: yo **deshago**	rehacer: yo **rehago**	sobreponerse: yo me **sobrepongo**
distraerse: yo me **distraigo**	reponer: yo **repongo**	sobresalir: yo **sobresalgo**

▶ Cuando veas un verbo que ya conoces, incluso cuando lleva un prefijo, debes saber que lo puedes conjugar igual que el verbo "base" que ya conoces.

hacer ⟶ deshacer ⟶ rehacer

poner ⟶ reponer ⟶ sobreponer

El verbo *oír*

▶ En el verbo **oír**, la forma del **yo** es irregular. Además, este verbo tiene un cambio ortográfico, porque en las otras formas la **-í-** cambia a **-y-.**

El verbo **oír**

Formas en singular		Formas en plural	
yo	**oigo**	nosotros/as	**oímos**
tú	**oyes**	vosotros/as	**oís**
Ud./él/ella	**oye**	Uds./ellos/ellas	**oyen**

▶ Los verbos **oír** y **escuchar** no significan lo mismo. Al **oír** uno sólo percibe sonidos. **Escuchar** es poner atención a todo lo que nos rodea y a todo lo que nos dice otra persona. Sin embargo, muchas veces se puede usar el verbo **oír** con el significado de **escuchar,** pero no viceversa.

Oigo un trueno.	**Escucho** al profesor y contesto su pregunta.
Oigo la radio por las mañanas.	**Escucho** su relato sin parpadear.

Lección 4

Práctica

1 **Completar** Completa este párrafo con el presente de los verbos irregulares de la lista.

distraer	salir
hacer	sobreponer
oír	sobresalir
poner	

Estoy en clase de matemáticas. (1) _____

el ruido del viento. Me (2) _____ y

me cuesta concentrarme. El profesor me llama. Yo

(3) _____ de mi ensueño. Él me pide que

pase a la pizarra y haga un ejercicio. Yo no

(4) _____ en matemáticas, pero siempre me (5) _____

a las dificultades. (6) _____ el ejercicio que me indica. Él me felicita.

Yo me (7) _____ muy contento.

2 **Preguntas** Responde a las preguntas con oraciones completas.

1. ¿Haces ejercicio regularmente?

   _____

2. ¿Qué cosas llevas a una clase de matemáticas?

   _____

3. ¿Cuándo sales con tus amigos/as?

   _____

4. ¿En qué clases sobresales más?

   _____

5. ¿Qué tipo de música oyes normalmente?

   _____

6. ¿Tienes amigos/as en otros países?

   _____

adelante

Lectura

Antes de leer

Observa el título de la lectura, las imágenes y los pies de foto. ¿De qué crees que habla el texto? ¿Por qué crees que Roberto Clemente tuvo su propio sello postal?

_____

_____

Roberto Clemente, Puerto Rico (1934—1972)

Carlos Beltrán, Puerto Rico (1977)

Bateadores del Caribe

Contexto cultural

Además de los Estados Unidos, el béisbol se juega en muchos otros países. En algunos países hispanoamericanos es incluso el deporte más popular. Así ocurre, por ejemplo, en países de la Cuenca del Caribe como México, Venezuela, Cuba, Panamá, República Dominicana, Puerto Rico y Nicaragua. En esta región se realiza una competición llamada Serie del Caribe, en la que participan muchos países, menos Cuba. Sin embargo, Cuba también es una potencia del béisbol: es el país que más triunfos ha obtenido a nivel mundial. Ha conseguido 25 victorias en 28 participaciones en los campeonatos mundiales, además de dos títulos olímpicos y una medalla de plata en tres olimpiadas.

Muchos beisbolistas latinos juegan en las Grandes Ligas de los Estados Unidos. Algunos son hijos de padres latinos, pero han nacido en los Estados Unidos. Álex Rodríguez es uno de ellos. Nació en Manhattan, pero sus padres llegaron desde República Dominicana. Álex pasó la mayor parte de su niñez y su juventud en los Estados Unidos. Hoy juega para los Yanquees de Nueva York.

Otros jugadores nacieron en el Caribe. Carlos Beltrán, por ejemplo, nació y se crió en Puerto Rico; ahora juega para los Mets de Nueva York como jardinero central. Tanto Álex como Carlos son grandes estrellas en sus equipos. Ambos ganan hoy mucho dinero. Reciben incluso más dinero que los futbolistas mejor pagados de Europa.

Sin embargo, este éxito no ha sido fácil; para llegar hasta donde están Rodríguez y Beltrán, sus familias y ellos mismos han tenido que hacer grandes sacrificios. Para poder enviar a sus hijos a una escuela privada, la madre de Álex trabajaba de día como secretaria de una oficina de inmigración y por la noche trabajaba de mesera.

Lección 4

Pero además hubo hombres que prepararon el camino para que los jugadores latinoamericanos triunfaran en las Grandes Ligas. El más grande de todos fue Roberto Clemente. La leyenda de Clemente es un orgullo en toda América Latina, especialmente en Puerto Rico, donde nació. Clemente fue el primer jugador latino en entrar al Salón de la Fama del Béisbol, en 1973. Con él ni siquiera se esperaron los cinco años después del retiro para nominarlo.

"Por supuesto, lo que Roberto hizo en el béisbol significa mucho, especialmente para nosotros en Puerto Rico", dice Beltrán. "Cuando eres joven, siempre tienes en mente lo que Roberto Clemente hizo." Y lo que hizo Clemente va mucho más allá de los estadios de béisbol. Era una persona tremendamente solidaria y nunca olvidó las dificultades que tienen los países latinoamericanos. De hecho, murió en un accidente aéreo cuando llevaba ocho toneladas de ayuda para los **damnificados de un terremoto** en Nicaragua. Él mismo había alquilado un **DC-7** por cuatro mil dólares.

damnificados de un terremoto: personas que perdieron sus casas y pertenencias en un fuerte temblor de tierra; **DC-7:** tipo de avión

Después de leer

1 **Comprensión** Indica si lo que dicen las oraciones es **cierto** o **falso**. Corrige la información falsa.

1. Álex Rodríguez y Carlos Beltrán son importantes jugadores de béisbol.

_____

2. Las familias de los dos vienen de países hispanos.

_____

3. Beltrán nació en los EE.UU.

_____

4. Rodríguez juega para los Mets.

_____

5. Roberto Clemente abrió las puertas de las Grandes Ligas para otros jugadores hispanos.

_____

6. Actualmente, Clemente vive en Nicaragua.

_____

2 **Tu opinión** Contesta las preguntas con oraciones completas.

1. ¿Qué otro deportista latino conoces que se destaque en los Estados Unidos?

_____

2. ¿Qué características debe tener un deportista para ser un ejemplo para la juventud?

_____

3. ¿Qué aportes crees que han realizado los deportistas latinos en los Estados Unidos?

_____

4. ¿Crees que es positivo para el béisbol que los jugadores profesionales ganen mucho dinero?

_____

5. ¿Cuál es tu equipo o deportista favorito?

_____

Lección 4

Escritura

Estrategia
Using a dictionary

A common mistake made by beginning language learners is to embrace the dictionary as the ultimate resource for reading, writing, and speaking. While it is true that the dictionary is a useful tool that can provide valuable information about vocabulary, using the dictionary correctly requires that you understand the elements of each entry.

If you glance at a Spanish-English dictionary, you will notice that its format is similar to that of an English dictionary. The word is listed first, usually followed by its pronunciation. Then come the definitions, organized by parts of speech. Sometimes the most frequently used definitions are listed first.

To find the best word for your needs, you should refer to the abbreviations and the explanatory notes that appear next to the entries. For example, imagine that you are writing about your pastimes. You want to write, "I want to buy a new racket for my match tomorrow," but you don't know the Spanish word for "racket." In the dictionary, you may find an entry like this:

> **racket** s 1. alboroto; 2. raqueta (*dep.*)

The abbreviation key at the front of the dictionary says the s corresponds to **sustantivo** (*noun*). Then, the first word you see is **alboroto**. The definition of **alboroto** is *noise* or *racket*, so **alboroto** is probably not the word you are looking for. The second word is **raqueta**, followed by the abbreviation *dep.*, which stands for **deportes**. This indicates that the word **raqueta** is the best choice for your needs.

TEMA: Escribir un folleto

Antes de escribir

1 Tienes que escoger uno de estos temas para escribir un folleto. Lee las tres opciones y decide cuál vas a elegir.

▶ Este año, perteneces al comité que organiza el Festival para Ex Alumnos de tu escuela. Crea un folleto en el que menciones los eventos del viernes por la noche, del sábado y del domingo. Incluye una breve descripción de cada evento, la hora y el lugar en que se va a realizar. También incluye actividades para personas de diversas edades, ya que algunos ex alumnos van a venir con sus familias.

▶ Tú formas parte del Comité de Orientación para Estudiantes de Primer Año y eres el/la encargado/a de crear un folleto para los estudiantes nuevos que describe los programas deportivos que ofrece la escuela. Escribe el folleto incluyendo actividades para hombres y mujeres.

▶ Eres voluntario/a en el centro recreativo de tu comunidad. Tu trabajo es promocionar tu comunidad entre residentes potenciales. Escribe un breve folleto donde describas las oportunidades de esparcimiento que ofrece tu comunidad, los lugares donde se realizan las actividades y los precios, en caso de que los haya. Asegúrate de incluir actividades que les sean atractivas a personas solteras así como a personas casadas y a familias. Debes incluir actividades para todas las edades y para chicos y chicas.

Lección 4 Cuaderno para hispanohablantes **63**

2 Una vez que hayas escogido un tema, vuelve a leerlo y piensa en el vocabulario que vas a necesitar para escribir sobre este tema. Usa la tabla de abajo para anotar todas las palabras en español que recuerdes relacionadas con el tema. Después, repasa las listas de vocabulario al final de las **Lecciones 1–4** de tu libro de texto. Escribe todas las palabras de esas listas que pienses que pueden serte útiles. Finalmente, mira todas las palabras que escribiste. ¿Hay alguna palabra clave que recuerdes en inglés y que quisieras usar en español? Crea una lista de palabras en inglés que necesitas buscar en un diccionario.

Palabras en español relacionadas con el tema	Palabras adicionales de las listas de vocabulario	Palabras nuevas que necesito en español
		palabra en inglés : palabra en español

3 Busca tus palabras clave en un diccionario. Asegúrate de seguir el procedimiento que se describe en la **Estrategia.**

Escribir

Escribe tu folleto. Cuando estés escribiendo, consulta la tabla de vocabulario que hiciste. Ya que estás escribiendo un folleto, asegúrate de crear un título principal para la primera página. Luego, crea secciones dentro del texto y ponles subtítulos, como **Viernes por la noche, Sábado, Domingo, Deportes para los chicos, Deportes para las chicas, Oportunidades de esparcimiento, Lugar, Precios,** etc. Si quieres, agrega un dibujo, una foto o alguna otra imagen, pero asegúrate de que aporta información y atractivo al texto.

Después de escribir

1 Intercambia borradores con un(a) compañero/a. Haz comentarios sobre su trabajo contestando las siguientes preguntas:

▶ ¿Tu compañero/a cubrió detalladamente el tema que escogió?

▶ ¿Le puso tu compañero/a un título principal al texto e incluyó un subtítulo para cada sección?

▶ Si tu compañero/a incluyó imágenes, ¿ilustran éstas el texto que está cerca de ellas?

▶ ¿Usó tu compañero/a el vocabulario apropiado para describir el tema?

▶ ¿Usó tu compañero/a correctamente las formas de los verbos en el tiempo presente?

2 Ajusta tu folleto de acuerdo con los comentarios de tu compañero/a. Después de escribir la versión final, léelo otra vez para eliminar errores en:

▶ la ortografía

▶ la puntuación

▶ el uso de las mayúsculas

▶ el uso de los verbos en el presente de indicativo

▶ la concordancia entre sustantivos y adjetivos

contextos

Lección 5

1 **Crucigrama** Completa el crucigrama de acuerdo con cada definición.

Horizontales

2. encargado de ayudar a las personas con las maletas en un hotel
5. hombre que viaja
6. dormitorio de un hotel
8. conjunto de maletas y cosas que se llevan en los viajes
10. subirse a un caballo
11. documento para viajar a otro país
12. lugar de descanso junto a la costa

Verticales

1. donde paran los trenes o autobuses para subir y bajar pasajeros
3. lugar donde llegan los aviones
4. persona que se aloja en un hotel
7. instalarse en un lugar al aire libre, en una tienda
9. establecimiento donde se ofrece alojamiento y comida

2 **Vacaciones** Describe dos vacaciones ideales, una para el verano y otra para el invierno. Habla sobre el lugar adonde vas, cuándo vas, qué haces allí, cómo llegas. Agrega toda la información que creas adecuada.

Verano: _____

_____

_____

Invierno: _____

_____

_____

Lección 5 Cuaderno para hispanohablantes

3 **Tu viaje** Imagina que vas a salir de vacaciones con toda la clase. Escribe un párrafo para describir adónde van a ir, en qué van a viajar, qué lugares van a visitar y qué actividades quieren realizar. Utiliza por lo menos ocho palabras o frases de la lista.

acampar	habitación doble	paisaje	planta baja
campo	hacer las maletas	pasaje	playa
estación de buses	ir de compras	piso	salida

_____
_____
_____
_____

4 **Pon orden** Completa las oraciones con el número ordinal que corresponde.

1. Octubre es el _____ mes del año.
2. El verano comienza en el _____ mes del año.
3. El otoño comienza en el _____ mes del año.
4. El Año Nuevo es en el _____ mes del año.
5. Agosto es el _____ mes del año.
6. El día de San Patricio es en el _____ mes del año.

5 **El tiempo** Responde a las preguntas con oraciones completas.

1. ¿Qué te gusta hacer en invierno?
_____

2. ¿Cómo es el tiempo en verano en el lugar en donde vives?
_____

3. ¿Cuál puede ser la temperatura máxima en donde vives?
_____

4. ¿Y cuál puede ser la temperatura mínima?
_____

5. ¿Cómo es el tiempo en primavera?
_____

6 **La peor estación** ¿Qué estación del año te gusta menos? ¿Por qué? Piensa en tres razones para justificar tu elección. Escribe un párrafo con tus justificaciones. Usa al menos ocho palabras o frases que aprendiste en esta lección.

_____
_____
_____

Lección 5

pronunciación y ortografía

La **b** y la **v**

En español, no hay diferencia de pronunciación entre las letras **b** y **v**. Sin embargo, cada una puede pronunciarse de dos maneras diferentes, dependiendo de las letras que están junto a ella. Es por esto que cuando se deletrean las palabras, se debe especificar "be grande" para **b** y "ve chica" para **v**.

bueno   **v**ólei**b**ol   **bib**lioteca   **v**ivir

La **b** y la **v** tienen una pronunciación fuerte, como en **burro**, cuando son la primera letra de una palabra, cuando están al principio de una frase y cuando están después de **m** o **n**.

bonito   **v**iajar   tam**b**ién   in**v**estigar

Recuerda que después de **m** siempre va **b** y después de **n** siempre va **v**.

am**b**iguo   in**v**ierno   tem**b**lar   en**v**iar

En todas las demás posiciones, **b** y **v** se pronuncian con más suavidad. A diferencia del sonido fuerte, que se pronuncia cerrando firmemente los labios y aguantando el flujo de aire, el sonido suave se produce dejando los labios ligeramente abiertos.

de**b**er   no**v**io   a**b**ril   cer**v**eza

En ambas pronunciaciones, no hay diferencia de sonido entre **b** y **v**. El sonido v del inglés, que se produce por la fricción entre los dientes superiores y el labio inferior, no existe en español.

El pretérito de algunos verbos como **estar** y **andar**, se escribe con **v**. En muchos verbos como **cantar** y **soñar**, el imperfecto se escribe con **b**. Sin embargo, en ambos casos **b** y **v** tienen un sonido suave porque van entre vocales. Mientras vas aprendiendo los tiempos verbales, fíjate en qué letra debes usar en cada caso. Así puedes evitar errores comunes.

Pretérito irregular: estu**v**e, tu**v**ieron, andu**v**iste

Imperfecto de verbos terminados en *-ar*: canta**b**a, soña**b**an, esta**b**as

Práctica

1 **Completar** Completa el texto con **b** o **v** según creas conveniente.

El ___erano pasado, cuando esta___a de ___acaciones en el Cari___e, fui a una playa mara___illosa con mis tíos y primos. Allí caminá___amos por la orilla del mar todas las mañanas, a ___eces jugá___amos ___ólei___ol o ___aloncesto con otros ___isitantes y también comíamos en los restaurantes del lugar. Pasamos unos días excelentes y estu___imos hospedados en un hotel de am___iente muy agrada___le. El último día de nuestro ___iaje, fuimos de paseo en un ___arco de ___ela por toda la ___ahía. Nunca ___oy a ol___idar esos increí___les días. ¡Ojalá que el año que ___iene tam___ién me in___iten a ir con ellos!

cultura

El Camino Inca

Larry despierta muy temprano, levanta su campamento, llena su botella de agua en un arroyo, toma un desayuno ligero y comienza su día. Esta noche, a él y a su grupo les parecerán fáciles las siete millas que caminaron ayer hasta una altura de 9,700 pies. Hoy, los excursionistas recorrerán siete millas hasta una altura de 14,000 pies, cargando durante todo el camino mochilas que pesan cincuenta libras.

Larry está en un recorrido único: el Camino Inca. Entre 1438 y 1533, cuando el vasto y poderoso Imperio Incaico estaba en su apogeo, los incas construyeron una elaborada red de caminos que atravesaban las montañas de los Andes y llegaban a la capital del imperio, Cuzco. Actualmente, cientos de miles de turistas viajan anualmente a Perú para recorrer los caminos que perduraron y para disfrutar de los espectaculares paisajes.

El sendero más popular, el Camino Inca, va desde Cuzco hasta Machu Picchu, la antigua ciudad construida sobre una montaña. Los excursionistas casi siempre optan por un itinerario guiado de cuatro días, que comienza en un puente colgante sobre el río Urubamba y termina en Intipunku *(Puerta del Sol)*, la entrada a Machu Picchu. Los guías se encargan de los campamentos, de la comida para los viajeros y de reservar una noche en un hostal en la ruta.

Para conservar el Camino Inca, el Instituto Nacional Cultural de Perú limita el número de excursionistas a quinientos al día. Los que realicen el viaje deben registrarse por adelantado y tener buena condición física para enfrentar el **soroche** y las exigencias del terreno.

Sitios destacados del Camino Inca

Warmiwañusqua *(Paso de la mujer muerta)*, a 13,800 pies de altura, es la primera muestra que los excursionistas tienen del sol y viento extremos de los Andes.

Sayacmarca *(Ciudad inaccesible)* son las ruinas de una fortaleza enclavada en un acantilado escarpado.

Phuyupatamarca *(Ciudad en las nubes)* es una ciudad antigua con baños de piedra, probablemente usados para rendir culto al agua.

Wiñay Wayna *(Por siempre joven)*, cuyo nombre proviene de la orquídea rosada nativa del área, es famosa por sus innovadoras terrazas agrícolas que transformaron la ladera de la montaña en tierra cultivable.

soroche: en Suramérica, cansancio y falta de aire en la montaña

---

1 **Comprensión** Responde a las preguntas con oraciones completas.

1. ¿Qué itinerario prefieren los turistas para recorrer el Camino Inca? ¿Por qué?

   _____

2. ¿Por qué crees que el Instituto Nacional Cultural de Perú protege el Camino Inca?

   _____

3. ¿Dónde ven los visitantes por primera vez la fuerza de la naturaleza del lugar?

   _____

4. ¿Por qué crees que el Camino Inca es un lugar tan visitado por los turistas?

   _____

5. ¿Conoces algún lugar de valor histórico en el país del que proviene tu familia? ¿Cuál?

   _____

Lección 5

estructura

5.1 **Estar** para condiciones y emociones

El verbo **estar** a veces se usa con adjetivos para hablar sobre los estados emocionales y las condiciones físicas.

Condición física	**Estado emocional**
El cuarto **está** desordenado.	Daniel **está** alegre.
El vestido **está** arrugado.	**Estoy** desesperado.
¡Caramba! **Estás** pálida.	Carmen y Ana **están** nerviosas.
Mi abuela **está** enferma.	El profesor **está** preocupado.

▶ Para indicar un estado de salud, a veces al verbo **estar** lo sigue un adverbio. En estos casos suele cometerse el error de usar los adjetivos **bueno** y **malo**, pero eso no es correcto.

—¿Cómo estás?
—**Estoy bien**, gracias, ya
me siento mucho mejor.
—Me alegro.

—¿Cómo está Juan?
—**Está mal.**
—¿Qué, está enfermo?
—No, está deprimido.

▶ Para indicar un estado emocional o una condición física, se usa el verbo **estar** y no el verbo **ser**.

Estoy cansado.
Están solos.

Está sentada.
Estoy listo.

▶ Existen otras expresiones que se usan con el verbo **estar** para indicar estados emocionales o condiciones físicas.

Otras expresiones con **estar**			
estar a gusto	to feel comfortable/at ease	**estar en forma**	to be fit
estar al tanto	to be up to date; to know	**estar entre la espada y la pared**	to be between a rock and a hard place
estar de moda	to be in fashion		
estar de paso	to be visiting/passing through	**estar frito**	to be done for
		estar harto	to be fed up
estar de visita	to be visiting	**estar muerto de cansancio**	to be exhausted
estar en apuros	to be in a predicament/ difficult situation		
		no estar de humor	to be in no mood

Estoy harto de tus mentiras.

Estamos de visita en casa de la tía Mariana.

Está de pie junto a la puerta.

¿No **estás harto** de tantas malas noticias?

Lección 5

Práctica

1 **Identificar** En la página anterior, lee las ocho primeras oraciones modelo. Escribe aquí los adjetivos que acompañan al verbo **estar**.

_____   _____

_____   _____

_____   _____

2 **Oraciones** Escribe oraciones completas con el verbo **estar** y los elementos dados. Agrega todas las palabras que creas necesarias. ¡Sé creativo/a!

> **modelo**
>
> empleado / en apuros
> El *empleado del hotel está en apuros porque perdió las llaves de todos los huéspedes.*

1. huésped / listo

   _____

2. viajeros / preocupados

   _____

3. tú / a gusto

   _____

4. botones / cansado

   _____

5. yo / feliz

   _____

6. nosotros / de visita

   _____

3 **La prima** Tu prima Cristina y tú acordaron viajar juntos/as a la reunión familiar anual. Cristina llega tarde y pierden el vuelo. Tú te molestas por lo sucedido. Escribe lo que piensas y sientes en ese momento. Recuerda usar **estar** y algunas expresiones que se usan con este verbo.

_____

_____

_____

_____

_____

_____

_____

_____

Lección 5

5.2 El presente progresivo

▶ El presente progresivo se usa para describir acciones en progreso. En español este tiempo verbal se forma con el presente de **estar** seguido del gerundio del verbo que expresa la acción.

▶ El gerundio de los verbos regulares terminados en **-ar**, **-er** e **-ir** se forma así:

INFINITIVO	RAÍZ	TERMINACIÓN	GERUNDIO
hablar	habl-	**-ando**	habl**ando**
comer	com-	**-iendo**	com**iendo**
escribir	escrib-	**-iendo**	escrib**iendo**

▶ Hay varios verbos terminados en **-ir** que son irregulares en el gerundio porque tienen un cambio en la raíz.

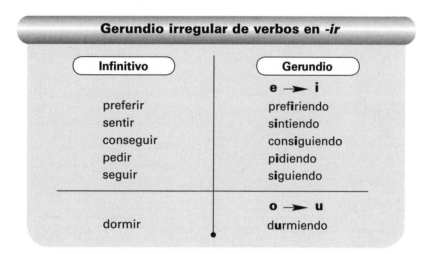

Gerundio irregular de verbos en -ir

Infinitivo	Gerundio
	e ➞ i
preferir	prefiriendo
sentir	sintiendo
conseguir	consiguiendo
pedir	pidiendo
seguir	siguiendo
	o ➞ u
dormir	durmiendo

▶ No debes olvidar que, para los verbos terminados en **-er** o **-ir**, cuando la raíz termina en vocal, el gerundio termina en **–yendo**.

leer ➞ le ➞ le**yendo**   oír ➞ o ➞ o**yendo**   traer ➞ tra ➞ tra**yendo**

▶ El presente progresivo se usa mucho menos en español que en inglés. En español, el presente progresivo se usa principalmente para enfatizar que una acción está en desarrollo en el momento en que se habla.

Nicolás **está jugando** a las cartas en **este instante.**

Esta semana **estoy leyendo** un libro sobre las Playas del Caribe.

▶ Muchas veces lo que en inglés se dice con el gerundio, en español se dice con el infinitivo.

Viajar es un placer.
Traveling is a pleasure.

Ésa es su forma de **divertirse**.
That is his/her way of having fun.

▶ Para formar el presente progresivo, existen otros verbos que se pueden usar en vez de **estar**. Algunos de ellos son **andar, seguir, ir** y **venir**, entre otros.

Sigo pensando en la prueba de química.

Vamos cruzando el río Guadalquivir.

Lección 5

Práctica

1 **Gerundios** Escribe el gerundio de los verbos.

1. dormir _____
2. ir _____
3. leer _____
4. oír _____

5. poder _____
6. preferir _____
7. traer _____
8. venir _____

2 **Describir** Mira la imagen y responde a las preguntas. Usa oraciones completas y el presente progresivo para escribir tus respuestas.

1. ¿Qué hace Marcelo?

   Marcelo está leyendo el periódico en el aeropuerto.

2. Y tú, ¿qué haces?

   _____

   _____

3. ¿Qué hacen los Sres. Domínguez?

   _____

   _____

4. ¿Quién mira los aviones?

   _____

   _____

5. Y ustedes, ¿qué tratan de hacer?

   _____

   _____

6. ¿Y qué hago yo?

   _____

   _____

3 **El centro recreativo** Imagina que estás con tu familia en un centro recreativo. El lugar tiene cancha de tenis, piscina y salón de baile. En la playa se puede pescar, bucear y montar a caballo. Escribe un correo electrónico a un(a) amigo/a contándole lo que están haciendo tus familiares y tú en ese lugar. Usa el presente progresivo y el infinitivo.

_____

_____

_____

_____

_____

_____

_____

5.3 Ser and estar

▶ Ya sabes que los verbos **ser** y **estar** corresponden al verbo *to be*, pero que en español se usan con diferentes propósitos. El verbo **estar** generalmente se refiere a una característica temporal, pasajera. En cambio, el verbo **ser** frecuentemente se refiere a una característica permanente.

Estoy alegre de poder
salir este verano.

Soy moreno igual
que mis padres.

▶ Sin embargo, existen algunas excepciones. El verbo **estar**, por ejemplo, a veces puede usarse para referirse a algo permanente y el verbo **ser**, para referirse a algo temporal.

Los dinosaurios **están** muertos.

Son las cinco de la tarde.

Esos chicos **están** locos.

Actualmente **es** muy feliz.

▶ Algunos adjetivos, como **casado/a, viudo/a, divorciado/a, soltero/a** pueden usarse con los verbos **ser** y **estar** sin que cambie mucho su significado. Sin embargo, si queremos especificar o dar más datos, debemos usar el verbo **estar**.

Irene **está** casada con Miguel.

La recepcionista **es** casada.

Mis hijos **están** solteros porque primero
quieren terminar sus estudios.

Sr. Matínez, ¿**es** usted
soltero o casado?

▶ Muchos adjetivos cambian de significado según se usen con **ser** o con **estar.** Aquí tienes algunos de ellos.

Con *ser*	Con *estar*
Esta flor **es delicada**. (frágil)	Ana **está delicada** de salud. (enferma)
Tus niños **son** muy **despiertos**. (inteligentes, listos)	¿Tus niños todavía **están despiertos**? (que no se han dormido)
Eres muy **duro** con Marta. (estricto, rígido)	Este asiento **está duro**. (incómodo)
Éste **es** un asunto muy **grave**. (serio)	El pasajero **está** muy **grave**. (que tiene problemas de salud)
Ellas **son** muy **interesadas**. (que se dejan llevar por el interés)	Ellas **están interesadas** en las pirámides. (que quieren saber más sobre algo)
Ernesto **es** un joven **maduro**. (sensato, juicioso)	Este melocotón **está maduro**. (que una fruta o verdura está lista para comerse)

Práctica

1 **Oraciones** Escribe oraciones completas con los elementos dados. Haz los cambios que consideres adecuados y agrega todas las palabras necesarias.

> **modelo**
> platos / ser / delicado
> *Estos platos son muy delicados, son de una porcelana muy fina.*

1. yo / ser / maduro

   _____

2. mis padres / estar / interesado

   _____

3. mi sobrina / ser / despierto

   _____

4. manzanas / estar / maduro

   _____

5. tú / estar / despierto

   _____

6. Sabrina / ser / interesado

   _____

2 **En el hotel** Mira la imagen y escribe oraciones completas usando **ser** y **estar** para describir a las personas.

1. _____

   _____

2. _____

   _____

3. _____

   _____

4. _____

   _____

5. _____

   _____

6. _____

   _____

Lección 5

5.4 Sustantivos y pronombres de objeto directo

▶ El sustantivo de objeto directo recibe la acción del verbo directamente. Un pronombre de objeto directo es el pronombre que reemplaza al sustantivo de objeto directo. Los pronombres de objeto directo son **me, te, lo, la** (en singular) y **nos, os, los, las** (en plural).

CON SUSTANTIVO DE OBJETO DIRECTO	CON PRONOMBRE DE OBJETO DIRECTO
Mónica hace **sus maletas**.	Mónica **las** hace por la noche.
Bernardo visita a **sus tíos.**	Bernardo **los** visita en verano.
Alexis recibe **el pasaporte.**	Alexis **lo** recibe feliz.

▶ Cuando se usa con presente progresivo, el pronombre de objeto directo se puede colocar antes de los verbos o unido al verbo en gerundio. Para este último caso, se debe agregar una tilde al verbo.

Brenda está haciendo las maletas.

Brenda **las** está haciendo.

Brenda está haciéndo**las**.

Usos de la *a* personal

▶ En español, cuando el sustantivo de objeto directo es una persona, va precedido de la preposición **a**. Si el objeto directo no es una persona, no lleva la preposición **a**.

Encontré **a** Marcela en la playa.

Encontré un billete arrugado en la maleta.

▶ La preposición **a** se usa también ante sustantivos de objeto directo que son mascotas, ya que muchas personas ven a sus animales como si fueran personas. Si no se trata de mascotas, no se usa la preposición **a**.

Encontré **a** <u>mi gato</u> durmiendo.

Encontré <u>una lagartija</u> en el jardín.

▶ También se usa la preposición **a** cuando la oración se refiere a una cosa personificada, como una idea, un lugar o un objeto.

Temo **a** <u>la soledad</u>.

Peino **a** <u>mi muñeca</u>.

▶ En algunos casos, la preposición **a** se usa para evitar una ambigüedad.

El elefante mató **a** la pantera.

El título precede **a** la foto.

▶ El verbo **tener** es un caso especial. Cuando este verbo significa poseer, no se usa la preposición **a**, pero cuando significa tener a alguien en algún lugar, sí se usa.

Tengo tres excelentes hijos.

Tengo a mis hijos en la cuna.

▶ **¡Atención!** Para los sustantivos de objeto directo, nunca debes usar **le** ni **les**, ni siquiera cuando se trate de una persona.

Lección 5

Práctica

1   **Conjugar**   Convierte los sustantivos a pronombres de objeto directo unidos a los verbos.

> **modelo**
>
> (Pamela / comprar / una postal) *Pamela está comprándola.*

1. (Néstor y David / tomar / fotografías) _____

2. (Fernando / ver / la película) _____

3. (La Sra. Romero / buscar / los pasajes) _____

4. (Nosotras / admirar / el paisaje) _____

2   **Entrevista**   Completa esta entrevista a Marina, una auxiliar de vuelo. Escribe una o dos oraciones completas para responder a cada pregunta. Usa un pronombre de objeto directo por lo menos en una de las dos oraciones.

> **modelo**
>
> **REPORTERO** ¿Visita seguido a sus padres?
> **MARINA** Sí, *los visito dos veces al mes.*

1. **REPORTERO**   ¿Habla español con fluidez?

   MARINA   _____

2. **REPORTERO**   ¿Cómo la tratan los pasajeros?

   MARINA   _____

3. **REPORTERO**   ¿Cuándo toma vacaciones?

   MARINA   _____

4. **REPORTERO**   ¿Cuándo ve a sus hijos?

   MARINA   _____

5. **REPORTERO**   ¿Siempre lleva su teléfono celular a sus viajes?

   MARINA   _____

3   **En la playa**   Tu familia y tú están en la playa. Escribe un párrafo narrativo para contar lo que hacen allí. ¿Se toman fotos? ¿A quiénes ven? ¿Qué encuentran en la orilla? ¿Qué objetos van a llevar a casa? Usa la mayor cantidad de pronombres de objeto directo que puedas. Usa la preposición **a** cuando corresponda.

_____

_____

_____

_____

_____

_____

_____

Lección 5

adelante

Lectura

Antes de leer

Según tu opinión, ¿qué hace que una ciudad sea hermosa? ¿Qué diferencia hay entre una ciudad que es buena para visitar y una que es buena para vivir?

_____

_____

_____

Para	De	Asunto

Para: Mamá
De: Manolo
Asunto: Saludos desde Puerto Rico

Hola, mamá:

Como ya sabes, hace tres días que estoy en Puerto Rico con mi hermanita y los abuelos. Planeamos estar aquí por dos semanas y el clima es ideal. Ni mucho frío ni mucho calor. Ya ves que es la primera vez que Brenda y yo visitamos este hermoso país, así que ya te imaginarás que estamos muy contentos de hacer este viaje.

    Todo fue muy rápido: confirmar el vuelo, hacer la reservación del hotel, arreglar el equipaje, tomar el pasaporte e ir al aeropuerto. El taxi se quedó sin gasolina a la mitad del camino y tuvimos que ir en autobús. Yo estaba muy nervioso y preocupado. Llegamos cinco minutos antes de que el avión despegara. Tuvimos mucha suerte y ¡todo gracias a unas camisetas! ¿Y cómo es eso? Pues la agencia de viajes les regaló a los abuelos unas camisetas que decían ¡Viva Puerto Rico!. El inspector de aduanas miró las camisetas y nos hizo pasar a prisa. Unos amables empleados nos llevaron a la salida justo a tiempo.

    Estamos hospedados en un hotel de San Juan. Ayer visitamos el sector histórico de San Juan con edificios, iglesias y balcones muy bien conservados. Allí, un guía turístico nos contó que San Juan es conocida como "La Ciudad Amurallada", y que fue construida en una isleta allá por el año de 1521 por Juan Ponce de León. Él ayudó a diseñar la ciudad, supervisó las construcciones y determinó qué estructuras debían ser construidas y dónde. También nos dijo que el Viejo San Juan es defendido por dos fortalezas: El Morro y Fuerte San Cristóbal, y que muchos de los sitios del área de la vieja ciudad son lugares históricos reconocidos mundialmente.

    En la tarde fuimos a San Felipe del Morro, una **fortificación** ubicada frente al mar Caribe. El paisaje es ideal para tomar fotos; de hecho, es el lugar más típico de Puerto Rico.

Para	De	Asunto

Mañana vamos a hacer una excursión a El Yunque, un bosque tropical a una hora de San Juan por la costa. Es un paraíso, una joya de la naturaleza. El programa incluye caminatas, visitas a cascadas y observación de pájaros y otros animales nativos de la isla. Necesitamos ropa cómoda y una muda adicional, ¡por si nos caemos al agua!

Nos vemos muy pronto. Brenda te manda muchos besos. Tenemos muchas fotos y grabaciones. Te compramos un **güiro** en el mercado de artesanías.

Un abrazo y hasta pronto,
Manolo

fortificación: construcción que se levanta para defender una posición militar; **güiro:** instrumento de percusión que tiene como caja una calabaza

Después de leer

1 **Comprensión** Responde a las preguntas con oraciones completas.

1. ¿Qué es para Manolo un clima ideal?

   _____

2. ¿Por qué El Yunque se considera un paraíso?

   _____

3. ¿Por qué Manolo y sus familiares tuvieron que cambiar de medio de transporte para llegar al aeropuerto?

   _____

4. ¿Qué importancia tiene Juan Ponce de León para San Juan de Puerto Rico?

   _____

5. ¿Cuál era el sistema de seguridad que defendía a la ciudad de San Juan?

   _____

6. ¿Con qué otro nombre se conoce la ciudad de San Juan?

   _____

2 **Interpretación** Contesta las preguntas con oraciones completas.

1. ¿Cuáles son los atractivos principales de la región en donde vives? Describe al menos dos.

   _____

2. Imagina que estás planeando tus próximas vacaciones, ¿adónde vas a ir? ¿Por qué?

   _____

3. ¿Qué precauciones tomas para asegurarte de tener un viaje seguro y sin contratiempos? Menciona cuatro.

   _____

4. ¿Qué sensaciones experimentas cuando preparas un viaje?

   _____

Escritura

Estrategia

Making an outline

When we write to share information, an outline can serve to separate topics and subtopics, providing a framework for the presentation of data. Consider this excerpt from an outline of the tourist brochure on pages 180–181 of your textbook.

IV. Excursiones

    A. Bahía Fosforescente

        1. Salidas de noche

        2. Excursión en barco

    B. Parque Nacional Foresta

        1. Museo de Arte Nativo

        2. Reserva Mundial de la Biosfera

Mapa de ideas

Idea maps can be used to create outlines. (To review the use of idea maps, see **Lección 3 Escritura**.) The major sections of an idea map correspond to the Roman numerals in an outline. The minor idea map sections correspond to the outline's capital letters, and so on. Consider the idea map that led to the outline above.

TEMA: Escribir un folleto

Antes de escribir

1 Vas a escribir un folleto turístico para un hotel o centro turístico, real o imaginario. Para hacer un esquema o un mapa de ideas, selecciona información de cada una de las siguientes categorías. No olvides incluir al menos cuatro secciones secundarias en tu folleto o mapa de ideas. Si seleccionaste un hotel o centro turístico real y necesitas más ideas, busca información sobre él en Internet.

I. II. III. IV. **(Secciones principales)**	A. B. C. D. **(Secciones secundarias)**	1. 2. 3. 4. **(Detalles de las secciones secundarias)**
▷ nombre del hotel/centro turístico	▷ descripción del exterior, del interior, de los alrededores, de las actividades ▷ cómo contactarlo	▷ clima ▷ atractivos culturales ▷ atractivos naturales ▷ geografía del lugar ▷ actividades recreativas ▷ distribución y equipamiento de las habitaciones ▷ instalaciones interiores ▷ jardines ▷ instalaciones exteriores ▷ números de teléfono y fax ▷ dirección del sitio web ▷ dirección electrónica

2 Cuando hayas creado tu esquema, piensa en cualquier información que no esté en las categorías de arriba y que te gustaría incluir; agrégala a las secciones apropiadas.

Escribir

Usa tu esquema o mapa de ideas para crear el borrador de un folleto turístico para el hotel o centro turístico que escogiste. Escribe un título para el folleto y un título para cada una de las secciones secundarias. Cada sección secundaria debe llevar su propio título y debe estar separada de las otras secciones. Si deseas incluir dibujos o imágenes bajadas de Internet, colócalos junto a secciones del texto relacionadas con ellos.

Después de escribir

Intercambia tu esquema y tu borrador con el de un(a) compañero/a de clase. Coméntalos y contesta estas preguntas.

▷ ¿Se relacionan bien el borrador de tu compañero/a con su mapa de ideas?

▷ ¿Incluyó tu compañero/a al menos cuatro secciones secundarias en el folleto?

▷ ¿Tiene cada sección secundaria su propio título?

▷ ¿Incluye en cada sección secundaria algunos detalles adicionales sobre ese tema?

▷ Si tu compañero/a incluyó imágenes, ¿ayudan esas imágenes a ilustrar el texto que acompañan?

▷ ¿Usó tu compañero/a correctamente los verbos **ser** y **estar** para describir el lugar?

▷ ¿Usó tu compañero/a correctamente los verbos en presente?

▷ ¿Incluyó tu compañero/a adjetivos para describir con detalle el lugar?

3 Revisa tu borrador de acuerdo con los comentarios de tu compañero/a. Después de escribir la versión final, léela otra vez para eliminar errores en:

▷ la ortografía

▷ la puntuación

▷ el uso de letras mayúsculas y minúsculas

▷ la concordancia entre sustantivos y adjetivos

▷ el uso de los verbos **ser** y **estar**

▷ el uso de las formas verbales

Lección 5

contextos

1 **Agrupa** Escribe el nombre de por lo menos tres piezas de ropa que correspondan a cada palabra.

1. verano: _____

2. mujeres: _____

3. calzado: _____

4. hombres: _____

5. invierno: _____

2 **Responder** Escribe una oración completa para responder a cada pregunta.

1. ¿Qué compras en el centro comercial y con qué pagas?

   _____

2. ¿Con ropa de qué color hacen juego los bluejeans?

   _____

3. ¿Cuál es tu combinación de ropa favorita?

   _____

4. ¿Qué color es el que más te gusta?

   _____

3 **Regatear** En la imagen, Mariela regatea con el vendedor por el precio de un producto de la tienda. Mariela considera que está demasiado caro. Finalmente llegan a un acuerdo. Escribe un diálogo que refleje esta conversación.

> **modelo**
> **VENDEDOR** *El precio del suéter es de $250.*
> **MARIELA** *Me parece que es demasiado caro.*

1. **VENDEDOR** _____

   _____

2. **MARIELA** _____

   _____

3. **VENDEDOR** _____

   _____

4. **MARIELA** _____

   _____

5. **VENDEDOR** _____

   _____

6. **MARIELA** _____

   _____

4 **Fin de semana** Describe la ropa que llevas cuando vas a cada lugar.

> **modelo**
>
> El cine: *Cuando voy al cine llevo bluejeans, camiseta y zapatos de tenis.*

1. el gimnasio: _____

2. relajándote en casa: _____

3. la playa: _____

4. una cena elegante: _____

5. el primer día de clases: _____

6. el día más frío del año: _____

5 **Los colores** Describe la ropa que lleva cada persona y de qué color es.

> **modelo**
>
> abogado: *Un abogado lleva un traje gris, una camisa blanca y una corbata azul.*

1. bombero: _____

2. policía: _____

3. doctora: _____

4. auxiliar de vuelo: _____

5. beisbolista: _____

6. carpintero: _____

6 **Desfile de modas** Llega el invierno y en tu escuela se realiza un desfile de modas con creaciones realizadas por los propios alumnos. Tú eres el presentador de las/los modelos y de su indumentaria. Escribe detallando la ropa que llevan, su colorido y los accesorios.

> **modelo**
>
> Anita, nuestra hermosa modelo, luce un elegante vestido negro con
> un fino cinturón dorado. Es especial para llevar en una cena formal.

_____

_____

_____

_____

_____

_____

_____

_____

_____

_____

pronunciación y ortografía

Falsos cognados

Los cognados son dos palabras que se escriben igual o de forma similar en inglés y en español. Estas palabras significan lo mismo en ambos idiomas. Los falsos cognados son palabras que se escriben igual o de forma similar en inglés y en español, pero tienen significados diferentes.

FALSOS COGNADOS

En español	significa...	En inglés	significa...
actual	presente, contemporáneo	actual	verdadero, real
billón	un millón de millones (1.000.000.000.000)	billion	mil millones (1.000.000.000)
campo	terreno extenso sin poblar	camp	campamento
carpeta	utensilio de cartón/ plástico para guardar papeles	carpet	alfombra
decepción	desilusión, desencanto	deception	engaño
disgusto	enojo, enfado	disgust	asco, repugnancia
éxito	triunfo, victoria	exit	salida
fábrica	complejo industrial	fabric	tela, tejido
ganga	algo que se obtiene por un bajo costo	gang	pandilla
genial	sobresaliente, magnífico	genial	cordial, simpático
idioma	lengua, lenguaje	idiom	modismo
largo	de mucha longitud	large	grande
lectura	acción de leer; obra leída	lecture	conferencia, disertación, clase
librería	lugar donde se venden libros	library	lugar donde se conservan y estudian libros
noticia	hecho, inédito, que se da a conocer	notice	anuncio
realizar	hacer, efectuar	realize	darse cuenta
recordar	acordarse de algo	to record	almacenar imágenes o sonidos en un medio que se pueda reproducir
sensible	impresionable, sensitivo	sensible	sensato, razonable
suceso	hecho, evento	success	éxito, triunfo

1 **Falsos cognados** Completa cada oración con la palabra más adecuada. Escoge la palabra del cuadro de arriba.

1. ¡Qué _____! Compré estas botas por $50.00.

2. Sentí una gran _____ cuando vi que la tienda había cerrado.

3. Si me esfuerzo, tendré _____ en mi vida.

4. Me acaban de dar la _____ de que pasé el examen.

cultura

Los mercados al aire libre

Los mercados al aire libre en el mundo hispano son una parte importante del comercio y la cultura, en la que interactúan vecinos, turistas y vendedores diaria o semanalmente. La gente acude al mercado a comprar, socializar, probar comidas típicas y presenciar espectáculos callejeros. Se puede simplemente deambular de puesto en puesto, viendo frutas y vegetales frescos, ropa, discos compactos, DVDs, joyas, tapices, cerámicas y artesanías. También se pueden encontrar mercancías usadas en estos mercados, como antigüedades, ropa y libros.

Cuando los compradores ven un objeto que les gusta, pueden regatear su precio con el vendedor. El regateo amistoso es un ritual esperado y a menudo finaliza cuando el precio baja aproximadamente un veinticinco por ciento.

Ocasionalmente los vendedores pueden regalar al cliente una pequeña cantidad adicional del producto que compran; esta cantidad agregada se llama añadidura (España), ñapa (Suramérica) o pilón (México).

Muchos mercados al aire libre también son atracciones turísticas. El mercado de Otavalo, en Ecuador, es famoso a nivel mundial y se instala cada sábado desde los tiempos preincaicos. Este mercado es conocido por sus coloridas telas tejidas por los otavaleños. También se pueden encontrar allí artículos de cuero y tallados en madera hechos en las ciudades cercanas. Otro mercado popular es El Rastro, que se instala cada sábado en Madrid, España. Los vendedores colocan puestos a lo largo de las calles para mostrar sus mercancías, que van desde arte local y antigüedades hasta ropa y electrodomésticos baratos.

En Valdivia, al sur de Chile, funciona diariamente un mercado al aire libre muy especial. Se trata del pintoresco mercado fluvial en el río Calle Calle. En él se venden pescados y mariscos que los pescadores artesanales ofrecen **a viva voz**. Allí no sólo se venden productos del mar, sino también agrícolas, como patatas, calabazas y manzanas. Todo esto ocurre mientras los **lobos marinos** observan a centímetros de la orilla, esperando que alguien les arroje algún pescado.

a viva voz: en voz muy alta; **lobos marinos:** mamíferos marinos cuyas extremidades tienen forma de aleta

---

1 **Comprensión** Responde a las preguntas con oraciones completas.

1. ¿Qué puedes hacer en los mercados al aire libre además de comprar?

   _____

2. ¿Qué puede obtener un comprador con el regateo y la añadidura?

   _____

3. Además de las utilidades económicas provenientes de la compra y venta de bienes, ¿qué otros beneficios puede traer un mercado al aire libre para la comunidad?

   _____

4. Si fueras un guía que muestra una ciudad a un grupo de turistas, ¿qué ventajas destacarías de los mercados al aire libre en relación con otros tipos de establecimientos comerciales? Explica.

   _____

5. ¿Cuál de los tres mercados descritos en la lectura te llama más la atención?

   _____

estructura

6.1 Saber y conocer

▷ El verbo **saber** es irregular en el presente de la forma **yo: sé**, que se escribe con tilde para diferenciarla del pronombre **se**. El verbo **conocer** también es irregular en el presente de la forma **yo: conozco**, que se escribe con **z**, *nunca* con **s**.

Los verbos **saber** y **conocer**		
	saber	**conocer**
yo	**sé**	**conozco**
tú	sabes	conoces
Ud./él/ella	sabe	conoce
nosotros/as	sabemos	conocemos
vosotros/as	sabéis	conocéis
Uds./ellos/ellas	saben	conocen

FORMAS EN SINGULAR
FORMAS EN PLURAL

▷ **Saber** significa tener el conocimiento de cierta información o tener la habilidad para hacer algo.

Mi hermana **sabe** dónde
están tus libros.

¿**Sabes** tocar algún
instrumento musical?

▷ El infinitivo del verbo **saber** se escribe con **b**, por lo tanto todas las formas de este verbo que tienen la raíz **sab-** deben escribirse con **b**, *nunca* con **v**: **sabe, sabías, sabremos**.

Gloria y Regina **saben**
jugar ajedrez.

Luciana **sabía** que se
ganaría el premio.

▷ **¡Atención!** El verbo **saber** tiene diferentes significados. Uno de ellos expresa el sabor que tiene algo: (**saber a**).

Esta sopa **sabe a** ajo.

Los camarones **saben a** quemado.

También se puede usar el verbo **saber** en el mismo sentido en que se usa el verbo **estar** cuando se refiere al sabor de una comida.

La comida **está** rica. ⟶ La comida **sabe** rica.

Estos frijoles **están** deliciosos. ⟶ Estos frijoles **saben** deliciosos.

▷ **Conocer** significa estar familiarizado con una persona, cosa o lugar.

Ustedes **conocen** al
profesor Medina.

Conozco muy bien la
ciudad de Lima.

▷ Los verbos **conducir, parecer, ofrecer** y **traducir** se conjugan como **conocer** y siguen la misma regla para la forma **yo**. En todos ellos, la **c** de la raíz **conoc-** cambia a **zc**.

Siempre **conduzco** con cuidado.

Me **parezco** a mi madre para regatear.

No **conozco** a tus amigos.

Te **ofrezco** mi ayuda.

Práctica

1   **Descripciones** Escribe oraciones completas con los verbos **saber** y **conocer** para describir a cada personaje.

> modelo
>
> Es una profesora.
> *Conoce a todos los alumnos de mi clase de matemáticas.*
> *Sabe cuando alguno tiene un problema con sólo mirarle la cara.*

1. Somos vendedores.

   _____

   _____

2. Soy un guitarrista.

   _____

   _____

3. Son carteros.

   _____

   _____

4. Eres un(a) cliente/a.

   _____

   _____

5. Es una agente de viajes.

   _____

   _____

2   **Preguntas** Responde a las preguntas con oraciones completas.

1. ¿Conoces bien la región en donde vives?

   _____

2. ¿Sabes dónde está el centro comercial más cercano?

   _____

3. ¿Conoces a algún/alguna diseñador(a) famoso/a? ¿Te gustan sus diseños?

   _____

4. ¿Te sabes la letra de alguna canción en español? ¿De cuál?

   _____

5. ¿Conoces a un(a) cantante famoso/a del país de donde proviene tu familia? ¿A quién?

   _____

6. ¿Cómo sabe tu plato favorito?

   _____

6.2 Pronombres de objeto indirecto

▷ El objeto indirecto recibe la acción del verbo en forma indirecta. Un pronombre de objeto indirecto es el pronombre que reemplaza al objeto indirecto. Los pronombres de objeto indirecto son **me, te, le** (singular) y **nos, os, les** (plural).

> Belinda y yo **le** compramos
> unos guantes a Sergio.

> Juan Carlos **me** regala sus
> gafas de sol.

▷ Los objetos indirectos reciben la acción del verbo de manera indirecta, a diferencia de los objetos directos, que la reciben directamente.

SUJETO	PRONOMBRE DE O. I.	VERBO	OBJETO DIRECTO	OBJETO INDIRECTO
Hernán	**les**	regala	juguetes	**a sus hijos.**

▷ Un objeto indirecto es un sustantivo o un pronombre que responde a la pregunta **¿A quién o para quién** se realiza una acción? En el ejemplo anterior, el objeto indirecto responde a la pregunta **¿A quién le regala juguetes Hernán?** Fíjate en estos ejemplos para diferenciar los objetos indirectos de los objetos directos.

OBJETO DIRECTO	PRONOMBRE DE O. D.
Silvia compra **unos suéteres.**	Silvia **los** compra.

OBJETO INDIRECTO	PRONOMBRE DE O. I.
Silvia compra unos suéteres para **sus hermanos.**	Silvia **les** compra unos suéteres.

OBJETO DIRECTO	PRONOMBRE DE O. D.
Pablo describe **la imagen.**	Pablo **la** describe.

OBJETO INDIRECTO	PRONOMBRE DE O. I.
Pablo le describe la imagen a **Emilia.**	Pablo **le** describe la imagen.

▷ **Le** y **les** son los pronombres correctos que se usan para objetos indirectos, sin importar que el objeto sea una persona. Por lo tanto, **le** y **les** no deben usarse para objetos directos, aunque el objeto sea una persona.

OBJETO INDIRECTO	OBJETO INDIRECTO
¿Compras este sombrero? Sí, **lo** compro.	¿Le compras este sombrero a Martha? Sí, **le** compro este sombrero.

Lección 6 Cuaderno para hispanohablantes

Práctica

1 **Objetos directos e indirectos** Lee el siguiente párrafo. Rodea con un círculo cinco objetos directos y subraya cinco objetos indirectos.

Hoy visito el mercado de Otavalo, en Ecuador. Según el guía turístico, todos admiran a los tejedores indígenas. Hacen tejidos hermosos. Mientras paseamos por el mercado, le compro una falda a mamá. A papá le llevo un cinturón de cuero. También escojo un recuerdo para mis hermanos. Antes de volver a casa, les enviaré fotos de Ecuador a todos mis amigos. Los lugares hermosos son muchos. Le pregunto a una vendedora el precio de unas postales. Son muy baratas. Tomo diez postales y le doy el dinero a la señora. Me voy feliz. El guía también está contento. Encontró un sombrero lindísimo. Era caro, pero después de regatear un poco, el vendedor le hizo un pequeño descuento al guía. Volvemos al hotel. Le pido las llaves al empleado y subo a mi habitación. Guardaré muy bien estos tesoros en una maleta.

2 **De compras** Imagina que estás comprando muchos regalos en el centro comercial. Responde a las preguntas con oraciones completas. Usa los pronombres de objeto indirecto.

> **modelo**
> ¿Qué vas a llevar para tu mamá?
> **Le voy a llevar una blusa anaranjada.**

1. ¿Qué piensas comprar para tu mejor amigo/a?

2. ¿Y qué vas a regalarle a tu papá?

3. ¿También llevas regalos para tus compañeros de clase?

4. ¿Vas a llevar algo para ti?

5. ¿Y qué vas a comprar para mí?

3 **Dependiente** Imagina que eres vendedor en un centro comercial. Escribe un párrafo para contar lo que haces en un día normal. En el párrafo debe haber diferentes pronombres de objeto indirecto. Usa por lo menos ocho de los siguientes verbos.

atender	escribir	mostrar	pagar	preguntar	vender
buscar	llevar	ofrecer	pedir	traer	

6.3 Pretérito de verbos regulares

▷ El pretérito se usa para expresar acciones o hechos que se completaron en el pasado.

		-ar **comprar**	**-er** **vender**	**-ir** **escribir**
FORMAS SINGULARES	yo	compr**é**	vend**í**	escrib**í**
	tú	compr**aste**	vend**iste**	escrib**iste**
	Ud./él/ella	compr**ó**	vend**ió**	escrib**ió**
FORMAS PLURALES	nosotros/as	compr**amos**	vend**imos**	escrib**imos**
	vosotros/as	compr**asteis**	vend**isteis**	escrib**isteis**
	Uds./ellos/ellas	compr**aron**	vend**ieron**	escrib**ieron**

Anteayer compramos unas
camisas para nuestros amigos.

La semana pasada Leonardo y
Mariana tomaron el autobús.

▷ Observa que en el pretérito, las formas **yo** y **Ud./él/ella** llevan tilde porque son palabras agudas que terminan en vocal.

> Ayer **celebré** mi cumpleaños
> con mis amigos.

> Profesor Valencia, ¿**comió**
> en la cafetería?

▷ **¡Atención!** En todos los verbos en pretérito, la forma para **tú** siempre termina en **-ste**. *Nunca* agregues una **-s** al final de esta terminación.

> Le vendi**ste** tu computadora.

> ¿Vi**ste** a Carla ayer?

▷ Los verbos que terminan en **-car, -gar** y **-zar** tienen un cambio ortográfico en la forma **yo** del pretérito. El sonido de la terminación es el mismo, pero se acomoda a las reglas ortográficas del español.

| busc**ar**
lleg**ar**
empez**ar** | ▷ | busc-
lleg-
empez- | ▷ | qu-
gu-
c- | ▷ | yo bus**qué**
yo lle**gué**
yo empe**cé** |

▶ Los verbos **creer, leer** y **oír** también tienen cambios ortográficos en el pretérito. Cuando conjugas estos verbos, debes poner una **tilde** sobre la **i** en las formas **yo, tú, nosotros/as** y **vosotros/as**. Además, debes cambiar la **i** por **y** en las formas **Ud./él/ella** y **Uds./ellos/ellas**.

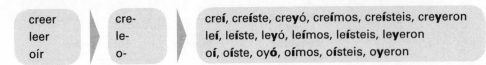

creer	cre-	creí, creíste, creyó, creímos, creísteis, creyeron
leer	le-	leí, leíste, leyó, leímos, leísteis, leyeron
oír	o-	oí, oíste, oyó, oímos, oísteis, oyeron

Los cambios ortográficos que se aplican a estos verbos son similares a los del gerundio que aprendiste con el presente progresivo.

Gerundio
Ellas están **leyendo** una revista de modas.

Paco está **oyendo** un disco compacto de Maná.

Pretérito
Ellas **leyeron** una revista de modas.

Paco **oyó** un disco compacto de Maná.

Hace tiempo...

▶ El verbo **hacer** también se usa para referirse a una acción pasada que se realiza desde algún tiempo y que aún está realizándose. En estos casos, se usa la fórmula:

Hace + [*expresión de tiempo*] + **que** + [*verbo en presente*]

| | EXP. DE TIEMPO | | VERBO | |
| **Hace** | **dos años** | que | **vendo** | seguros. |

| | EXP. DE TIEMPO | | VERBO | |
| **Hace** | **meses** | que | **espero** | una respuesta. |

▶ Cuando **hace** va después del verbo en presente, se usa la preposición **desde** junto con **hace**.

Vendo seguros **desde hace** dos años.

Espero una respuesta **desde hace** meses.

▶ Si se usa el pretérito en vez del presente, se expresa cuánto tiempo hace que algo ocurrió.

Hace + [*expresión de tiempo*] + **que** + [*verbo en pretérito*]

o

[*verbo en pretérito*] + **hace** + [*expresión de tiempo*]

—¿**Hace una semana que** usted **se lastimó** el pie?
Did you hurt your foot a week ago?

—**Me lastimé** el pie **hace un mes**.
I hurt my foot a month ago.

Práctica

1 **El concierto** Completa el diálogo con el pretérito de los verbos de la lista. Puedes usar algunos verbos más de una vez.

buscar	comprar	organizar	pensar	salir	vender
comentar	encontrar	pasar	presentar	tocar	

JAVIER Hola, Irma, ¿dónde (1) _____ la semana pasada?

IRMA Hola, Javier, pues (2) _____ de vacaciones. ¿Por qué? No me digas que me (3) _____.

JAVIER Sí, por todas partes, y nunca te (4) _____. Fíjate que mi hermano y yo

(5) _____ nuestra colección de películas en VHS y con ese dinero

(6) _____ cuatro boletos para el concierto de rock que

(7) _____ en el teatro Juárez.

IRMA Ay, qué lástima, ¿por qué no me (8) _____ con más anticipación?

JAVIER Es que (nosotros) no lo (9) _____ sino hasta el miércoles.

IRMA Y cuéntame, ¿quiénes se (10) _____?

JAVIER Imagínate, (11) _____ Jaguares, Bersuit Vergarabat, Julieta Venegas y Amparanoia. Y al final, (12) _____ todos juntos al escenario a cantar tres canciones más.

IRMA ¡Qué concierto tan increíble!

2 **¿Qué pasó?** Mira cada imagen y escribe una oración completa con cada uno de los verbos en pretérito.

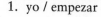
modelo
Olga / comprar
Olga compró una revista de modas para su tía Gloria.

1. yo / empezar

_____

2. mis amigos / oír

_____

3. tú / escribir

_____

4. estudiantes / leer

_____

---

3 **Hace tiempo** Responde a las preguntas con oraciones completas. Usa las construcciones **hace** + [*expresión de tiempo*] + **que** + [*verbo*] en cada respuesta.

1. ¿Desde cuándo conoces a tu mejor amigo/a?

   _____

2. ¿Hace cuánto asistes a esta escuela?

   _____

3. ¿Cuánto tiempo hace que estudias español?

   _____

4. ¿Desde cuándo tienes la ropa que llevas ahora?

   _____

5. ¿Cuánto tiempo hace que vives en esta región del país?

   _____

4 **¿Qué compraste?** El fin de semana fuiste a una venta de jardín. Escribe un párrafo para contar lo que hiciste en la venta. Usa los verbos de la lista en pretérito.

buscar	encontrar
comprar	llegar
creer	pagar
empezar	regatear

_____

_____

_____

_____

_____

_____

_____

_____

_____

_____

_____

_____

_____

_____

6.4 Adjetivos y pronombres demostrativos

▷ Los demostrativos **este**, **ese** y **aquel** (y sus variantes) pueden ser adjetivos o pronombres. Cuando funcionan como pronombres, llevan tilde. Los demostrativos neutros **esto**, **eso** y **aquello** siempre son pronombres y se refieren a situaciones u objetos (nunca a personas) que no se especifican. Los pronombres demostrativos neutros nunca llevan tilde.

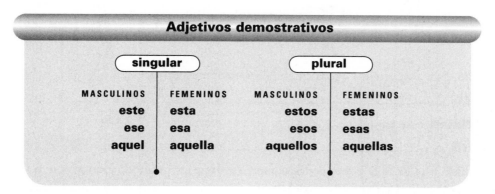

Adjetivos demostrativos

singular		plural	
MASCULINOS	FEMENINOS	MASCULINOS	FEMENINOS
este	esta	estos	estas
ese	esa	esos	esas
aquel	aquella	aquellos	aquellas

Esa camisa te quedó bien, pero **ésta** te queda mejor.

Estos calcetines son más suaves que **ésos**.

Aquella corbata tiene colores muy fuertes y **ésa** tiene colores suaves.

El mercado abre los sábados. **Eso** es lo habitual.

▷ Estos son los pronombres demostrativos. Como ya sabes, los pronombres sustituyen al sujeto.

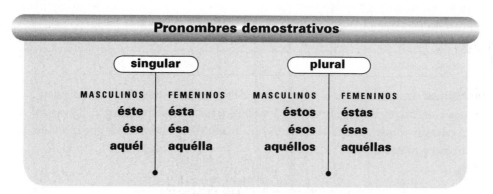

Pronombres demostrativos

singular		plural	
MASCULINOS	FEMENINOS	MASCULINOS	FEMENINOS
éste	ésta	éstos	éstas
ése	ésa	ésos	ésas
aquél	aquélla	aquéllos	aquéllas

▷ Palabras como **aquí**, **ahí**, **allí** son adverbios de lugar. Este tipo de palabra es muy útil para expresar más claramente la ubicación de un sustantivo. Observa estos ejemplos:

Estas camisas de **aquí** son muy baratas.

¿Puedes sentarte en **ese** asiento de **ahí**?

Compro en **aquella** tienda de **allá**.

Estos zapatos de **acá** son los que compré.

aquí, acá	en **este** lugar
ahí	en **ese** lugar
allí, allá, acullá	en **aquel** lugar

Práctica

1 **Minidiálogos** Completa con una oración los siguientes minidiálogos. Usa un pronombre o adjetivo demostrativo en cada oración. Lee atentamente cada oración y recuerda que la tilde hace la diferencia.

> **modelo**
>
> Mario: Ésas son las camisetas que me quiero comprar. ¿Qué te parecen?
> Jorge: Muy bonitas, ¿pero te sirven esas camisetas para tus prácticas de tenis?

1. **MARIO** Esta chaqueta me queda chica. Me aprieta mucho.

   MAMÁ _____

2. **VENEDEDOR** Esos pantalones y aquéllos están en oferta por esta semana.

   CLIENTA _____

3. **CLAUDIA** Aquélla es la tienda donde compré esos regalos. Allí todo es muy bonito.

   ROBERTO _____

4. **DEPENDIENTA** Este cinturón es de cuero y ése es de material sintético, por lo tanto es más barato.

   CLIENTE _____

5. **GUILLERMO** Papá, aquéllos son mis favoritos; cómpramelos.

   PAPÁ _____

6. **ABUELO** En la tarde iremos de compras, para ti ese helado que te gusta tanto y para mí una cartera más grande que ésta.

   NIETA _____

2 **Guía turístico** Imagina que eres un(a) guía y debes llevar a unos turistas a algunas tiendas para comprar recuerdos de viaje. ¿A qué lugares de tu comunidad los llevarías? Escribe un párrafo donde cuentes el recorrido realizado. Usa adverbios de lugar y adjetivos demostrativos en tu narración.

> **modelo**
>
> Esta construcción es el primer centro comercial que tuvo la ciudad. Aquí ustedes pueden encontrar todo tipo de productos a muy bajo precio.

_____

_____

_____

_____

_____

_____

_____

_____

adelante

Lectura

Antes de leer

"Sobre gustos no hay nada escrito" es un dicho muy conocido en América Latina. Significa que a la gente le puede gustar o no un determinado estilo de ropa, un perfume o un automóvil. Pero, ¿qué puede lograrse con una buena publicidad? ¿Crees que la presencia de un artista invitando a probar un perfume influye sobre el gusto de las personas? ¿Por qué?

_____

_____

_____

Los famosos apuestan por fragancias que llevan su nombre

Son cantantes, modelos, estrellas de cine... y también *perfumistas*. Los artistas afirman que la relación entre la música o el cine y el mundo de la belleza es "algo natural". **Pareciera ser** que las películas y la música hacen soñar lo mismo que las fragancias. Hay una lista de estrellas que prestan su imagen para promocionar perfumes. Y también hay artistas que han dado un paso más y se han convertido en creadores de las fragancias que llevan su nombre.

En las Américas y Europa esta tendencia ha encontrado una respuesta muy positiva entre los consumidores y las ventas dejan **suculentas** ganancias. El nombre y la personalidad del artista se convierten en los principales atractivos de diversas fragancias que las estrellas promocionan en anuncios impresos y de televisión. A veces, las estrellas **se involucran** totalmente, desde la selección de las notas aromáticas hasta el envasado y la publicidad. ¡Una delicia para los fanáticos más incondicionales!

En abril de 2001, la actriz, cantante y modelo Jennifer López creó junto a Andy Hilfiger la compañía Sweetface Fashion para comercializar la marca "JLO" en ropa, perfumes y accesorios. Pero el gran debut de Jennifer López como diseñadora fue en las **pasarelas** de Nueva York con la colección otoño 2005. El desfile creó mucha expectación entre los conocedores del medio de la moda y entre los seguidores de la artista. Ese mismo año, JLo lanzó una nueva fragancia: *Live*, la cuarta que sale al mercado creada por la artista. Las anteriores fueron *Glow, Still* y *Miami Glow*. Jennifer López declaró el día del **lanzamiento** que *Live* "revela lo más profundo de mi ser interior". *Live* está inspirada en el glamour y celebra la pasión creativa que la artista siente por el baile y la vida.

El actor español de *La leyenda del zorro* (2005), Antonio Banderas, es otro **referente** latino importante en Hollywood y también un veterano en el mundo de las fragancias. Banderas se encarga de imprimir su sello personal en sus películas y perfumes, ¡y lo hace muy bien! Sobre esta faceta de perfumista, el actor ha declarado: "Participé en la creación de los perfumes al principio, cuando iniciamos esta aventura empresarial. Sé —por lo que me han contado— que las colonias y los perfumes han evolucionado a medida que me han visto crecer no sólo en mi vida profesional, sino también en mi vida personal".

Banderas comenzó con *Diavolo* (1997), siguió con *Diavolo* para mujeres (1999), *Mediterráneo* (2001) y *Spirit* (2003), a las que suma dos creaciones del año 2005, *Spirit* para mujeres y la fragancia masculina *Antonio*. *Spirit* es un aroma cálido, natural y espontáneo como el carácter latino y se presenta en un **frasco** de curvas suaves en tonos **rojizos**. En *Antonio*, el actor quiso reflejar su personalidad, por lo cual bautizó el aroma con su nombre.

El cantante español David Bisbal es otra de las estrellas que ya tiene su propia fragancia. Se trata de *Pura esencia*, su primera línea de perfumes que fue presentada en Madrid en diciembre de 2006. En sus palabras, "*Pura esencia* es una ilusión cumplida que me permite transmitir mis sentimientos, a partir de ahora, también en dos fragancias. Con mi espíritu, con mi esencia". El aroma se presenta tanto para hombres como para mujeres. En principio, está previsto que estos aromas se comercialicen en España, pero pronto comenzará su aventura internacional. Con estas dos fragancias, David Bisbal se une a la lista de estrellas con su propio perfume. ¿Quién será el siguiente?

Pareciera ser: Alguien puede creer; **suculentas:** *fig.* grandes; **se involucran:** participan, toman parte; **pasarelas:** pasillos elevados donde desfilan los modelos de ropa para que el público contemple los diseños; **lanzamiento:** presentación al público; **referente:** modelo a imitar; **frasco:** recipiente de vidrio que contiene líquidos; **rojizos:** colores similares al rojo.

Después de leer

1 **Comprensión** Responde a las preguntas con oraciones completas.

1. De acuerdo con el texto, ¿con qué productos se involucran más las celebridades?

_____

2. ¿Las celebridades parecen crear o promocionar más productos para mujeres o para hombres?

_____

3. ¿En qué áreas creativas se destaca Jennifer López?

_____

4. ¿En qué parecen ser similares los perfumes *Live*, *Antonio* y *Pura esencia*?

_____

5. ¿Qué otros productos conoces que sean promocionados por alguna celebridad?

_____

2 **Interpretación** Contesta las preguntas con oraciones completas.

1. ¿Qué piensas de que una estrella de cine o de la música refleje su creatividad en otras áreas, como la perfumería? ¿Por qué?

_____

2. Si tuvieras que escoger entre las fragancias mencionadas en el texto, ¿cuál comprarías y por qué?

_____

3. Si pudieras crear un perfume con tu sello personal, ¿qué aromas combinaría? ¿Qué nombre le pondrías y por qué?

_____

4. ¿Crees que los gustos de las personas están influenciados por la publicidad? ¿Por qué?

_____

Escritura

Estrategia

How to report an interview

There are several ways to prepare a written report about an interview. For example, you can transcribe the interview verbatim, you can simply summarize it, or you can summarize it but quote the speakers occasionally. In any event, the report should begin with an interesting title and a brief introduction, which may include the English five Ws (*what, where, when, who, why*) and H (*how*) of the interview. The report should end with an interesting conclusion. Note that when you transcribe dialogue in Spanish, you should pay careful attention to format and punctuation.

Writing dialogue in Spanish

▶ If you need to transcribe an interview verbatim, you can use speakers' names to indicate a change of speaker.

LILIANA Generalmente, ¿cuándo vas de compras?

LUIS Bueno, normalmente voy los fines de semana. No tengo tiempo durante la semana.

LILIANA ¿Qué compraste el fin de semana pasado?

LUIS Compré un par de zapatos para mí y unos regalos para mi abuelo.

LILIANA ¿Y gastaste mucho dinero?

LUIS No, porque encontré unas gangas en el almacén. También compré unas cosas en el mercado al aire libre, donde es posible regatear un poco.

▶ You can also use a dash (*raya*) to mark the beginning of each speaker's words.

—¿Encontraste unas gangas?
—Sí... me compré un impermeable y unos pantalones.
—¿Dónde los compraste?
—Los compré en el almacén Ofertas, cerca del centro.

TEMA: Escribe un informe

Antes de escribir

1 Vas a escribir un informe para el periódico escolar sobre los hábitos de compra de un amigo/a y sus preferencias de ropa. Para empezar, vas a generar una lista de preguntas para usarlas cuando entrevistes a tu amigo/a. Fíjate en las categorías de las palabras interrogativas de la tabla y trata de formular al menos dos preguntas para cada categoría. Debes escoger entre estas preguntas y también crear algunas preguntas originales.

▶ ¿Cuándo vas de compras?
▶ ¿Con quién vas de compras?
▶ ¿Adónde vas de compras?
▶ ¿Qué tiendas, almacenes o centros comerciales prefieres?
▶ ¿Por qué prefieres comprar ropa barata/cara?
▶ ¿Te gusta buscar gangas?

▶ ¿Qué ropa llevas cuando vas a clase?
▶ ¿Qué ropa llevas cuando sales a bailar?
▶ ¿Qué ropa llevas cuando practicas deportes?
▶ ¿Cuáles son tus colores favoritos? ¿Qué ropa compras de esos colores?
▶ ¿Le das ropa a tu familia? ¿Y a tus amigos/as?

Lección 6

¿Cuándo?	1. 2.
¿Por qué?	1. 2.
¿Qué?	1. 2.
¿Con quién? / ¿A quién?	1. 2.
¿Adónde?	1. 2.
¿Cuál(es)?	1. 2.
¿Te gusta(n)...?	1. 2.

2 Cuando completes la tabla, escoge al menos doce preguntas que usarás durante tu entrevista.

3 Cuando hayas hecho las preguntas, toma notas de las respuestas. Luego organiza esa información en categorías como preferencias de ropa, preferencias de color, personas que lo/la acompañan a comprar, destinatarios de las compras, lugares para comprar, precios de ropa y horario de compras.

Escribir

Escribe un informe sobre tu entrevista. No olvides incluir toda la información para cada una de las categorías que creaste anteriormente. Resume tus hallazgos y escribe por lo menos dos citas de la persona que entrevistaste. Asegúrate de que tu informe termine con una conclusión interesante.

> **modelo**
>
> Hablando de la ropa que lleva Shannon, le pregunté: —¿Qué tipo de ropa prefieres cuando sales a bailar? — Ella me contestó: —¡A mí me gusta la ropa elegante y cara!— Es obvio que ella no busca gangas cuando sale de compras.

Después de escribir

1 Intercambia tu borrador con un(a) compañero/a. Coméntalo y contesta las preguntas.
- ¿Incluyó tu compañero/a información de diversas categorías?
- ¿Incluyó tu compañero/a al menos dos citas directas en su informe?
- ¿Usó tu compañero/a el estilo correcto para escribir las citas?
- ¿Usó tu compañero/a correctamente los verbos en presente?
- ¿Usó tu compañero/a correctamente los verbos en pretérito?

2 Revisa tu informe de acuerdo con los comentarios de tu compañero/a. Después de escribir la versión final, léela otra vez para eliminar errores en:
- la ortografía
- la puntuación
- el uso de letras mayúsculas y minúsculas
- el uso de los verbos en el presente de indicativo
- el uso de los verbos en el pretérito
- el uso en los pronombres de objeto directo e indirecto
- la concordancia entre sustantivos y adjetivos

contextos

Lección 7

1 **La rutina diaria** Observa las imágenes y escribe dos oraciones completas para describir lo que hacen Armando y Eva en cada una. Sigue el modelo.

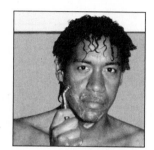

modelo
Armando se afeita todas las mañanas.
Se pone la crema de afeitar con mucho cuidado.

1. _____

_____

2. _____

_____

3. _____

_____

4. _____

_____

2 **Definiciones** Escribe oraciones completas para definir cada una de las cosas de aseo.

1. jabón: _____

2. espejo: _____

3. lavabo: _____

4. champú: _____

5. toalla: _____

6. pasta de dientes: _____

Lección 7 Cuaderno para hispanohablantes

3 **Aconsejar** Lee las situaciones y escribe qué le aconsejas a cada persona para resolver su problema.

> **modelo**
> Marcela nunca se despierta a tiempo.
> *Debe comprar un **despertador**.*

1. Enrique siempre tiene los pies fríos.

_____

2. Por las mañanas, el Sr. Torres se levanta muy cansado.

_____

3. Rafael tarda demasiado tiempo en la ducha.

_____

4. Leticia se despierta con el pelo enredado.

_____

5. Sandra y Marina dejan sus camas desordenadas todo el día.

_____

6. Humberto siente mucho frío por las mañanas porque sale inmediatamente después de ducharse.

_____

4 **Publicidad** Observa la crema de afeitar. Ponle un nombre. Escribe un anuncio para promocionarla. Usa la mayor cantidad de palabras de la lección. Debes escribir por lo menos ocho oraciones completas.

_____
_____
_____
_____
_____
_____
_____
_____
_____
_____
_____
_____
_____

pronunciación y ortografía

La consonante r

En español, la letra **r** tiene un sonido vibrante fuerte cuando va al principio de una palabra, como en **rico**. En inglés no hay palabras con esta vibración, pero los anglohablantes producen una vibración al imitar el sonido de un motor.

ropa	**r**utina	**r**itmo	**R**amón

En cualquier otra posición, la **r** tienen un sonido débil como en **para**.

gusta**r**	du**r**ante	prime**r**o	c**r**ema

La combinación **rr** solamente aparece entre vocales y siempre tiene un sonido vibrante fuerte.

piza**rr**a	ca**rr**o	ma**rr**ón	abu**rr**ido

Entre vocales, la diferencia entre la **rr** vibrante fuerte y la **r** débil es muy importante, ya que si se pronuncian en forma incorrecta, pueden confundirse dos palabras diferentes.

caro	carro	pero	perro
expensive	*car*	*but*	*dog*
fiero	fierro	cero	cerro
fierce	*piece of metal*	*zero*	*hill*

Práctica

1 **Clasificar** Primero clasifica las palabras del recuadro según el sonido de la **r** sea suave o fuerte. Después, lee todas las palabras en voz alta.

acostarse	maquillarse
arriba	Raquel
Carlos	rincón
despierta	rizos
ducharse	ropa

Sonido suave	Sonido fuerte

2 **Oraciones** Primero escribe una oración con cada par de palabras. Después lee cada oración en voz alta.

> **modelo**
> coro/corro
> *Corro para llegar a tiempo al ensayo del coro.*

1. caro/carro

_____

2. cero/cerro

_____

3. pera/perra

_____

Lección 7

cultura

¡Qué rico, hoy podré dormir la siesta!

Dormir la siesta, echarse una siestecita, echar una cabezadita… es una costumbre que llegó a América con los españoles. La siesta no distingue clases sociales ni culturales. Hay famosos que duermen la siesta cotidianamente. Gabriel García Márquez, escritor colombiano, escribió un cuento que llamó "La siesta del martes". Y dicen que para el poeta chileno Pablo Neruda la siesta era un ritual sin importarle quién estaba de visita en su casa. Después del almuerzo, el poeta se iba a su habitación a dormir la siesta sin dar explicaciones.

Sin embargo, a pesar de que esta agradable costumbre se ha extendido mucho, no en todos los países se practica del mismo modo. En las ciudades pequeñas de Argentina, por ejemplo, la pausa que se hace para la siesta es muy larga y puede durar desde la una hasta las tres o cuatro de la tarde si hace mucho calor. Durante la siesta, todos los negocios cierran, incluyendo el correo, los supermercados y los grandes almacenes.

En Chile, la siesta también es un momento importante. Por eso, sus legisladores tratan de aprobar una ley para que la gente pueda tomar una siesta de unos veinte minutos durante las horas de trabajo. Como dice uno de los diputados que defiende esta idea, "una breve siesta incrementa los niveles de productividad y reduce el riesgo de accidentes laborales".

A pesar de estar muy arraigada en los países hispanos, la siesta es una costumbre que está desapareciendo de muchas grandes ciudades. Por el acelerado ritmo de vida y las distancias tan largas, no es posible hacer una pausa durante el día.

Sobre la siesta
- Es normal sentir sueño después del almuerzo, ya que el cuerpo está trabajando. Por eso muchas personas duermen la siesta.
- La siesta se realiza entre la una y las cuatro de la tarde y debe durar entre veinte y cuarenta minutos.
- Dormir la siesta mejora la salud, previene el agotamiento y el estrés. Además favorece la memoria y se aprende más rápido.

1 **Comprensión** Responde a las preguntas con oraciones completas.

1. ¿Por qué razones es bueno dormir un rato después de almorzar?

2. Según la lectura, ¿en qué países se acostumbra dormir la siesta? ¿Qué otros países conoces donde también se duerme la siesta?

3. ¿Qué ley se está tratando de aprobar en Chile?

4. Imagina que eres dueño de una compañía importante. ¿Dejas que tus empleados duerman la siesta? ¿Por qué?

estructura

7.1 Verbos reflexivos

▶ Los verbos reflexivos se usan para indicar que el sujeto realiza una acción y que también la recibe. Es decir, el verbo expresa la acción que realiza el sujeto y la "refleja" hacia él. Además de los verbos que aprendiste en **Contextos**, éstos son otros verbos reflexivos comunes.

acordarse (de) (o:ue)	**preocuparse (por)**
despedirse (de) (e:i)	**probarse** (o:ue)
enojarse (con)	**quedarse**
irse	**quitarse**
llamarse	**secarse**
ponerse	**sentarse** (e:ie)
ponerse + [adjetivo]	**sentirse** (e:ie)

Siempre **me acuerdo** de mis abuelitos. ¡Los extraño tanto!

Leonardo ¿**te enojas** fácilmente con tus hermanos?

Ella **se preocupa** por el examen, piensa que va a reprobar.

Nos ponemos muy contentos cuando vienes a vernos, Luis.

Lucy y Anita **se ponen** los zapatos de su mamá.

¿Cómo **te sientes** después de ese viaje tan largo?

▶ A diferencia del inglés, en español los verbos reflexivos **siempre** usan pronombres reflexivos.

Singular		Plural	
yo	**me**	nosotros/as	**nos**
tú	**te**	vosotros/as	**os**
Ud./él/ella	**se**	Uds./ellos/ellas	**se**

Él siempre **se** duerme tarde.
He always falls asleep late.

En verano **nos** duchamos con agua fría.
We take cold showers in the summer.

No **me** siento bien.
I don't feel well.

A veces **te** enojas demasiado.
Sometimes you get too angry.

▶ El pronombre reflexivo va después del verbo en las formas de infinitivos, gerundios y mandatos. En estos casos, el pronombre reflexivo va unido al verbo.

José quiere despedir**se** de su abuelo.

Quéda**te** en casa para que descanses.

Estoy quitándo**me** los zapatos.

Esta película está aburriéndo**nos**.

▶ **¡Atención!** Fíjate que cuando el pronombre va unido al verbo, debes agregar una tilde al verbo, cuando sea necesario, para conservar la acentuación original.

Lección 7 Cuaderno para hispanohablantes

Práctica

1 **Identificar** En la página anterior, lee las primeras seis oraciones modelo. Rodea con un círculo los pronombres reflexivos de las formas verbales.

_____

2 **Completar** Usa la forma adecuada de estos verbos para completar la narración de Pilar.

cepillarse	ducharse	imaginarse	maquillarse	sentarse
dormirse	enojarse	levantarse	regresarse	vestirse

Cada mañana en mi casa es un ajetreo que ustedes no (1) _____ . Papá

(2) _____ primero y entra al baño. Mamá nos despierta a Fabián y a

mí para que preparemos nuestras mochilas. Cuando papá sale del baño, entra mi hermano

mayor y (3) _____ . Luego entro yo y después de ducharme,

(4) _____ el pelo. Después, busco mi ropa y (5) _____

rápidamente. A las siete, todos (6) _____ a desayunar, menos mamá, que

apenas a esa hora puede entrar al baño. Cuando ya estamos todos listos, siempre hay alguien

que olvida algo y tenemos que esperarlo. Ayer, mamá y papá (7) _____

conmigo en el auto porque (8) _____ a buscar mi libro de cálculo.

3 **Responder** Responde a las preguntas con oraciones completas.

1. ¿Qué te probaste la última vez que fuiste a un almacén?

_____

2. ¿A qué hora se acostaron tus hermanos y tú anoche?

_____

3. Generalmente, ¿qué se preparan tus papás para cenar?

_____

4. ¿Quién se levanta primero en tu casa?

_____

5. ¿Vas a quedarte en tu casa este fin de semana?

_____

4 **Tu rutina** Tu hermano y tú tienen que usar el mismo baño y tienen muchos problemas para decidir cuándo debe usarlo cada quien y por cuánto tiempo. Usa verbos reflexivos para escribirle un mensaje electrónico donde le expliques cómo te sientes y qué crees que deben hacer para solucionar sus problemas.

_____

_____

_____

_____

7.2 Palabras indefinidas y negativas

▶ Las palabras indefinidas se refieren a personas y cosas que no son específicas, como **alguien** y **algo**. Las palabras negativas niegan la existencia de personas y cosas o contradicen enunciados, como **ninguna** o **nada**.

Alguien llama a la puerta. **Siempre** hago **algo** especial los domingos.

José **tampoco** se afeita. Estela **jamás** se cepilla los dientes después de comer.

▶ Aquí te presentamos algunas palabras indefinidas y negativas que se usan comúnmente en español.

Palabras indefinidas		Palabras negativas	
algo	o... o	nada	ni... ni
alguien	siempre	nadie	nunca, jamás
alguno/a(s), algún	también	ninguno/a, ningún	tampoco

▶ **¡Atención!** La palabra negativa **nadie** *nunca* lleva **n** al final.

En casa **nadie** tira papeles al piso. **Nadie** se levanta tarde.

▶ Las palabras negativas **nunca** y **jamás** son equivalentes. Puedes usar cualquiera de las dos para decir lo mismo.

Jamás evito mis deberes. **Nunca** evito mis deberes.

Aurora **jamás** lava los platos. Aurora **nunca** lava los platos.

▶ Cuando **nunca** y **jamás** van juntas en una oración, se refuerzan mutuamente y forman una negación muy enfática.

Nunca jamás salgo de noche. No deseo verte **nunca jamás**.

Esto **nunca jamás** debe repetirse. **Nunca jamás** he estado en Japón.

▶ La palabra negativa **ni** puede ir acompañada de otras palabras para formar nuevas expresiones negativas.

Es tarde y **ni siquiera** he comido. **Ni siquiera** sabe escribir su nombre.

No hay que decirle a Juan **ni mucho menos** a Marcos. No puedo despertar por las mañanas **ni mucho menos** apagar el despertador.

No se ducha rápido **ni por** error. No se hablan **ni por** equivocación.

▶ Las palabras negativas **ninguno** y **ninguna** pueden usarse en plural para concordar con las personas o cosas a que se refieren: **ningunos** libros, **ningunas** estrellas. Sin embargo, el uso de estas palabras en plural es muy escaso. Si la palabra **ninguno** va antes de un sustantivo masculino singular, se suprime la vocal **o** y se usa **ningún**.

¿No tienes **ningunas** sábanas limpias? ¿Todavía no llega **ningún** profesor a esta clase?

No, no tengo **ninguna**. No, aún no llega **ninguno**.

Lección 7 Cuaderno para hispanohablantes

Práctica

1   **Distinguir** En la página anterior, lee las primeras cuatro oraciones modelo. Encierra en un círculo las palabras indefinidas y subraya las palabras negativas.

_____

2   **Completar** Completa las frases de manera lógica.

> **modelo**
>
> Hoy tampoco (yo) *alcancé a comprar el champú.*

1. Yo siempre _____
2. Mis papás nunca _____
3. En mi habitación no hay ningún _____
4. Mi mejor amigo/a nunca jamás _____
5. En la clase nadie _____

_____

3   **Hermano mayor** Tus padres salen de la ciudad durante dos días. Te piden que cuides a tu hermana menor, Lira y que trates de que no olvide sus buenos hábitos. Escribe lo que vas a recordarle a tu hermana. Usa palabras indefinidas y negativas en oraciones completas.

> **modelo**
>
> cepillarse los dientes
> **Lira, siempre debes cepillarte los dientes después de comer, sobre todo si comes dulces.**

1. jugar con arañas y gusanos

_____

2. decir **gracias**

_____

3. jugar con el maquillaje de mamá

_____

4. limpiar el cuarto

_____

5. contestar de mala manera

_____

4   **Fuera de la rutina** Hoy ha sido un día diferente a todos los demás, la rutina de todos los días hoy no se ha cumplido. Utiliza la mayor cantidad de palabras negativas para describir cómo fue tu día.

> **modelo**
>
> Nadie me va a creer, pero hoy domingo me levanté a las seis de la mañana a estudiar.

_____
_____
_____

7.3 El pretérito de **ser** y de **ir**

▶ El pretérito de los verbos **ser** e **ir** es irregular. Observa los siguientes ejemplos del verbo **ser** y completa la tabla que va a continuación.

Yo **fui** muy feliz en mi infancia.   **Fuiste** muy sincero conmigo.

Fuimos muy estudiosos.   Ella **fue** una buena amiga.

¿Usted **fue** buen estudiante?   Ustedes **fueron** rápidos para afeitarse.

Pretérito de **ser**		
FORMAS EN SINGULAR	yo	_____
	tú	_____
	Ud./él/ella	_____
FORMAS EN PLURAL	nosotros/as	_____
	vosotros/as	**fuisteis**
	Uds./ellos/ellas	_____

▶ Ahora observa estos ejemplos del verbo **ir** y completa la tabla.

Bárbara **fue** a cambiarse de ropa.   ¿**Fueron** ustedes a Bogotá?

Felipe y Manuel **fueron** a afeitarse.   Arturo, ¿ya **fuiste** a lavarte las manos para almorzar?

Fui a lavarme los dientes.   Nosotros **fuimos** al cine.

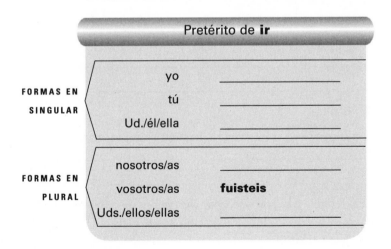

Pretérito de **ir**		
FORMAS EN SINGULAR	yo	_____
	tú	_____
	Ud./él/ella	_____
FORMAS EN PLURAL	nosotros/as	_____
	vosotros/as	**fuisteis**
	Uds./ellos/ellas	_____

▶ Como ves, las formas son iguales. El contexto indica qué verbo se usa.

Carlos **fue** muy amable con nosotros.   Carlos **fue** al concierto de anoche.

▶ **¡Atención!** Recuerda que en pretérito la forma que corresponde al pronombre **tú** *nunca* lleva **-s** al final.

Tú **fuiste** la más simpática.   ¿A qué hora **fuiste** a la tienda?

Práctica

1 **Verbos** Completa cada oración con el pretérito de **ser** o **ir**. Después indica qué verbo usaste.

> modelo
>
> ¿Adónde **fueron** ustedes el fin de semana? **ir**

1. Nosotros _____ a Los Ángeles a visitar a los tíos. _____

2. El viaje en tren _____ muy agradable. _____

3. En la ciudad, yo _____ a visitar a unos amigos. _____

4. Ellos _____ muy cordiales y amables conmigo. _____

5. ¿Tú también _____ a casa de los tíos? _____

2 **Escribir** Imagina que viajas cincuenta años al futuro. Escribe dos oraciones completas sobre cada persona. Usa el pretérito de **ser** en una y el pretérito de **ir** en la otra.

> modelo
>
> Gael García Bernal
> ser: **Fue un actor mexicano muy talentoso.**
> ir: **Yo fui a ver todas sus películas.**

1. tú

   ser: _____

   ir: _____

2. tu mejor amigo/a

   ser: _____

   ir: _____

3. los Yankees de Nueva York

   ser: _____

   ir: _____

4. Salma Hayek y Penélope Cruz

   ser: _____

   ir: _____

3 **Día feriado** Ayer fue un día feriado y lo aprovechaste para hacer las cosas que más te gustan. Escribe un párrafo narrativo para contar cómo te fue y qué hiciste. Usa el pretérito de los verbos **ser** e **ir** para escribir tu párrafo.

_____

_____

_____

_____

_____

_____

7.4 Verbos como **gustar**

▶ Ya sabes que el verbo **gustar** se usa para expresar preferencias. Observa estos ejemplos.

Me **gusta** este jabón.   Me **gustan** las canciones románticas.

▶ En la primera oración, el sujeto es **este jabón**, porque de eso se habla. En la segunda oración, el sujeto es **las canciones románticas**. Observa que al cambiar el número del sujeto de singular a plural, también cambia la forma del verbo. El pronombre **me** es el objeto indirecto en ambas oraciones.

▶ El pronombre de objeto indirecto representa a la persona que siente la preferencia o rechazo expresados con el verbo.

Te gusta esta toalla.   **Nos** gusta esta toalla.

Le gusta esta toalla.   **Les** gusta esta toalla.

▶ Los pronombres de objeto indirecto que se usan con el verbo **gustar** son **me**, **te**, **le** en singular y **nos**, **os**, **les** en plural. Estos pronombres siempre van antes del verbo **gustar**.

Me gusta la leche tibia.   No **nos gusta** dormir hasta tarde los domingos.

▶ Para precisar o enfatizar la persona que prefiere algo, se usa la construcción **a** + [*pronombre*] o **a** + [*sustantivo*] antes del pronombre de objeto indirecto. Observa los modelos para saber cómo se relacionan los pronombres de objeto indirecto con los pronombres que se usan como sujeto.

a + [*pronombre*]	**a** + [*sustantivo*]
A mí me gustan los melocotones.	**A Rita y a Paola** les gustan las novelas.
A ti te gustan los días de sol.	**A Joaquín** le gusta dormirse temprano.
A nosotros nos gusta cantar.	**A la profesora** le gustan los poemas.

> **¡Atención!**
>
> Recuerda que el pronombre **mí** lleva tilde para diferenciarlo del posesivo **mi**.

▶ Los gustos (o rechazos) también se pueden expresar con la frase **lo que**. Observa el siguiente diagrama.

> **¡Atención!**
>
> El verbo **ser** se conjuga en singular o plural dependiendo del número del sujeto que lo sigue.

Lo que	me te le nos os les	aburre falta fascina gusta importa interesa	es	la televisión. dormir hasta tarde.
			son	los resultados. unas toallas pequeñas.

▶ Además de los verbos que se presentan en tu libro de texto, estos verbos también son similares a **gustar**. Estos verbos se usan de la misma forma que **gustar**.

Verbos como **gustar**			
agradar	cansar	doler	pasar
apetecer	disgustar	extrañar	sobrar

¿Te agrada afeitarte a diario?   Hoy **nos pasó** algo divertido.

Lección 7 Cuaderno para hispanohablantes

Práctica

1 **Entrevista** Escoge a una persona famosa para hacerle estas preguntas y escribe lo que tú crees que contestaría. Usa verbos que se parecen a **gustar** en todas las respuestas. Si quieres, puedes usar un(a) famoso/a diferente en cada pregunta.

> *modelo*
>
> **TÚ:** ¿Qué te molesta de tu rutina matinal?
> **JLo:** Me molesta estar con el peluquero cuatro horas al día pero, ¡qué puedo hacer!

1. **TÚ:** ¿Qué te gusta hacer los fines de semana?

   _____

2. **TÚ:** ¿Qué es lo que te aburre más?

   _____

3. **TÚ:** ¿Cuál es tu comida favorita?

   _____

4. **TÚ:** ¿Qué haces cuando visitas un país por primera vez?

   _____

5. **TÚ:** ¿Cuál va a ser el próximo paso en tu carrera?

   _____

6. **TÚ:** ¿Qué piensa tu familia sobre tu estilo de vida?

   _____

2 **Sugerencias** Escribe sugerencias sencillas para actividades que se realizan en la semana. Usa los verbos de la lista. Escribe oraciones completas. Como sugerencia, comienza tus oraciones con la palabra **si**.

> *modelo*
>
> Si te cansa maquillarte siempre, no tienes que maquillarte los fines de semana.

agradar	cansar	disgustar	doler	extrañar	sobrar

1. _____
2. _____
3. _____
4. _____
5. _____
6. _____

Lección 7

adelante

Lectura

Antes de leer

Los foros de discusión son sitios web donde se reúnen mensajes, invitaciones, opiniones o imágenes enviados por diferentes personas sobre algún tema en particular. Hay foros de todo tipo: sobre salud, educación, música, chismes, política y más.

1. ¿Qué tipos de foros conoces?

   _____

2. Describe un foro que te guste y explica por qué te gusta.

   _____

¿Cómo viven los actores que inician?

Hola amigos, quisiera saber sus opiniones sobre este tema. La duda me surgió cuando me puse a escribir el ensayo final que nos pidió la maestra de español. Ella es muy exigente, así que lo primero que hice fue buscar entrevistas publicadas en periódicos y revistas. He leído las historias de cómo comenzaron sus carreras los actores más famosos de Hollywood y algunos de ellos mencionan que estudiaban actuación al mismo tiempo que asistían a pruebas de actuación y mantenían un trabajo de medio tiempo para poder pagar sus gastos. ¡Guau! Los actores que comienzan se la pasan ocupadísimos y yendo de un lugar a otro, ¿no? Por ejemplo, Brad Pitt trabajó como cargador de refrigeradores y durante un tiempo lo empleó la cadena de restaurantes El Pollo Loco donde se tenía que disfrazar de pollo gigante para atraer clientes y al mismo tiempo seguía buscando un contrato importante de actuación, ¡hasta que lo logró! ¿Creen que vale la pena todo ese esfuerzo?
Saludos a todos,
Pedro

3:24 p.m.

Comentarios

Marinero dice...

Pues ya que mencionas a Brad Pitt, te comento que su ex novia, Jennifer Aniston, trabajó como mesera y en ventas por teléfono. Al mismo tiempo, ella asistía a la Escuela de Artes Interpretativas de Manhattan y se presentaba a numerosas pruebas de actuación. Fue hasta tiempo después que le dieron el inolvidable papel de Rachel Green en la serie *Friends*.

3:32 p.m.

Estrellita dice...

Pues tal vez a algunos les ha costado algo de trabajo llegar hasta donde están. Sin embargo, no olvidemos que personas de otras áreas (médicos, periodistas, etc.) se esfuerzan durante muchos años antes de convertirse en "maestros" de su profesión.

3:37 p.m.

Lección 7 Cuaderno para hispanohablantes **111**

Gatoazul dice...

Pero no piensen que cuando se hacen famosos los actores dejan de prepararse, muchos de ellos estudian largas horas antes de interpretar a cada personaje nuevo. Ellos necesitan meterse en el mundo de ese personaje y si, por ejemplo, el papel es de policía, ellos van diario a trabajar con verdaderos policías y salen a patrullar con ellos.

Los actores de las películas de acción y de ciencia ficción también se tienen que preparar durante meses antes de comenzar a grabar una nueva cinta. Ellos tienen que ir al gimnasio todos los días o aprender artes marciales además de estudiar su libreto.

3:57 p.m.

Aurora dice...

Muchos actores y actrices tienen familia y además de trabajar en películas o televisión, estudiar libretos y asistir a pruebas de actuación, atienden a sus hijos y mantienen una vida familiar privada. Yo creo que eso requiere de mucho esfuerzo y dedicación.

Un saludo

4:09 p.m.

Dulce dice...

Por darte un ejemplo, Gael García Bernal estudió actuación en un instituto de arte dramático en Londres al mismo tiempo que trabajaba como mesero para pagarse sus estudios. Yo creo que esto tiene mucho mérito, porque no sólo se preparó con estudios profesionales, sino que lo hizo en otro idioma y él mismo se pagó la carrera. Mientras más te esfuerzas, mejor te saben los éxitos.

4:13 p.m.

Después de leer

1 **Comprensión e interpretación** Responde a las preguntas con oraciones completas.

1. ¿Por qué Pedro decidió reunir la mayor información posible?

_____

2. ¿Cuál es la opinión de Pedro sobre el tema?

_____

3. ¿Qué piensa Estrellita?

_____

4. ¿Qué tipo de películas crees que le gustan a Gatoazul? ¿Cómo lo sabes?

_____

5. ¿Dónde estudió actuación Gael García Bernal?

_____

6. Según tu opinión, ¿los actores y actrices deben estudiar arte dramático? ¿Por qué?

_____

7. ¿Qué es más importante, el talento natural o los estudios profesionales? ¿Por qué?

_____

8. Si tuvieras tu propio foro de discusión, ¿qué tema te gustaría compartir?

_____

Escritura

Estrategia

Secuencia de sucesos

Si pones atención a la secuencia de un texto narrativo, tu escrito fluirá lógicamente de una parte a otra del texto.

Toda composición debe tener una introducción, una parte central y una conclusión. La introducción presenta el tema, el lugar, la situación y a las personas. La parte principal, o parte central, describe los sucesos y las reacciones de las personas ante esos sucesos. La narración termina en la conclusión.

Los adverbios y las frases adverbiales a veces se usan como transiciones entre la introducción, la parte principal y la conclusión. Aquí tienes una lista de adverbios de uso común en español:

Adverbios

además; también	después (de)	pronto
al principio; en un principio	entonces; luego	por fin; finalmente
antes (de)	más tarde	al final
después	primero	

TEMA: Escribe tu rutina

Antes de escribir

1 Vas a escribir una descripción de tu rutina diaria en uno de estos lugares, o en algún otro lugar interesante de tu propia invención:

▶ una isla desierta   ▶ el Polo Norte   ▶ un crucero transatlántico   ▶ un desierto

---

2 Mira el esquema en la próxima página, donde vas a escribir los detalles de tu rutina diaria. Antes de escribir tus actividades en el esquema, considera cómo cambian algunos de los elementos más básicos de tu rutina en el lugar que escogiste. Por ejemplo, ¿dónde te acuestas en el Polo Norte? ¿Cómo te duchas en el desierto?

---

3 Haz una lista de palabras clave que ya conoces o que necesitas saber para escribir tu descripción.

Palabras clave que ya conozco	Palabras clave que necesito saber

---

4 Ahora completa el esquema. Escribe detalles sobre el lugar y sobre las personas de ese lugar en el círculo marcado **Introducción**. Luego usa verbos reflexivos para escribir ocho actividades diarias en su secuencia normal en los ocho cuadros. Finalmente, escribe detalles sobre tus opiniones del lugar y de tu vida allí en el círculo marcado **Conclusión**.

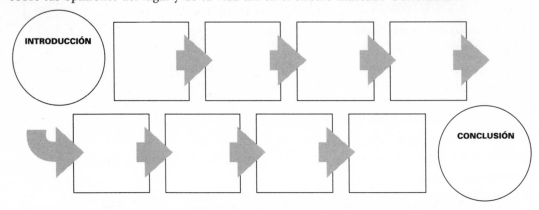

5 Ahora, mira el esquema otra vez. ¿Qué adverbios puedes añadir al esquema para acentuar la secuencia de las actividades? Escríbelos encima de cada cuadro del esquema.

Escribir

Usa el esquema y la lista de palabras clave para escribir tu narración. La narración debe tener una introducción (la información del primer círculo del esquema), una parte central (las actividades de los ocho cuadros) y una conclusión (la información del segundo círculo). También debes incluir los adverbios que escribiste encima de los cuadros para indicar la secuencia de las actividades.

Después de escribir

1 Intercambia tu borrador con un(a) compañero/a de clase. Coméntalo y contesta estas preguntas.

▶ Escribió tu compañero/a una introducción con detalles sobre el lugar y las personas de ese lugar?

▶ ¿Escribió tu compañero/a una parte central con ocho actividades de su rutina diaria?

▶ ¿Usó tu compañero/a adverbios para indicar la secuencia de las actividades?

▶ ¿Escribió tu compañero/a una conclusión con sus opiniones del lugar y de su vida allí?

▶ ¿Usó tu compañero/a correctamente los verbos reflexivos?

▶ ¿Qué detalles añadirías? ¿Qué detalles quitarías?

▶ ¿Qué otros comentarios tienes para tu compañero/a?

2 Revisa tu informe de acuerdo con los comentarios de tu compañero/a. Después de escribir la versión final, léela otra vez para eliminar errores en:

▶ la ortografía

▶ la puntuación

▶ el uso de letras mayúsculas y minúsculas

▶ la concordancia entre sustantivos y adjetivos

▶ el uso de verbos reflexivos

▶ el uso de verbos en el presente de indicativo

contextos

Lección 8

1 **Analogías** Completa cada analogía con la palabra apropiada. Después escribe dos analogías originales.

> **modelo**
>
> cebolla : zanahoria :: pera : banana

arroz
bistec
salmón
yogur

1. café : té :: atún : _____

2. melocotón : manzana :: leche : _____

3. langosta : camarón :: frijoles : _____

4. margarina : mayonesa :: chuleta : _____

5. _____ : _____ :: _____ : _____

6. _____ : _____ :: _____ : _____

2 **Otras formas** Escribe otras formas que conozcas para referirte a estos alimentos.

> **modelo**
>
> champiñón hongo, seta

1. frijoles _____   3. arveja _____   5. refresco _____

2. camarón _____   4. sándwich _____   6. banana _____

3 **¿Qué es?** Escribe una descripción para cada alimento. Después, escribe una oración que incluya el nombre de esa comida.

> **modelo**
>
> leche: Es un líquido blanco que se bebe.
> Todos los días en el desayuno tomo café con leche.

1. carne de res: _____

_____

2. ensalada: _____

_____

3. hamburguesa: _____

_____

4. jugo: _____

_____

5. arvejas: _____

_____

6. huevo: _____

_____

4 **Completar** Completa el texto con las palabras de la lista. Haz los cambios necesarios.

camarero	frutas	probar	saber
ensalada	mantequilla	recomienda	salmón
escoger	no fumar	refresco	sopa

Angélica está en un restaurante en la sección de (1) _____ porque le molesta
el humo. No sabe qué (2) _____ para cenar. El (3) _____
que la atiende le (4) _____ una (5) _____ de verduras para
empezar. Como plato principal, le sugiere (6) _____ con arroz y una
(7) _____ de lechuga con tomates. Angélica (8) _____ la
sopa. (9) _____ riquísima. Más tarde, Angélica pide el postre de
(10) _____ con crema.

5 **Gustos diferentes** Naty y Tito son gemelos pero son muy diferentes en sus gustos para
comer. Cuando van a un restaurante, piden cosas muy distintas. Completa el diálogo con lo
que podrían pedir Naty y Tito. Escribe oraciones completas.

CAMARERO ¿Se sirven algún entremés?

NATY _____

TITO _____

CAMARERO ¿Qué van a ordenar para beber?

NATY _____

TITO _____

CAMARERO ¿Qué prefieren como plato principal?

NATY _____

TITO _____

CAMARERO ¿Algún postre? Tenemos una gran variedad.

NATY _____

TITO _____

6 **Tu plato favorito** ¿Tienes un plato favorito? ¿Que ingredientes lleva? ¿Cómo se prepara?
¿Por qué te gusta? ¿Cuándo sueles comerlo? Escribe un párrafo usando al menos veinte
palabras de la lección.

_____

_____

_____

_____

_____

_____

pronunciación y ortografía

La **c** y la **z**

La letra **c** se pronuncia como **k** ante las vocales **a**, **o** y **u**.

café	**c**olombiano	**c**uando	ri**c**o

En español, la letra **c** se pronuncia como **s** ante las vocales **e**, **i**. (En algunos lugares de España, la **c** ante **e** o **i** se pronuncia como la *th* de *think*).

cereales	deli**c**ioso	condu**c**ir	cono**c**er

En español, la letra **z** se pronuncia como **s**. (En algunos lugares de España, la **z** se pronuncia como la *th* de *think*).

zeta	**z**anahoria	almuer**z**o	cerve**z**a

Las palabras que en singular terminan en **-z** cambian la **-z** por **-ces** cuando pasan al plural.

pe**z** ⟶ pe**c**es   capa**z** ⟶ capa**c**es

Fíjate que la forma **yo** del presente de algunos verbos terminados en **-cer** y **-cir** termina en **-zco**.

na**c**er ⟶ na**z**co   condu**c**ir ⟶ condu**z**co

Para sustituirla delante de las vocales **e**, **i**, la **z** cambia a **c** en los derivados de palabras que se escriben con **z**.

analizar ⟶ analicemos   paz ⟶ pacífico

¡Atención! El verbo **hacer** se escribe con **c**, pero si se da una orden, se escribe con **z**: **haz**.

Haz tu tarea de matemáticas.   **Haz** las maletas para el viaje.

Práctica

1 **Plurales** Escribe el plural de las siguientes palabras.

1. luz: _____   5. raíz: _____

2. actriz: _____   6. feliz: _____

3. lápiz: _____   7. voz: _____

4. vez: _____   8. cicatriz: _____

2 **Oraciones** Escribe una oración completa con cada verbo en la forma **yo** del presente.

> modelo
>
> (ofrecer) *Yo ofrezco dulces a mis compañeros durante el almuerzo.*

1. (traducir) _____

2. (crecer) _____

3. (conocer) _____

4. (producir) _____

Lección 8 Cuaderno para hispanohablantes   **117**

Lección 8

cultura

¡Hmmm, qué rico!

Bandeja paisa, plato típico de la región de Antioquía, Colmbia.

En América Latina hay una verdadera cultura de comidas deliciosas. Si uno sale a caminar por algún barrio a la hora de almuerzo, es muy probable que se le abra el apetito. Por todas partes se pueden sentir aromas ricos que inundan el ambiente. Y en todos los países hay recetas especiales y platos típicos que son característicos de la región.

En la zona central de México se prepara la barbacoa de borrego. La forma tradicional de prepararla es al interior de un hoyo en la tierra de aproximadamente un metro de profundidad. La noche anterior se depositan piedras al fondo del hoyo a las que se les prende fuego hasta que quedan al rojo vivo. Luego se cubren las paredes del hoyo con hojas de **maguey** y sobre las piedras se pone una cazuela con agua y verduras. Sobre la cazuela se coloca una rejilla que sostiene la carne del borrego envuelta en hojas de maguey. Después, el hoyo se tapa con más hojas de maguey, sacos mojados y tierra y encima se prende una fogata que dura toda la noche. Al día siguiente se abre el hoyo y se saca la carne ya cocida y la cazuela en la que se ha formado el consomé.

En Nicaragua, uno de los platos más populares se conoce como indio viejo. Se prepara con carne desmenuzada, cebolla, chile, pimiento dulce, tomate, jugo de naranja agria, el caldo de la carne y tortillas de maíz desmenuzadas.

En Panamá, el plato criollo más famoso es el sancocho. Se trata de una sopa de pollo con **ñame** condimentada con cebolla, ajo, sal, pimienta, cilantro y orégano. En otras regiones se hace a base de pollo, costilla de res, ñame, **ñampí**, **yuca**, maíz, ají picante y cilantro. El sancocho es un plato importante de la gastronomía panameña y se sirve como revitalizante a la hora del almuerzo, después de una pesada mañana de trabajo.

Después de tanta comida rica, ¿verdad que da hambre?

maguey: planta oriunda de México de hojas largas y carnosas; **ñame:** planta de hojas largas de corteza comestible; **ñampí:** tubérculo comestible; **yuca:** especie de mandioca

---

1 **Comprensión** Responde a las preguntas con oraciones completas.

1. ¿Qué comidas típicas describe el texto? ¿De qué países son?

_____

2. ¿Con qué se cubren las paredes del hoyo donde se hace la barbacoa?

_____

3. ¿Para qué se come el sancocho?

_____

4. Si vas a un restaurante de comida típica, ¿cuál de estos tres platos pedirías? ¿Por qué?

_____

5. ¿Qué platos típicos conoces? ¿Cuál es tu plato favorito? Descríbelo.

_____

Lección 8

estructura

8.1 Pretérito de verbos con cambios en la raíz

▶ Como ya lo sabes, la raíz del pretérito cambia en algunos verbos terminados en **-ir**. Sin embargo, este cambio sólo afecta a las formas de los pronombres **Ud./él/ella** y **Uds./ellos/ellas**.

Pretérito de verbos *-ir* que cambian en la raíz		
	sugerir	**morir**
yo	sugerí	morí
tú	sugeriste	moriste
Ud./él/ella	sug**i**rió	m**u**rió
nosotros/as	sugerimos	morimos
vosotros/as	sugeristeis	moristeis
Uds./ellos/ellas	sug**i**rieron	m**u**rieron

FORMAS EN SINGULAR

FORMAS EN PLURAL

▶ Observa que en la raíz del pretérito la vocal **e** cambia a **i** en el verbo **sugerir** y que en el verbo **morir**, la vocal **o** cambia a **u**.

(e ➡ i) sug**e**rir: sug**i**rió, sug**i**rieron   (o ➡ u) m**o**rir: m**u**rió, m**u**rieron

▶ Escribe los verbos que conozcas que tengan el mismo cambio en la raíz que **sugerir** y **morir**.

Verbos como **sugerir**	Verbos como **morir**
_____ _____	_____
_____ _____	_____
_____ _____	_____

▶ **¡Atención!** Observa que los verbos **hervir** y **servir** se escriben con **v** chica en todas sus formas.

Mi prima se **sirvió** cereal para desayunar.
Nos **servimos** arroz con carne de res.

¿Qué **hirvieron** en estas ollas?
Yo ya **herví** el agua de la tetera.

Lección 8

Práctica

1

La cocina entretenida Esta semana terminó el curso de cocina casera. Éstas son algunas de las actividades que realizaron los estudiantes. Completa el texto con el pretérito de los verbos de la lista.

corregir	elegir	hervir	medir	seguir	servirse

El señor González habló sobre la importancia de mantener todo muy limpio. Mostró a los estudiantes las instalaciones del lugar y luego todos (1) _____ sus utensilios para desinfectarlos. La primera tarea fue hornear una tartaleta de melocotones. Cada uno (2) _____ las cantidades de ingredientes para preparar la receta. El maestro (3) _____ la manera de preparar la masa para hacerla más sabrosa. Después de la primera clase, cada estudiante (4) _____ una porción de tartaleta. Al final del curso, el maestro (5) _____ el plato mejor preparado y el más novedoso.

2

Preguntas Responde a las preguntas con oraciones completas.

1. ¿Qué les serviste de comer a tus amigos/as cuando te visitaron el mes pasado?

_____

2. ¿Qué platos eligieron tus hermanos y tú la última vez que comieron juntos?

_____

3. ¿Qué te sugirió algún/alguna amigo/a esta semana?

_____

4. ¿Qué te repitieron tus papás la última vez que hablaste con ellos?

_____

3

La peor cena ¿Recuerdas la peor cena a la que asististe? Escribe una descripción de lo que ocurrió, cuándo sucedió, con quién estabas, qué platos probaste, por qué te pareció tan mala la cena. Usa el pretérito de por lo menos ocho verbos de la lista.

conseguir	dormirse	medir	preferir	servir
despedirse	impedir	pedir	repetir	sugerir

_____

_____

_____

_____

_____

_____

_____

8.2 Pronombres de objeto indirecto y directo juntos

▷ Los pronombres de objeto directo y de objeto indirecto reemplazan sustantivos que ya se han mencionado. Estos dos pronombres pueden usarse juntos. Observa el diagrama.

Pronombres de objeto indirecto

me	nos
te	os
le (se)	les (se)

+

Pronombres de objeto directo

lo	los
la	las

▷ Cuando los pronombres de objeto directo y de objeto indirecto se usan juntos, el pronombre de objeto indirecto siempre va antes del pronombre de objeto directo.

Isabel **me** pidió **el jugo**.   Isabel **me lo** pidió.

El chef **nos** sugiere **la ensalada verde**.   El chef **nos la** sugiere.

Te compraré **esos manteles blancos**.   **Te los** compraré.

▷ **¡Atención! Le** y **les** no se deben usar junto a un pronombre de objeto directo. En este caso, en lugar de estos pronombres debe usarse el pronombre **se** más el pronombre de objeto directo.

¿**Le** pediste más **sal** al camarero?

Sí, **se la** pedí.

Les preparé un **pastel de cumpleaños**.   **Se lo** preparé.

▷ Los pronombres de objeto directo son **lo, la, los** y **las**. Nunca uses los pronombres de objeto indirecto para reemplazar un objeto directo.

Contraté **un servicio de limusinas**. ⟶ **Lo** contraté.

Llamó **a la camarera**. ⟶ **La** llamó.

▷ Los pronombres de objeto indirecto y de objeto directo pueden unirse al verbo. Primero se añade el pronombre de objeto indirecto y después se añade el pronombre de objeto directo.

Quiero que **me la** sirva.   Sírva**mela**.

Se los quiero pedir.   Quiero pedír**selos**.

▷ Los pronombres unidos a un verbo forman una nueva palabra. La nueva palabra que se forma es una palabra esdrújula o sobresdrújula, por lo tanto debe llevar tilde.

sírvamela: sobresdrújula   pedírselos: esdrújula

Lección 8

Práctica

1 **Alimentación** Éstos son algunos comentarios de tu amigo Imanol sobre la forma cómo su familia se alimenta para mantener una buena salud. En la primera oración, subraya una vez el objeto directo y dos veces el objeto indirecto. En la segunda oración, escribe los pronombres de objeto directo e indirecto juntos.

> **modelo**
>
> Mi abuelita siempre tiene <u>un postre</u> para <u>mí</u>. Ella *me lo sirve apenas llego.*

1. Mi mamá prepara jugo de frutas para mí y mis hermanos. Ella _____ hace todas las mañanas.

2. La tía Isabel le escribió a su hijo que vive solo un recetario saludable. Ella _____ envió por correo.

3. Mi papá corta una porción de pastel para ti. Él _____ deja en un plato.

4. Mi abuela prepara una gran ensalada verde para mí. Ella _____ sirve por la tarde.

5. Mi mamá y mi papá compraron leche Crecer Fuerte para el bebé. Ellos _____ dan para que crezca fuerte.

6. Mi hermana le sirvió el té sin azúcar al tío Eduardo. Él _____ pidió así.

2 **Preguntas y respuestas** Escribe las respuestas, de acuerdo a cada pregunta. Usa los pronombres de objeto indirecto y de objeto directo juntos.

> **modelo**
>
> **CAMARERO 1** ¿Alguien puede llevarle el menú a las personas de esa mesa?
> **CAMARERO 2** *No te preocupes, yo puedo llevárselo.*

1. **MARÍA** ¿Por qué no me sirven mi plato todavía?

   CAMARERO 1 _____

2. **JOSÉ** ¿Quién va a tomar mi pedido?

   CAMARERO 2 _____

3. **CAMARERO 1** ¿Por qué no les dices que su plato ya no tarda?

   CAMARERO 2 _____

4. **CAMARERO 2** ¿Aún no les traen sus platos?

   JOSÉ Y MARÍA _____

5. **MARÍA** ¿Podrías pedir un jugo de naranja para mí?

   JOSÉ _____

6. **CAMARERO 1** ¿Alguien puede llevarle una silla a esa señora?

   CAMARERO 2 _____

Lección 8

8.3 Comparaciones

▶ Las comparaciones indican cuál de dos personas o cosas tiene una cualidad en mayor o menor grado o si ambas tienen una cualidad en el mismo grado. Las **comparaciones de igualdad** indican que dos personas o cosas son iguales en algún grado. Las **comparaciones de desigualdad** indican que una de las personas o cosas tiene una cualidad en mayor o menor grado.

Comparación de desigualdad	Comparación de igualdad
El pastel de manzana es **más rico que** el pastel de calabaza.	El jugo de maracuyá es **tan rico como** el de piña.

Comparación de desigualdad

▶ Las comparaciones de desigualdad se forman anteponiendo la palabra **más** o la palabra **menos** a adjetivos, adverbios y sustantivos. Después se agrega la palabra **que**. Cuando se usan para comparar verbos, primero se pone el verbo y después las expresiones **más que** y **menos que**.

El desayuno latino es **más ligero que** el almuerzo.   Como **menos frutas que** tú.

Este plato **me gusta menos que** el de ayer.   Nosotros **almorzamos más que** ustedes.

▶ Los comparativos son palabras que sirven para expresar comparaciones. Hay algunos comparativos que son irregulares en su formación

Adjetivo	Forma comparativa
bueno/a	mejor
malo/a	peor
grande	mayor

Adjetivo	Forma comparativa
pequeño/a	menor
joven	menor
viejo/a	mayor

Las ensaladas son **mejores que** las hamburguesas.

El nuevo chef es **menor que** varios de sus asistentes.

Comparación de igualdad

▶ Las comparaciones de igualdad se construyen con la palabra **tan** seguida de un adjetivo o un adverbio más la palabra **como**.

Su lasaña es **tan rica como** la que hace mamá.

El camarero nos atendió **tan rápido como** siempre.

▶ Cuando hay un sustantivo en la comparación, en lugar de **tan** se emplean las palabras **tanto, tanta, tantos** o **tantas** según el género y el número del sustantivo.

Tu vaso tiene **tanto jugo como** el mío.

Rosa usa **tanta sal como** Ignacio.

Comí **tantos champiñones como** tú.

La ensalada tiene **tantas aceitunas como** este pastel de carne.

▶ Las comparaciones de igualdad también se pueden construir con un verbo. En este caso, el verbo se escribe antes de la expresión **tanto como**.

Mi mamá **cocina tanto como** mi abuela.

El horno microondas **calienta tanto como** el horno convencional.

Lección 8

Práctica

1 **Personas famosas** Escribe oraciones completas para expresar comparaciones entre los siguientes artistas. Usa los adjetivos de la lista para comparar sus cualidades. Si no conoces a estas personas, sugiere a otras para hacer tus comparaciones.

> **modelo**
> Benicio del Toro / Javier Bardem
> *Benicio del Toro es tan conocido como Javier Bardem*

alto/a	conocido/a	joven	simpático/a
bajo/a	famoso/a	mayor	

1. Daddy Yankee / Marc Anthony

_____

2. Penélope Cruz / Jennifer López

_____

3. Gael García Bernal / Antonio Banderas

_____

4. Gloria Estefan / Shakira

_____

5. Adam Sandler / Ben Stiller

_____

6. Ivy Queen / Christina Aguilera

_____

2 **Las preferencias** Un miembro de tu familia y tú prefieren diferentes platos de comida o formas de prepararlos. Pero también coinciden en algunos gustos. Elige a uno/a de tus familiares y escribe un párrafo para contar lo que más te gusta comer a ti en comparación con lo que a él/ella le gusta. Después explica lo que a ti y a esa persona les gusta por igual. Usa **más que, menos que, tan como, tanto como.**

> **modelo**
> Mi abuelo se sirve más sopa que yo. Yo como tantos tacos como mi abuelo.

_____

_____

_____

_____

_____

_____

_____

_____

Lección 8

8.4 Superlativos

▶ Los superlativos se usan para expresar el grado más alto o más bajo de una cualidad. Hay superlativos relativos y superlativos absolutos. Los superlativos relativos tienen la siguiente estructura:

el/la/los/las + [*sustantivo*] + **más/menos** + [*adjetivo*] + **de**

La uva es **la fruta más rica de** todas.

Pidió **los platos menos nutritivos del** menú.

Éstos son **los mariscos más frescos de** América.

Es **el restaurante menos caro del** centro.

▶ Algunos superlativos tienen una forma irregular.

Adjetivo	Forma superlativa
bueno/a	el/la mejor
malo/a	el/la peor
grande	el/la mayor
pequeño/a	el/la menor
viejo/a	el/la mayor
joven	el/la menor

▶ El superlativo absoluto se forma agregando **-ísimo/a** a un adjetivo o a un adverbio que termina en consonante. Los adjetivos o adverbios que terminan en una sola vocal la pierden. Los adjetivos y adverbios que se usan para formar el superlativo pierden su acentuación original. La nueva palabra se acentúa en la primera **í** de **-ísimo/a** porque es una palabra esdrújula.

difícil ➡ dificil**ísimo/a**   ácido/a ➡ acid**ísimo/a**

dulce ➡ dulc**ísimo/a**   rápido/a ➡ rapid**ísimo/a**

▶ Cuando el adjetivo termina en **-io** o **-ia**, pierde las vocales finales y se agrega **-ísimo/a**.

limp**io** ➡ limp**ísimo**   suc**ia** ➡ suc**ísima**

▶ Cuando el adjetivo termina en **-ble**, esta terminación se pierde y se agrega **-bilísimo/a**.

ama**ble** ➡ ama**bilísimo/a**

no**ble** ➡ no**bilísimo/a**

▶ **¡Atención!** La partícula **-ísimo/a** que se agrega a los adjetivos o adverbios para formar el superlativo se escribe sólo con una **s**.

buení**s**imo   altí**s**ima   carí**s**imo   finí**s**ima

▶ Hay algunas palabras que cambian algunas letras para agregar la partícula **-ísimo/a**.

amar**go/a** ➡ amar**guísimo/a**   anti**guo/a** ➡ anti**quísimo/a**   ri**co/a** ➡ ri**quísimo/a**

▶ El superlativo absoluto también se puede formar anteponiendo un adverbio. Estas formas se pueden usar en lugar de los superlativos absolutos terminados en **-ísimo.**

tarde ➡ **muy** tarde   temprano ➡ **sumamente** temprano
(o tardísimo/a)   (o tempranísimo/a)

Lección 8

Práctica

1 **Superlativos** De acuerdo a tu experiencia, piensa en cada una de estas cosas. Escribe oraciones completas con superlativos exagerando sus cualidades o defectos.

> *modelo*
>
> alguien simpático Mi mejor amiga es la persona más simpática del mundo.

1. un plato rico _____

2. una película aburrida _____

3. un lugar divertido _____

4. un producto caro _____

5. algo interesante _____

6. un momento inolvidable _____

2 **¿Cómo es?** Escribe oraciones donde describas a personas que tú conoces. Primero expresa cómo es de acuerdo con el adjetivo y luego transforma el adjetivo en superlativo.

> *modelo*
>
> lento Mi sobrino come muy lento. Es lentísimo.

1. bueno/a _____

2. joven _____

3. elegante _____

4. divertido/a _____

5. inteligente _____

6. feliz _____

3 **El mejor** Imagina que te integras a un club de cocina y que debes presentarte ante tus compañeros. Escribe una descripción de ti mismo. Destaca lo mejor de ti. Exagera algunas de tus características y presume de ellas por sobre tus amigos/as o personas de tu familia.

> *modelo*
>
> No soy el mayor de mi familia, pero sí soy el más inteligente...

_____

_____

_____

_____

_____

_____

_____

126 **Lección 8** Cuaderno para hispanohablantessegment>

Lección 8

adelante

Lectura

Antes de leer

¿Te gusta el pescado? ¿Qué pescado es tu favorito? ¿Cómo te gusta que venga preparado?

_____

_____

Para Sergio; Marina; Laura	De Homero	Asunto Delicias peruanas

Para: Sergio; Marina; Laura
De: Homero
Asunto: Delicias peruanas

Hola queridos amigos:

No podía dejar pasar la oportunidad de comentarles sobre el delicioso descubrimiento que acabo de realizar.

En mis habituales recorridos por distintos rincones de Miami, siempre en busca de los verdaderos "templos del sabor", me encontré hace poco con un restaurante peruano. En él reciben al visitante con un vals tradicional del Perú, *La flor de la canela*. Atraído por los aromas que acariciaban a este hambriento caminante (es decir, yo) y por la belleza del vals, decidí probar algunos platos llegados directamente desde las tierras de los incas.

Cuando una camarera limeña me trajo el menú, lo primero que me cautivó fue un ceviche de corvina. Resultó que el ceviche estaba para mejorar a cualquier enfermo. Es que la corvina debe ser uno de los pescados que tiene la carne más sabrosa. La corvina se puede preparar de muchas maneras: frita, al vapor y al horno, por nombrar algunas, y en todas esas formas es deliciosa.

Después, decidí probar un lomo **salteado** que me hacía señas desde el menú. Disfruté mucho el trozo de carne con tomates, cebollín picado y cebolla morada, todo eso aderezado con salsa de soya y vinagre. Realmente exquisito.

Quise terminar este viaje culinario con algo dulce. No sabía qué pedir, así que le pregunté a la camarera qué podía servirme. Ella, gentilmente, me recomendó un **suspiro**. "¿Qué será eso?", pensé. Ella, al ver mi cara de interrogación, me explicó que se trataba de un delicioso postre preparado con leche condensada, leche evaporada, yemas de huevo y vainilla.

Para que nada de lo que comí me hiciera mal, pedí un digestivo. Los digestivos son agüitas de hierbas, como la manzanilla o la menta, que se toman en América Latina después de una comida abundante para facilitar la digestión.

Mientras me traían la cuenta, observé con detenimiento el curioso decorado del restaurante. Aunque era de origen peruano, colgaban de sus paredes unas boleadoras de la pampa argentina, un **gorro** del altiplano y hasta un sombrero charro. Todo eso le daba al lugar un aspecto muy latinoamericano.

Lección 8

Nombre _____   Fecha _____

Para	De	Asunto

La cuenta me la trajo el propio dueño. Después de pagarle, me preguntó qué era lo que más me había gustado. Le respondí que el ceviche. Entonces, él me regaló la receta en una hoja especialmente impresa. Esto de regalar una receta es una atención que hace a todos los que visitan por primera vez el restaurante.

El restaurante se llama Delicias peruanas y está en pleno centro de la ciudad. Se lo recomiendo de veras y aquí les mando también la receta por si quieren preparar el ceviche.

Espero verlos pronto,
Homero (el gourmet errante)

Ceviche de corvina

Ingredientes
- 150 gramos de corvina cortada en cubos
- el jugo de cinco limones
- 1 cebolla morada
- 1 ramita de cilantro picado y apio
- 1 ají picado en cuadritos
- 100 gramos de choclo peruano
- 1 rebanada de camote
- sal, pimienta y sazonador al gusto

Preparación
- Colocar en un recipiente la corvina cruda y añadir el jugo de limón.
- Macerar durante tres minutos y seguir añadiendo los aliños, el ají, el apio, el cilantro y la cebolla morada.
- Dejar reposando unos 45 minutos.
- Servir en un plato decorado con lechuga y acompañado con maíz, camote y una rodaja de rocoto, que es una especie de ají del Perú.

salteado: en América Latina, sofrito; **suspiro:** postre peruano similar a la natilla, pero menos espeso; **gorro:** pieza redonda de tela o de punto para cubrir la cabeza; **corvina:** tipo de pez comestible; **choclo:** maíz; **camote:** tubérculo comestible de sabor dulce; **cruda:** sin cocinar; **Macerar:** ablandar

Después de leer

1

Comprensión e interpretación Responde a las preguntas con oraciones completas.

1. Según Homero, ¿de qué otras formas se puede preparar la corvina?

_____

2. ¿Cuáles son los ingredientes principales del ceviche?

_____

3. ¿Qué propósito crees que tiene Homero al escribir este mensaje electrónico?

_____

4. ¿Si fueras dueño/a de un restaurante de comida típica, ¿qué platos del país de donde viene tu familia ofrecerías en el menú?

_____

Escritura

Estrategia

Expresar y fundamentar opiniones

Las críticas son sólo uno de los tantos tipos de escritos en los que debes expresar tus opiniones. Para convencer al lector de que tome tus opiniones en serio, es importante fundamentarlas lo mejor que puedas. Debes dar detalles, hechos, ejemplos y otras formas de evidencia. En una crítica culinaria, por ejemplo, no sólo basta con evaluar la comida, el servicio y el ambiente. Los lectores querrán detalles sobre los platos que ordenaste, el tipo de servicio que recibiste y el tipo de ambiente que había. Si vas a escribir la crítica de un concierto o de un álbum, ¿con qué tipo de detalles esperarían encontrarse tus lectores?

Es más fácil incluir detalles que apoyen tus opiniones si primero haces un plan. Antes de ir a un lugar o a un evento que planeas comentar, escribe una lista con preguntas que tus lectores podrían plantearse. Decide qué aspectos de la experiencia vas a evaluar y enumera los detalles que van a ayudarte a decidir sobre una calificación. Luego puedes organizar estas listas en un cuestionario y en una hoja de evaluación. Lleva estas formas contigo para ayudarte a formar tus opiniones y para recordarte el tipo de información que debes reunir para apoyar estas opiniones. Más tarde, estas formas te permitirán organizar tu crítica en categorías lógicas. También pueden proporcionarte detalles y otras evidencias que necesitas para convencer a tus lectores acerca de tus opiniones.

Lección 8

TEMA: Escribir una crítica

Antes de escribir

1 Vas a escribir una crítica culinaria sobre un restaurante local. Antes de escribirla, tienes que preparar un cuestionario y una hoja de evaluación para formar tus opiniones y para recordar la información que vas a incluir en tu crítica del restaurante.

2 Trabaja con un(a) compañero/a de clase para crear un cuestionario. Pueden usar las siguientes preguntas u otras de su propia invención. Deben incluir las cuatro categorías indicadas.

▶ **La comida**

¿Qué tipo de comida es? ¿Es de buena calidad? ¿Qué tipo de ingredientes usan? ¿Cuál es el mejor plato? ¿Y el peor? ¿Quién es el/la chef?

▶ **El servicio**

¿Es necesario esperar mucho por una mesa? ¿Tienen los camareros un buen conocimiento del menú? ¿Atienden a los clientes con rapidez y cortesía?

▶ **El ambiente**

¿Cómo es la decoración del restaurante? ¿El ambiente es informal o elegante? ¿Hay música o algún tipo de entretenimiento?

▶ **Información práctica**

¿Cómo son los precios? ¿Se aceptan tarjetas de crédito? ¿Cuál es la dirección y el número de teléfono? ¿Quién es el/la dueño/a? ¿Y el/la gerente?

3 Después de escribir el cuestionario, usen las cuatro categorías y la lista de preguntas para crear una hoja de evaluación. Un restaurante recibe cinco estrellas si es buenísimo y sólo una estrella si es malísimo. Miren este ejemplo de cómo organizar una hoja de evaluación.

Nombre del restaurante:	Número de estrellas:
1. La comida	
Tipo:	
Calidad:	
Ingredientes:	
Mejor plato:	
Peor plato:	
Datos sobre el/la chef:	

4 Usa la hoja de evaluación para evaluar un restaurante que conozcas. Si lo conoces bien, quizás no es necesario comer allí para llenar la hoja de evaluación. Si no lo conoces bien, debes comer en el restaurante y usar la hoja de evaluación para comentar tu experiencia. Trata de incluir comparativos y superlativos en tus comentarios y opiniones.

Escribir

Usa tu hoja de evaluación para escribir tu crítica culinaria. Escribe seis párrafos:
1. una introducción con tu opinión general del restaurante
2. una descripción de la comida
3. una descripción del servicio
4. una descripción del ambiente
5. un párrafo para dar información práctica sobre el restaurante
6. una conclusión para recalcar tu opinión y dar una sugerencia para mejorar el restaurante

Después de escribir

1 Intercambia tu borrador con un(a) compañero/a. Coméntalo y contesta las preguntas.
- ¿Escribió tu compañero/a una introducción con una evaluación general del restaurante?
- ¿Escribió párrafos sobre la comida, el servicio, el ambiente y uno con información práctica?
- ¿Escribió una conclusión con una opinión y una sugerencia para el restaurante?
- ¿Usó tu compañero/a comparativos y superlativos para describir el restaurante?
- ¿Qué detalles añadirías? ¿Qué detalles quitarías? ¿Qué otros comentarios tienes?

2 Revisa tu informe de acuerdo con los comentarios de tu compañero/a. Después de escribir la versión final, léela otra vez para eliminar errores en:
- la ortografía
- la puntuación
- el uso de letras mayúsculas y minúsculas
- la concordancia entre sustantivos y adjetivos
- el uso de verbos en el presente de indicativo
- el uso de verbos en el pretérito
- el uso de comparativos y superlativos

Lección 8

contextos

1 **Con otras palabras** Escribe una oración completa que exprese la misma idea, pero sin usar las palabras subrayadas.

> **modelo**
>
> El lunes en la mañana <u>tengo una cita</u> con mi dentista.
> **Mi dentista y yo acordamos reunirnos el lunes en la mañana en su consultorio.**

1. ¿Quién va a <u>brindar</u> primero por los novios?

_____

2. Si mamá <u>se jubila</u>, va a ir unos meses a Puerto Rico.

_____

3. Verónica <u>celebró</u> su cumpleaños con una fiesta familiar.

_____

4. Mi abuelo está <u>viudo</u> desde hace seis años.

_____

5. Carla <u>odia</u> las fiestas y la música.

_____

6. Sergio <u>se comprometió</u> con Hortensia el dos de marzo.

_____

2 **Antónimos** Escribe un antónimo para cada palabra. Después escribe una oración completa en que estén ambas palabras.

> **modelo**
>
> aburrirse: *divertirse*
> *David no se aburre, porque conversa y se divierte con su pareja de baile.*

1. nacimiento: _____

_____

2. casado: _____

_____

3. tristeza: _____

_____

4. odiar: _____

_____

5. estresarse: _____

_____

6. casarse: _____

_____

3 **Quinceañera** Completa el siguiente diálogo con los verbos de la lista. Haz todos los cambios necesarios.

brindar	comprometerse	invitar	relajarse
casarse	divertirse	jubilar	sonreír
celebrar	graduarse	regalar	sorprender

INVITADO La quinceañera está un poco nerviosa. No logra (1) _____.

INVITADA Es verdad. Ella (2) _____, pero se nota que es una sonrisa forzada.

INVITADO Me (3) _____ que ya tenga quince años. Parece que fue ayer cuando era una niña de apenas cinco años.

INVITADA ¡Y se ve tan bien! Lleva puesto un vestido que le (4) _____ su madrina de Guadalajara.

INVITADO Mira, su padre la (5) _____ a la pista. Escucha, ya se oye un vals. Él se ve feliz.

INVITADA Claro, es su consentida, la hija menor. Dicen que él va a (6) _____ pronto. Seguro que entonces va a hacer un viaje a México con su esposa.

INVITADO Fíjate, ahora se ve más tranquila. Ahora sí que (7) _____ su fiesta con gusto.

INVITADA El padrino va a (8) _____ por la quinceañera. Prepararon unos refrescos riquísimos.

INVITADO Se nota que todos (9) _____ mucho, incluso su hermano mayor.

INVITADA Dicen que él pronto va a (10) _____ de veterinario.

4 **La última fiesta** ¿Qué hiciste la última vez que fuiste a una fiesta? ¿Qué comiste? ¿Cómo lo pasaste? Escribe un párrafo con muchos detalles sobre esa fiesta. Usa por lo menos ocho expresiones de la lista. También puedes incluir otras palabras de la lección.

adolescencia	estado civil	juventud	relajarse
aniversario	graduarse	llevarse bien	sonreír
celebrar	invitar	regalo	sorprender

_____

_____

_____

_____

_____

_____

_____

_____

_____

_____

Lección 9

pronunciación y ortografía

h, j y g

En español, la letra **h** no se pronuncia.

helado   **h**ombre   **h**ola   **h**ermosa

La letra **j** tiene un sonido fuerte, como en la palabra **jota**.

José   **j**ubilarse   de**j**ar   pare**j**a

La letra **g** puede pronunciarse de tres maneras. Ante las vocales **e, i** la letra **g** se pronuncia como la **jota**.

a**g**encia   **g**eneral   **g**il   **G**eorgina

En cualquier otra posición, la **g** del español tiene un sonido más suave, como en la palabra **gato**.

Gustavo, me **g**radué en a**g**osto.

En las combinaciones **gue** y **gui**, la **g** se pronuncia como en **gato** y la **u** no se pronuncia. En las combinaciones **gua** y **guo**, la **g** también se pronuncia como en **gato** pero la **u** sí se pronuncia.

Mi**gue**l   conse**gui**r   **gua**ntes   anti**guo**

Práctica

1 Sonidos Clasifica las siguientes palabras según el sonido de la **g**, como en **gato** o como en **jota**.

1. pagué   4. género   7. saguaro
2. amigo   5. averiguo   8. guitarra
3. laguna   6. vigila   9. girar

Como en **gato**		Como en **jota**	

2 Trabalenguas Lee los siguientes trabalenguas en voz alta. Memorízalos y dilos lo más rápido que puedas.

1. De Guadalajara vengo. Jara traigo, jara vendo, a medio doy cada jara. ¡Qué jara tan cara traigo de Guadalajara!
2. Ahora hay un huequito hondo que llega hasta el fondo.

cultura

Fiesta quinceañera

En México y en otros países de América Latina las familias organizan una fiesta muy especial cuando alguna de las hijas cumple quince años. Se trata de la fiesta quinceañera, que es un verdadero ritual con el que se despide la niñez y se le da la bienvenida a la juventud. La quinceañera tiene su origen en una ceremonia azteca para celebrar el paso de la niñez a la madurez de una mujer. Los conquistadores españoles tomaron esta ceremonia y la adaptaron a la tradición católica y algunos de los detalles varían de un país a otro.

Como la quinceañera quiere verse especialmente hermosa ese día, se viste en forma muy elegante, generalmente de colores pasteles: rosa, azul claro, lila, también lleva una corona y guantes. La festividad se inicia con una **misa de acción de gracias**, a la que le sigue un banquete que puede realizarse en la casa de la cumpleañera o en algún salón **alquilado**. Entre los invitados siempre está toda la familia (padres, hermanos, tíos, sobrinos, abuelos, primos) y muchos amigos.

En esta fiesta, la muchacha baila un vals con su padre y algunos parientes varones. También es común que las damas de honor y los **chambelanes** bailen un vals, que puede ser tradicional o moderno, como la canción titulada *Tiempo de vals*, del cantante puertorriqueño Chayanne. Luego, la quinceañera invita a todos los presentes a bailar.

Después del vals o a la hora del pastel, los mariachis (regalo de los padrinos) cantan la canción tradicional *Las Mañanitas*. Esta canción también puede cantarse en la casa antes de salir para la iglesia, al salir de la iglesia o en la recepción.

La fiesta quinceañera es cada vez más popular, incluso entre los estadounidenses. Y algunas familias gastan mucho dinero en ella. La dueña de una tienda especializada en fiestas como ésta, dice: "Cada vez se celebra más esta fiesta y las niñas tienen la ilusión de que tendrán su gran ceremonia cuando lleguen a ser quinceañeras."

Fiesta quinceañera en Miami

misa de acción de gracias: ceremonia religiosa para agradecer por los beneficios recibidos; **alquilado**: rentado; **chambelanes**: jóvenes que acompañan a la festejada

---

1 **Comprensión** Responde a las preguntas con oraciones completas.

1. ¿Qué se celebra en la fiesta quinceañera?

   _____

2. ¿Qué quiere decir que la fiesta sea un verdadero ritual?

   _____

3. ¿Por qué crees que hoy la fiesta quinceañera se hace cada vez más importante?

   _____

4. ¿Crees que se justifica que a veces los padres gasten mucho dinero en esta fiesta? ¿Por qué?

   _____

5. ¿Has asistido alguna vez a una fiesta quinceañera? Si respondiste que sí, ¿cómo fue? Si respondiste que no, ¿te gustaría asistir a una?

   _____

estructura

9.1 Pretéritos irregulares

▶ Con excepción de las formas **yo** y **Ud./él/ella**, los pretéritos irregulares tienen la misma terminación que los pretéritos regulares de los verbos terminados en **-er** e **-ir**. Lo único que cambia es la raíz. Escribe las terminaciones del pretérito regular del verbo **escribir**.

yo escrib_____ nosotros/as escrib_____

tú escrib_____ vosotros/as escribisteis

Ud./él/ella escrib_____ Uds./ellos/ellas escrib_____

Verbos con -u- en la raíz

▶ Los verbos que en pretérito se conjugan como el verbo **tener** tienen una **u** en la raíz. Algunos de los verbos que tienen **u** en la raíz del pretérito son **poner** y **estar**. Completa la tabla.

Verbos con -u- en la raíz	tener	poner	estar
yo	tuve	_____	estuve
tú	_____	pusiste	_____
Ud./él/ella	tuvo	_____	estuvo
nosotros/as	_____	pusimos	_____
vosotros/as	tuvisteis	_____	estuvisteis
Uds./ellos/ellas	_____	pusieron	_____

▶ **¡Atención!** Observa que las formas en pretérito de los verbos **tener** y **estar** siempre se escriben con **v**, nunca con **b**.

Dalia **estuvo** estudiando toda la noche. **Tuve** dolor de cabeza toda la tarde.

Verbos con -i- en la raíz

▶ Los verbos que en pretérito se conjugan como el verbo **venir** tienen una **i** en la raíz. Uno de los verbos que tiene **i** en la raíz del pretérito es **hacer**. Completa la tabla.

Verbos con -i- en la raíz	venir	hacer
yo	vine	_____
tú	_____	hiciste
Ud./él/ella	vino	_____
nosotros/as	_____	hicimos
vosotros/as	vinisteis	hicisteis
Uds./ellos/ellas	_____	hicieron

▶ **¡Atención!** En el pretérito del verbo **hacer**, sólo la forma **Ud./él/ella** se escribe con **z**: **hizo**. Todas las demás formas se escriben con **c**.

Leonardo **hizo** un pastel de tres pisos. **Hicimos** un viaje por el Caribe.

Lección 9

Verbos con -j- en la raíz

▷ Los verbos que en pretérito se conjugan como el verbo **decir** tienen una **j** en la raíz. Algunos de los verbos que tienen **j** en la raíz del pretérito son **traer** y **conducir**. Completa la tabla.

Verbos con -j- en la raíz

	decir	traer	conducir
yo	dije	_____	_____
tú	_____	trajiste	condujiste
Ud./él/ella	dijo	_____	_____
nosotros/as	_____	trajimos	_____
vosotros/as	dijisteis	trajisteis	condujisteis
Uds./ellos/ellas	_____	_____	condujeron

▷ **¡Atención!** Observa que en estos verbos, las formas **Uds./ellos/ellas** nunca llevan **i** en la terminación.

¿Ustedes traj**eron** los postres?   Omar y Celia dij**eron** la verdad.

▷ **¡Atención!** Recuerda que las formas para **tú** en pretérito nunca terminan en **-s: hiciste, tuviste, viniste, dijiste.**

▷ Observa los verbos de la tabla e indica a qué grupo pertenece cada uno de acuerdo con su cambio de raíz en el pretérito. Después, da las dos formas que se piden para cada verbo. Puedes consultar tu libro de texto si es necesario.

verbos	grupo	conjugar	
venir	*verbos con -i- en la raíz*	nosotras *vinimos*	yo *vine*
poder	_____	yo _____	ellos _____
traducir	_____	nosotros _____	tú _____
querer	_____	él _____	ustedes _____
saber	_____	tú _____	ella _____
producir	_____	yo _____	ellas _____

▷ El pretérito del verbo **dar** tiene las mismas terminaciones que los pretéritos regulares de los verbos terminados en **-er** e **-ir**, pero sus terminaciones no llevan acento.

El pretérito del verbo dar

yo **di**	nosotros/as **dimos**
tú **diste**	vosotros/as **disteis**
Ud./él/ella **dio**	Uds./ellos/ellas **dieron**

▷ Recuerda que el pretérito del verbo **haber** es **hubo**, tanto en singular como en plural.

Hubo una excelente fiesta.   **Hubo** muchos invitados.

Lección 9

Práctica

1 **Anécdotas** Ayer fue una noche de recuerdos entretenidos. Tus padres y tus tíos contaron algunas anécdotas que sucedieron en algunas fiestas familiares. Completa los diálogos con las formas en pretérito de los verbos de la lista.

conducir	decir	haber	poder	tener
dar	estar	hacer	poner	traducir

TÍA INÉS   ¿Se acuerdan de la boda de Luis?

TÍO JONÁS   Esa vez, Inés y yo (1) _____ toda la noche para llegar a tiempo.

PAPÁ   ¿Y qué pasó? ¿(2) _____ en la iglesia a tiempo?

TÍA INÉS   ¡No! Nos pasamos de largo. (3) _____ que regresarnos varios kilómetros.

MAMÁ   En el cumpleaños de la abuela Valentina (4) _____ muchos invitados.

PAPÁ   ¡Sí! ¡Y Felipe le ayudó a apagar las velas porque ella no (5) _____ apagarlas sola!

PAPÁ   En el cumpleaños de Amelia, (nosotros) no (6) _____ en la mesa los cuchillos para la carne y nadie reclamó.

MAMÁ   ¡Uf! Me acuerdo. Y mi amiga Anita me (7) _____ un hermoso regalo.

TÍA INÉS   Esa noche fue muy divertida. Y para hacer un brindis, Filomena y Nicolás (8) _____ un discurso ¡de quince minutos!

2 **Lo bueno del año** Hoy tienes una reunión de fin de año con tu clase. El/La profesor(a) le entrega una hoja a cada uno. En ella deben escribir oraciones destacando lo que hicieron algunos compañeros durante el año. Usa los verbos en pretérito.

> **modelo**
> Catalina / siempre / estar / atento en clase
> *Catalina siempre estuvo atenta en clase.*

1. José y Laura / traducir / canciones para la clase

   _____

2. Mariela y yo / siempre / traer / materiales para la clase

   _____

3. tú / siempre / decir / la verdad

   _____

4. Profesor(a), usted / tener / paciencia / con nosotros

   _____

5. yo / poner / mucho empeño / en aprender

   _____

6. Antonio / hacer / grandes amigos / este año

   _____

Lección 9

3   **El Fin de Año**   ¿Recuerdas cómo fue tu última celebración de Fin de Año? Responde a las siguientes preguntas.

1. ¿Quiénes estuvieron en tu casa para la pasada celebración de Fin de Año?

     _____

2. ¿Quién puso la mesa? ¿Cuántos cubiertos puso?

     _____

3. ¿Qué trajeron los invitados para la cena?

     _____

4. ¿Qué hubo para la cena?

     _____

5. ¿Quién dijo el discurso antes de cenar?

     _____

6. ¿Cómo estuvo la cena?

     _____

4   **¡Sorpresa!**   Marcos llegó a su casa y se encontró con todos sus amigos. Ellos le prepararon una fiesta de cumpleaños sorpresa. Usa los verbos de la lista para escribir un párrafo donde describas lo que sucedió ese día.

dar
decir
estar
haber
hacer
poner
traer
venir

> **modelo**
>
> **Marcos tuvo una fiesta de cumpleaños sorpresa.**

_____

_____

_____

_____

_____

_____

Lección 9

9.2 Verbos que cambian de significado en el pretérito

▶ Los verbos **conocer, saber, poder** y **querer** cambian de significado cuando se usan en pretérito. Por eso, cada uno de estos verbos corresponde a más de un verbo en inglés, según se usen en presente o en pretérito. Observa la siguiente tabla y las oraciones que van a continuación.

Verbo	Presente	Pretérito
conocer	to know	to meet
poder	to be able (to), can	to manage; to succeed (could and did)
querer	to want	to try
saber	to know	to find out; to learn

¿Conoces a Silvia?
Do you know Silvia?

La **conocí** en una boda.
I met her at a wedding.

Sabemos bailar salsa.
We know how to dance salsa.

Supe que se casó.
I found out he got married.

Puede graduarse este año.
He can graduate this year.

Pudo graduarse de ingeniero.
He managed to graduate as an engineer.

Quiero invitar a muchos amigos.
I want to invite a lot of friends.

Quise invitarlos, pero no pude.
I tried to invite them, but I couldn't.

▶ El pretérito del verbo **conocer** es regular.

Conocí a Sergio el año pasado.

Ellos **conocieron** a mis padres anoche.

▶ El pretérito de los verbos **saber, poder** y **querer** son irregulares. Como ya sabes, el pretérito de los verbos **saber** y **poder** se conjuga como el verbo **tener**, ya que también lleva **u** en la raíz.

¿Supiste que Carlos estuvo de vacaciones?

No **pudimos** encontrar el regalo que buscábamos.

▶ El pretérito del verbo **querer** se conjuga como el verbo **venir**, ya que también lleva **i** en la raíz.

Quise venir a la fiesta, pero me quedé dormido.

Manuel **quiso** regalarle flores a Ana.

▶ En el pretérito, los verbos **poder** y **querer** tienen distintos significados, dependiendo si se usan en oraciones afirmativas o negativas.

pude   *I was able (to)*
no pude   *I failed (to)*

quise   *I tried (to)*
no quise   *I refused (to)*

Por fin **pudimos** terminar nuestro trabajo.
At last we were able to finish our job.

Ariel **quiso** llamar a Marta para felicitarla.
Ariel tried to call Marta to congratulate her.

No pude pasar el examen de álgebra.
I failed to pass the algebra exam.

¿Por qué **no quisiste** comprar anillos?
Why did you refuse to buy rings?

Lección 9

Práctica

1 **Conjugar** Completa la siguiente tabla con las formas del pretérito de los verbos. Consulta tu libro de texto si es necesario.

	conocer	saber	poder	querer
yo	_____	_____	_____	_____
tú	_____	_____	_____	_____
Ud./él/ella	_____	_____	_____	_____
nosotros/as	_____	_____	_____	_____
vosotros/as	conocisteis	supisteis	pudisteis	quisisteis
Uds./ellos/ellas	_____	_____	_____	_____

2 **Solidaridad** Este año, Federico ayudó a organizar una fiesta de Navidad para los niños pequeños de su vecindario en el centro comunitario. Imagina lo que ocurrió ese día. Usa el pretérito de los verbos **poder, saber, querer** y **conocer** para contar lo que sucedió. Escribe oraciones completas.

> **modelo**
>
> Federico / conocer
> *Federico conoció a muchas personas que ayudan en forma desinteresada.*

1. Federico / poder _____

2. su abuelo / querer _____

3. Ana / saber _____

4. sus hermanos / conocer _____

5. niños / poder _____

6. Federico y tú / querer _____

3 **Día horrible** Imagina que en el Día de Acción de Gracias todo te salió mal. No te resultó nada de lo que querías hacer. Escribe un párrafo para contar lo mal que lo pasaste ese día. Usa el pretérito de **conocer, poder, querer** y **saber.**

_____

_____

_____

_____

_____

_____

_____

_____

_____

Lección 9

9.3 ¿Qué? y ¿cuál?

▶ Las palabras **¿qué?** y **¿cuál?** (o **¿cuáles?**) son interrogativas. Cada una de estas palabras tiene usos diferentes.

¿Qué?

▶ Se usa para pedir una definición o una explicación.

¿Qué es una torta?

¿Qué celebras hoy?

▶ Puede usarse antes de un sustantivo.

¿Qué música prefieres?

¿Cuál? (o **¿Cuáles?**)

▶ Se usa cuando hay una alternativa entre varias posibilidades.

¿Cuál de las fiestas te gusta más?

¿Cuáles son las sorpresas?

▶ No puede usarse antes de un sustantivo.

▶ **¡Atención!** Observa que las palabras **¿qué?**, **¿cuál?** y **¿cuáles?** llevan tilde porque son interrogativas. Si se usan en cualquier otra forma, por ejemplo como pronombres relativos, no deben llevar acento.

¿Qué quieres cenar hoy?

¿Cuál de estas jóvenes es la quinceañera?

¿Cuáles son los mejores años de la vida?

Quiero **que** bailemos.

La quinceañera es una fiesta en la **cual** una chica celebra sus quince años.

Vinieron veinticinco invitados, de los **cuales** doce son parientes de la novia.

▶ Las palabras interrogativas **qué** y **cuál** llevan acento incluso cuando no están en una pregunta explícita.

No sé **qué** decirte.

Me imagino **qué** están pensando estas personas.

Pregúntale **cuál** es su coche.

Nunca puedo recordar **cuál** de tus amigos es Rafael.

▶ La palabra interrogativa **¿qué?** puede usarse con la preposición **por** para preguntar por una causa. En la pregunta, se escriben como dos palabras: **¿Por qué?** En la respuesta, se escriben como una sola palabra y sin tilde: **porque.**

¿Por qué no bailas vals?

¿Por qué no te has casado?

Porque no sé bailarlo.

Porque aún soy demasiado joven.

▶ Con la palabra interrogativa **¿qué?** pueden usarse otras preposiciones. Observa que, en las preguntas, la palabra **¿qué?** siempre lleva tilde.

¿A qué vienes?

¿Con qué cuchillo partiste el pastel?

¿De qué te ríes?

¿En qué piensas?

¿Hacia qué lado está el salón de baile?

¿Para qué te preocupas?

Lección 9 Cuaderno para hispanohablantes **141**

Práctica

1 **Interrogatorio** Ayer fue la fiesta quinceañera de la mejor amiga de Carla. Su mamá le ha hecho varias preguntas sobre esa celebración. Escribe sus preguntas de acuerdo a las respuestas.

1. _____

   Ella usó el vestido verde que le regaló su madrina.

2. _____

   No usó el vestido celeste porque lo guardó para su prima Betsabé.

3. _____

   Me gustaron el merengue y el reggaetón.

4. _____

   Primero me invitó Tomás y luego me invitó Wilfredo.

5. _____

   ¡Uf! El ritmo que más me costó trabajo fue el vals. Nunca lo había bailado.

6. _____

   Había canapés y pasteles para comer.

2 **La boda** Tu prima va a casarse pronto, pero hoy está enferma y no pudo ir a la empresa de servicios de fiestas. Por eso, ella envió un correo electrónico para responder a las preguntas que el encargado le hizo. Según el mensaje, ¿qué preguntas crees que le hicieron? La primera pregunta es el modelo.

Para	De	Asunto

Prefiero que las mesas estén en dirección al este, así el sol no les molestará a los invitados. Por favor, quiero que haya flores blancas en las mesas. Los manteles pueden ser los de color blanco o amarillo claro que me mostró. Después de una larga conversación, mi novio y yo elegimos el menú número uno que usted nos ofreció. La cena debe estar lista a las ocho de la noche.

1. dirección de las mesas

   ¿Hacia qué dirección prefiere que estén las mesas?

2. color de las flores

   _____

3. manteles

   _____

4. menús

   _____

5. hora de la cena

   _____

9.4 Pronombres después de preposiciones

▶ Los pronombres preposicionales son los que van después de una preposición.

Los novios me invitaron **a mí**.   Me preguntaron **por él**.
Este regalo es **para ti**.   Miguel se divirtió **con nosotros**.
¿Puedo bailar **con usted(es)**?   **A ellas** les toca dejar la propina.

▶ **¡Atención!** El pronombre **mí** lleva tilde para diferenciarlo del posesivo **mi**. El pronombre **ti** nunca lleva tilde.

PRONOMBRE   **POSESIVO**
¿Este pastel es para **mí**?   Este pastel es para **mi** hijo.

▶ **¡Atención!** Recuerda que el pronombre **él** lleva acento para diferenciarlo del artículo **el**, que no lleva acento.

▶ La preposición **con** se combina con los pronombres **mí** y **ti** para formar las palabras **conmigo** y **contigo**.

Mariano conversó **conmigo**.   ¿Así que Andrea se graduó **contigo**?

▶ Después de la preposición **entre**, van los pronombres **tú** y **yo** en lugar de los pronombres **ti** y **mí**.

Práctica

1 **En español** Completa las oraciones con el equivalente en español de las frases en inglés.

1. *with me:* ¿Vas a ir a la fiesta _____ .

2. *between you and me:* Esto debe quedar _____ .

3. *with you:* Pancho, creo que iré _____ .

4. *with her:* Hoy vamos a almorzar _____ .

5. *between us:* Es un secreto _____ .

6. *to me:* Dímelo _____ .

7. *for me:* ¡No me digas que esta sorpresa es _____ .

8. *about you:* Siempre pienso _____ .

2 **La carta** Imagina que tus tíos te enviaron una carta para invitarte a pasar unas vacaciones con ellos. Escribe la carta que ellos te mandaron. Usa la mayor cantidad de pronombres preposicionales que puedas.

> **modelo**
> *Esta temporada queremos estar más tiempo contigo...*

_____

_____

_____

_____

Lección 9

adelante

Lectura

Antes de leer

Imagina que en tu escuela te encargaron diseñar la nueva revista escolar que próximamente se editará. ¿Qué secciones incluirías? ¿Qué títulos les darías?

_____

_____

¡Adiós, profesora Castillo!

Por *Luisa Lane*

Nuestra profesora de español, la señora Carmen Carrillo Guerra, ha decidido jubilarse y a partir del próximo año, lamentablemente ya no estará con nosotros. Ahora ella quiere disfrutar de un merecido descanso, después de treinta años dedicados a la enseñanza. Por una parte, nuestra profesora está feliz, porque después de tanto tiempo va a poder levantarse por la mañana y disponer de todo el día para ella: ir de compras, visitar a sus hijos y nietos, salir a pasear con su marido, leer un buen libro. Pero por otro lado, nos va a echar mucho de menos. "Cuando me jubile, voy a extrañar todo esto: las clases, los estudiantes, el periódico...", nos contó muy conmovida.

La profesora Castillo estudió español en la UBA (Universidad de Buenos Aires) y después obtuvo un postgrado en la Universidad de Stanford. Cuando terminó sus estudios de doctorado, decidió quedarse a vivir en los Estados Unidos. "La verdad es que en ese tiempo conocí a Joe y nos casamos". Ese "Joe" del que habla la profesora Castillo es, como ya lo saben, Mr. Barrows, el profesor de literatura inglesa que se jubiló hace dos años.

La profesora Castillo trabajó en nuestra escuela nada menos que ¡veinte años! Y no sólo eso. También se **destacó** por ser siempre una profesora encantadora y por enseñar muy bien el idioma de Cervantes. La verdad es que no conozco a nadie que no sienta aprecio por ella. El próximo año todos los que la conocemos vamos a estar un poco tristes.

Profe, le deseamos mucho éxito en esta nueva etapa de su vida. Que sea feliz, porque se lo merece.

Breves ... breves ... breves

Recuerden que en junio será la fiesta de graduación. Estuvimos averiguando los precios de los vestidos para el *prom*. En promedio cuestan más o menos trescientos dólares. Para ellos, en el próximo número tendremos novedades en **esmóquines**.

Este mes, estuvieron de cumpleaños tres compañeros de primer año (Eugenia, Mariana y José), más dos compañeros de tercer año (Fanny y Jorge). Felicidades a todos. El próximo mes estará de cumpleaños la directora de nuestra revista, así que ya estamos preparando la fiesta. Les avisaremos.

Hace poco, nuestro profesor de ciencias de cuarto año ¡fue papá! Su esposa, que también es profesora, dio a luz a una hermosa bebita. ¿Su nombre? Marta. Sus padres están felices. Desde acá, les deseamos lo mejor.

Lección 9

¡Las Águilas vencen a los Gorilas!

Por *Corazón de Águila*

El sábado recién pasado, el equipo de fútbol americano de la escuela ganó el campeonato del estado. Las Águilas vencieron a los Gorilas por 45 puntos contra 4. Fue realmente un gran triunfo. ¡Una verdadera **"paliza"**! El público que llenó el estadio se mantuvo atento todo el juego y nunca dejó de **alentar** a los equipos.

Nuestros jugadores **se lucieron** y realizaron un partido fantástico. Hay que destacar a los corredores y a los recibidores, que tuvieron mucha **movilidad**. Pero el que sin duda se llevó todos los aplausos fue nuestro **mariscal de campo**, Ismael Miranda, un chico de último año.

Seguramente ustedes lo han visto entrenar casi a diario en la cancha del estadio. Ismael está siendo tentado por un par de universidades para que juegue por ellas el próximo año. Sin embargo, hay muchos que piensan que pronto estará jugando en la Liga Nacional. Ismael Miranda es realmente muy bueno y tiene un gran futuro.

Desde este periódico le enviamos a todo el equipo nuestras más sinceras felicitaciones. Valoramos el esfuerzo que hicieron para mantener la tradición de nuestra escuela. ¡Siempre hemos tenido grandes equipos de fútbol!

se destacó: sobresalió; **esmóquines:** sacos o chaquetas elegantes; **paliza:** amplia diferencia de puntos; **alentar:** animar, dar aliento; **se lucieron:** hicieron un excelente trabajo; **movilidad:** agilidad; **mariscal de campo:** quarterback

Después de leer

1 **Comprensión e interpretación** Responde a las preguntas con oraciones completas.

1. ¿Cuándo cumplirá años la directora de la revista?

_____

2. ¿Cuántos años trabajó la profesora Carrillo en esta escuela?

_____

3. ¿Por qué decidió jubilarse la profesora Carmen?

_____

4. ¿Por qué razón la profesora decidió no volver a su país de origen?

_____

5. ¿Cuál será el futuro deportivo de Ismael?

_____

6. ¿Por qué Corazón de Águila califica la victoria de su equipo como una "paliza"?

_____

7. ¿Qué características hacen que un maestro sea querido por los estudiantes?

_____

8. ¿Qué hace que Ismael sea tan bueno jugando fútbol?

_____

9. Si estuvieras en el caso de Ismael, ¿para qué universidad o equipo profesional te gustaría jugar? ¿Por qué?

_____

Lección 9

Escritura

Estrategia

Planear y escribir un análisis comparativo

Para escribir cualquier tipo de análisis comparativo, es necesario planearlo cuidadosamente. Los diagramas Venn son útiles para organizar visualmente tus ideas antes de comparar y contrastar personas, lugares, objetos, eventos o temas. Para crear un diagrama Venn, dibuja dos círculos que se sobrepongan parcialmente y escribe un título en la parte superior de cada círculo. Enumera las diferencias entre los dos elementos en los anillos exteriores de los dos círculos; luego enumera sus similitudes en el área donde se sobreponen los dos círculos. Observa este ejemplo.

Diferencias y similitudes

El aniversario de los Sres. González

Diferencias:

1. No hay una ceremonia formal.

2. La celebración tiene lugar por la noche.

Similitudes:

1. La familia invita a muchos familiares y amigos para celebrar.

2. Hay una comida especial para los invitados.

La ceremonia de graduación de Ernestina Robles Salavert

Diferencias:

1. Hay una ceremonia formal.

2. La ceremonia se celebra durante el día.

La lista de palabras y expresiones en la página siguiente puede ayudarte a escribir este tipo de ensayo.

TEMA: Escribir una composición

Antes de escribir

1 Vas a comparar dos celebraciones familiares a las que tú asististe recientemente. Puedes escoger entre una fiesta de cumpleaños, un aniversario, una graduación, una boda, una quinceañera u otro tipo de celebración familiar.

2 Completa un diagrama Venn con las diferencias y similitudes de las dos celebraciones. Trata de incluir por lo menos tres ideas para cada sección del diagrama.

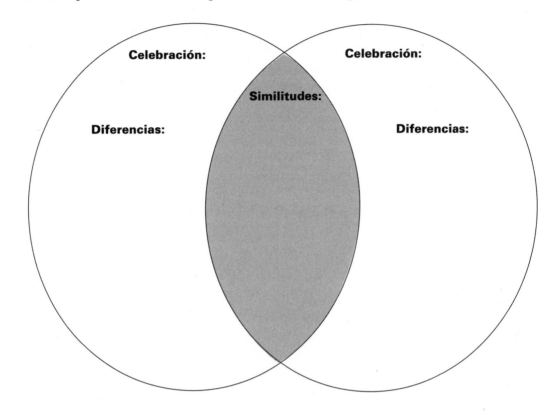

Celebración:

Celebración:

Similitudes:

Diferencias:

Diferencias:

Escribir

1 Usa el diagrama Venn que completaste para ayudarte a escribir una composición en la que comparas las dos celebraciones.

2 Tu composición debe incluir cuatro párrafos cortos:
- ▷ un párrafo que sirva de introducción y que identifique las dos celebraciones
- ▷ uno que describa las diferencias entre las dos celebraciones
- ▷ uno que describa las similitudes entre las dos celebraciones
- ▷ uno que sirva de conclusión y que incluya tus opiniones sobre las dos celebraciones

3 Usa palabras y expresiones de esta lista para expresar las diferencias y las similitudes.

Para expresar diferencias		Para expresar similitudes	
a diferencia de	no obstante	además; también	del mismo modo
a pesar de	por otro lado	al igual que	tan + [*adjetivo*] + como
aunque	por el contrario	como	tanto/a(s) + [*sustantivo*] + como
en cambio	sin embargo	de la misma manera	
más/menos que			

Lección 9

Después de escribir

1 Intercambia tu borrador con el de un(a) compañero/a de clase. Coméntalo y contesta estas preguntas.

▶ ¿Escribió tu compañero/a una introducción que identifica las dos celebraciones?

▶ ¿Escribió tu compañero/a un párrafo sobre las diferencias entre las dos celebraciones?

▶ ¿Escribió tu compañero/a un párrafo sobre las similitudes entre las dos celebraciones?

▶ ¿Escribió tu compañero/a una conclusión que incluye sus opiniones sobre las dos celebraciones?

▶ ¿Usó tu compañero/a palabras de la lista para expresar diferencias y similitudes?

▶ ¿Usó tu compañero/a comparativos y superlativos para comparar las dos celebraciones?

▶ ¿Qué detalles añadirías (*would you add*)? ¿Qué detalles quitarías (*would you delete*)?

▶ ¿Qué otros comentarios tienes para tu compañero/a?

2 Revisa tu narración según los comentarios de tu compañero/a. Después de escribir la versión final, léela otra vez para eliminar errores en:

▶ la ortografía

▶ la puntuación

▶ el uso de letras mayúsculas y minúsculas

▶ la concordancia entre sustantivos y adjetivos

▶ el uso de verbos en el presente de indicativo

▶ el uso de verbos en el pretérito

▶ el uso de comparativos y superlativos

▶ el uso de **ser** y **estar**

Lección 9

contextos

1 **Describir** Escribe una descripción de cada palabra.

1. antibióticos _____
2. dentista _____
3. receta _____
4. estar mareado _____

2 **Las partes del cuerpo** Escoge cinco partes del cuerpo y escribe una oración con cada una de ellas.

1. _____
2. _____
3. _____
4. _____
5. _____

3 **Seleccionar** Escribe una oración completa con cada verbo.

1. (caerse) _____
2. (doler) _____
3. (lastimarse) _____
4. (poner) _____
5. (tomar) _____
6. (toser) _____

Lección 10

4 **¿Qué les pasó?** Escribe qué le pasó a cada persona y qué debe hacer para sentirse mejor.

> **modelo**
> Marisela se enfermó de gripe. Ella debe
> quedarse en cama y tomar muchos líquidos.

Marisela

1. Antonio _____

_____

2. Rebeca _____

_____

3. Lola _____

_____

4. el Sr. Núñez _____

_____

5 **En el consultorio** Escribe un diálogo entre un(a) doctor(a) y un(a) paciente. Usa por lo menos ocho palabras de la lista.

> **modelo**
> DOCTOR Buenos días, Manolo, ¿qué le pasó?
> MANOLO Buenos días, doctor. Acabo de tener un accidente...

accidente	doler	lastimarse	recetar
antibiótico	grave	pierna	síntoma
cabeza	inyección	radiografía	tener fiebre

_____

_____

_____

_____

_____

_____

_____

_____

_____

_____

Lección 10

pronunciación y ortografía

El acento y las sílabas fuertes

En español, el acento escrito, o tilde, se usa en muchas palabras. Aquí tienes un resumen de algunas de las reglas que gobiernan el uso del acento y las sílabas fuertes.

1. En español, cuando una palabra termina en **-n**, **-s** o una vocal, la sílaba fuerte es generalmente la penúltima *(next to last)*. Estas palabras no llevan tilde.

    as-pi-**ri**-na   **gri**-pe   **to**-man   **an**-tes

2. Se debe usar tilde en las palabras que terminan en **-n**, **-s** o una vocal y en que la sílaba fuerte *no* es la penúltima.

    a-**sí**   in-**glés**   in-fec-**ción**   **hé**-ro-e

3. Cuando una palabra termina en consonante, *excepto* **-n** o **-s**, la sílaba fuerte es generalmente la última. Estas palabras no llevan tilde.

    hos-pi-**tal**   na-**riz**   re-ce-**tar**   to-**ser**

4. Se debe usar tilde en las palabras que terminan en consonante, *excepto* **-n** o **-s**, y en que la sílaba fuerte *no* es la última.

    lá-piz   **fút**-bol   **hués**-pe-des   **sué**-ter

5. Los diptongos (dos vocales débiles juntas o una vocal débil y una fuerte) normalmente se pronuncian como una sola sílaba. Se usa tilde cuando el diptongo es dividido en dos sílabas.

    far-**ma**-cia   bio-lo-**gí**-a   **su**-cio   **frí**-o

6. Las palabras formadas sólo por una sílaba generalmente no llevan tilde (*excepto* cuando se quiere diferenciar de otra: **se** y **sé**).

    sol   **pan**   **mar**   **tos**

Práctica

1   **Acentos** Pon la tilde en las palabras que la deben llevar. Escribe el número de la regla de ortografía que corresponde a la decisión que tomaste.

_____ a. **me-di-ca-men-to**   _____ c. **sa-lud**   _____ e. **mi** *(me)*

_____ b. **ra-dio-gra-fi-a**   _____ d. **au-to-mo-vil**   _____ f. **sin-to-ma**

2   **Sílabas fuertes** Coloca cada palabra en la columna que le corresponde. **¡Atención!** Recuerda poner tilde a las palabras que la necesiten.

alergica   esparragos
antibiotico   inyeccion
cabeza   medico
corazon   niñez
enfermedad   oido

la sílaba fuerte es la ...		
antepenúltima *(third from last)*	**penúltima**	**última**

Lección 10

   Lección 10 Cuaderno para hispanohablantes

cultura

Servicios de salud

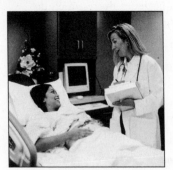

Imagina que estás de viaje por España, Argentina o Perú. ¿Qué harías si necesitaras un examen médico o si te rompieras una pierna? Según Linda Miranda, asistente de viajes, "el 75% de los viajeros sólo empacan sin pensar en la salud. Hay varios factores que considerar en un viaje al extranjero, como el destino, la duración, la época del año y el examen médico del viajero. También es importante conocer los servicios de salud del lugar de destino".

En la mayoría de los países hispanos, hay un servicio de salud público y otro privado. En el sistema público, el gobierno ofrece servicios médicos gratuitos o de bajo costo. En el sistema privado se ofrecen médicos o clínicas particulares. Es obligatorio pertenecer a un servicio de salud.

Los servicios de salud varían según países y regiones. En las ciudades grandes, a diferencia de los pueblos, hay más médicos, hospitales y tecnología. Según la Organización Mundial de la Salud (OMS), España, Argentina y Chile cuentan con más de tres médicos por cada mil habitantes. México, Perú, Uruguay y Colombia cuentan con un médico por cada mil habitantes. A continuación te presentamos algunos datos sobre los servicios de salud en los países hispanos:

▶ Todos los países cuentan con un número de emergencia similar al 911. Estos números aparecen en las guías de teléfonos de cada país.

▶ Las salas de emergencia de los hospitales públicos deben atender a todos los pacientes, aunque la persona no tenga seguro médico ni dinero para cubrir los gastos.

▶ En caso de resfriados, alergias y dolores habitualmente se le pide consejo al farmacéutico. Las farmacias tienen horario comercial, pero en cada ciudad o pueblo hay una farmacia de guardia (o de turno) que atiende las 24 horas del día.

▶ En muchos países hispanos puedes encontrar todavía farmacias tradicionales. Pero también hay cadenas farmacéuticas que venden medicamentos con y sin receta médica, artículos de belleza, alimentos, golosinas, revistas y mucho más. También incluyen servicios de enfermería.

¡Así que ya lo sabes! Planea bien tu viaje al extranjero, infórmate de tu seguro médico y prepara todos los documentos necesarios. No te olvides de llevar un botiquín de emergencias.

---

1 **Comprensión** Indica si lo que dice cada oración es **cierto** o **falso**. Corrige la información falsa.

1. El 75% de los viajeros tiene seguro médico para sus viajes.

_____

2. En la mayoría de los países hispanos hay servicios de salud públicos y privados.

_____

3. En una cadena farmacéutica se pueden comprar revistas y alimentos.

_____

4. El farmacéutico puede aconsejar y dar medicinas sin receta en caso de un resfriado.

_____

5. En los servicios de salud públicos, se deben pagar altas sumas de dinero.

_____

Lección 10

10.1 El imperfecto

El pretérito describe las acciones que ya pasaron. El imperfecto también describe acciones pasadas, pero consideradas incompletas o que "continúan". Aquí tienes la conjugación del imperfecto de los verbos regulares.

El imperfecto de los verbos regulares

		cantar	**beber**	**escribir**
FORMAS DEL SINGULAR	yo	cant**aba**	beb**ía**	escrib**ía**
	tú	cant**abas**	beb**ías**	escrib**ías**
	Ud./él/ella	cant**aba**	beb**ía**	escrib**ía**
FORMAS DEL PLURAL	nosotros/as	cant**ábamos**	beb**íamos**	escrib**íamos**
	vosotros/as	cant**abais**	beb**íais**	escrib**íais**
	Uds./ellos/ellas	cant**aban**	beb**ían**	escrib**ían**

▶ **¡Atención!** Si te fijas bien, verás que todos los verbos que terminan en **-ar** llevan **b** en el imperfecto, nunca **v**.

   mir-a**b**a   camin-a**b**an   tom-á**b**amos   suspir-a**b**as

▶ Entre los verbos irregulares, existe uno que se usa con mucha frecuencia. Es el verbo **haber**, que en presente es **hay** y en imperfecto es **había**. Cuando el verbo **haber** se usa para señalar existencia, solamente tiene una forma y es en singular. **Había** puede ir seguido de un objeto directo en singular o en plural, pero el verbo siempre se usa en singular.

   Había una ambulancia estacionada ahí.   **Había** seis pacientes esperando.

   Había muchas personas.   **Había** dos enfermeras de turno.

▶ **¡Atención!** No olvides escribir con **h** inicial todas las formas del verbo **haber**.

▶ En muchos casos, el imperfecto del español corresponde al pretérito progresivo *(past progressive tense)* del inglés.

Imperfecto (español)	**Pretérito progresivo (inglés)**
Llovía mucho.	*It **was raining** a lot.*
Cristian nos **esperaba** en casa.	*Cristian **was waiting** for us at home*
Soraya y Alonso **leían** un libro de tenis.	*Soraya and Alonso **were reading** a tennis book.*

▶ **¡Atención!** Tres verbos tienen fomas irregulares en el imperfecto: **ir** (**iba**, etc.), **ser** (**era**, etc.) y **ver** (**veía**, etc.).

Lección 10

Práctica

1 **Escribir oraciones** Escribe oraciones completas usando las palabras entre paréntesis y otras más para expresar ideas completas. Usa los verbos en imperfecto.

> **modelo**
>
> (haber / personas / sala de emergencia)
> *Había muchas personas anoche en la sala de emergencia.*

1. (ellos / hacer / ejercicios) _____

2. (doctor / recetar / tos) _____

3. (nosotras / tomar / antibiótico) _____

4. (tú / estornudar / noches) _____

5. (haber / medicina / botiquín) _____

2 **El imperfecto** Escribe oraciones para expresar lo que estas personas hacían el año pasado en esta fecha. Usa por lo menos seis de estos verbos: **esperar, cerrar, mirar, cruzar, preguntar, comprar, pagar, tramitar, viajar, ordenar.**

1. Los Fernández

2. Ismael

_____

3. Tania y Miguel

4. Jimena

_____

3 **En el pasado** Imagina o recuerda unas vacaciones inolvidables con familiares o amigos/as. Escribe un relato para describir las actividades diarias que realizaban. Usa los verbos en imperfecto.

_____
_____
_____
_____
_____
_____

Lección 10

10.2 El pretérito y el imperfecto

El pretérito y el imperfecto no son intercambiables. En español, se usa uno u otro de acuerdo con el contexto y el punto de vista del hablante.

▶ Veamos cómo se usa el verbo **haber** en pretérito y en imperfecto. Recuerda que el verbo **haber** siempre se usa en singular cuando significa existir u ocurrir, aunque el objeto directo esté en plural.

hubo (pretérito)	**había** (imperfecto)
OBJETO DIRECTO EN SINGULAR Ayer **hubo** <u>un incendio</u> en mi vecindario.	Todos los días **había** <u>ensalada</u> para el almuerzo.
OBJETO DIRECTO EN PLURAL No **hubo** <u>avances</u> en las negociaciones. En relación con el tema **hubo** <u>diversas opiniones</u>.	En el bosque **había** <u>árboles milenarios</u>. Ya no **había** <u>juegos electrónicos</u> en el centro comercial.

▶ El imperfecto se puede usar también para indicar el tiempo o la edad en el pasado.

Tenía 32 años.   **Eran** las tres de la madrugada.

▶ El pretérito del verbo **poder** a veces expresa lo que podría haber ocurrido, *pero que no ocurrió.*

Pudiste decírmelo antes.   Juan **pudo** haber ido a la oficina, pero se
Ahora es tarde.   sentía demasiado enfermo.

▶ El imperfecto de verbos como **querer** y **venir** suelen usarse para pedir algo con amabilidad.

Quería ver si me prestas tu   **Venían** a preguntarte si pueden
libro de español.   ver al director.

Queríamos invitarlas al cine.   **Venía** a pedirte el teléfono de Sergio.

▶ El pretérito y el imperfecto a menudo aparecen en la misma oración. En estos casos, el imperfecto describe lo que estaba ocurriendo, mientras que el pretérito describe la acción que "interrumpió" la actividad.

Venía por el parque cuando me **encontré** con Mariana.

Álvaro **estudiaba** matemáticas cuando lo **llamaron** a almorzar.

Lección 10

Práctica

1 **Completar** Observa las imágenes. Usa el pretérito y el imperfecto para escribir una oración que describa cada imagen.

1. _____

2. _____

3. _____

4. _____

2 **¿Qué tienes?** Observa la foto. Escribe cuatro oraciones para responder a cada pregunta de Diana. Usa el pretérito y el imperfecto en tus respuestas.

1. ¿Qué te pasó?
2. ¿Fuiste al doctor?

1. Johnny: _____

_____

_____

2. Johnny: _____

_____

_____

3 **¡Qué amable!** Lee las oraciones y transfórmalas en pedidos con amabilidad. No olvides usar el imperfecto.

1. Necesito hablar con la Dra. Torres. _____

2. Déjame ver la receta. _____

3. Queremos probar el pavo que preparaste. _____

4. Solicitan visitar a la abuela en el hospital. _____

10.3 Construcciones con se

En español, generalmente se usan construcciones gramaticales con **se** para describir acontecimientos que ocurren por accidente o que no fueron planeados. En estas oraciones, el pronombre de objeto indirecto está relacionado con la(s) persona(s) a quien(es) se refiere la acción. El verbo se debe conjugar en singular o en plural según el número del sujeto.

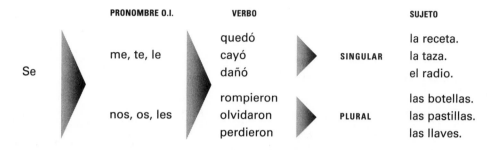

	PRONOMBRE O.I.	VERBO			SUJETO
Se	me, te, le	quedó cayó dañó		SINGULAR	la receta. la taza. el radio.
	nos, os, les	rompieron olvidaron perdieron		PLURAL	las botellas. las pastillas. las llaves.

▶ **¡Atención!** En las oraciones con construcciones gramaticales que llevan **se**, el sujeto es la persona o cosa en la que recae la acción del verbo. En inglés, el sujeto es la persona que realiza la acción.

SUJETO
Se me perdieron <u>dos libros</u>.

SUJETO
Se nos quedó <u>el helado</u> en el taxi.

SUJETO
<u>I</u> lost two books.

SUJETO
<u>We</u> left the ice cream in the taxi.

1. **Se me olvidaron** las aspirinas.

2. **Se les cayó** el plato.

> En algunos países es probable que escuches, en contextos informales, este tipo de construcciones gramaticales, pero sin **se**.

▶ Para enfatizar a quién se refiere la acción, muchas veces estas construcciones gramaticales comienzan con la preposición **a** + *[sustantivo]* o con **a** + *[pronombre]*.

A Leticia se le quedaron las radiografías en el autobús.

A nosotros se nos dañó el auto ayer por la tarde.

Lección 10

Lección 10 Cuaderno para hispanohablantes

Práctica

1 **Analizar** En la página anterior, mira las dos primeras oraciones acompañadas por fotos. Encierra en un círculo el sujeto de cada oración y subraya el verbo. Luego, escribe a quién le pasó cada cosa.

¿A quién le pasó?

1. _____   2. _____

_____

2 **Oraciones** Escribe oraciones completas con los elementos dados. Haz los cambios necesarios y agrega lo que creas conveniente. Sigue el modelo.

> **modelo**
> nosotros / perder / llaves / anoche
> A nosotros se nos perdieron las llaves anoche.

1. ustedes / quedar / foto / consultorio

_____

2. yo / romper / pierna / accidente

_____

3. Pamela y Gregorio / olvidar / medicamentos / farmacia

_____

4. tú / dañar / despertador / esta mañana

_____

5. Ramiro / caer / uvas / mercado

_____

3 **Completar** Completa las oraciones de manera lógica.

1. Se nos perdió _____   4. Se les dañó _____

2. Se te olvidaron _____   5. Se le quedaron _____

3. Se me cayó _____   6. Se les rompieron _____

4 **Historias** Para cada imagen, escribe por lo menos dos oraciones para describir qué le pasó a esa persona. Usa construcciones con **se** y por lo menos cuatro de los verbos **caer, dañar, olvidar, perder, quedar** y **romper**. Usa tu imaginación.

1. Omar

2. Nicolás

_____   _____

_____   _____

10.4 Adverbios

Los adverbios son palabras que describen cómo, cuándo y dónde ocurren las acciones, y generalmente están junto o cerca de la palabra a la que se refieren. En la siguiente tabla, el adverbio está en negrita y la palabra a la que se refiere está subrayada.

Adverbios de modo	**Adverbios de tiempo**	**Adverbios de lugar**
Estos adverbios indican la manera en que ocurre algo.	Estos adverbios dicen cuándo ocurre un suceso o una acción.	Estos adverbios dicen dónde ocurre un suceso o una acción.
Ella <u>juega</u> **bien** al fútbol.	<u>Llegaron</u> **ayer** a Costa Rica.	El libro <u>está</u> **encima** de la mesa.

▶ Los adverbios pueden referirse a verbos, adjetivos e incluso a otros adverbios.

▶ Si un adverbio se refiere a un adjetivo, va antes del adjetivo. En las siguientes oraciones, el adjetivo está subrayado.

> Estoy **muy** <u>preocupado</u>.

> Son **bastante** <u>diferentes</u>.

▶ Si un adverbio se refiere a otro adverbio, va antes del adverbio.

> Aura corre **muy** <u>rápido</u>.

> En la foto sales **bastante** <u>bien</u>.

▶ Cuando una oración tiene dos o más adverbios terminados en **-mente** en una secuencia, el sufijo **-mente** sólo va en el último adverbio.

> Margarita conduce **lenta** y **cuidadosamente**.

> El maestro escuchó **silenciosa**, **cortés** y **atentamente**.

▶ Los adverbios **así**, **ayer** y **mañana** se pueden usar con los verbos **ser** y **estar**. Otros adverbios sólo se pueden usar con el verbo **estar**, como **aquí**, **allá**, **bien**, **mal**, **atrás**, **detrás**.

Adverbios con _ser_	**Adverbios con _estar_**
La reunión fue **ayer**	Marisela estuvo **ayer** en casa.
La vida es **así**.	Todos estamos **bien**.

Lección 10

Práctica

1 **Describir** Observa las imágenes. Escribe una oración para describir cada imagen. Usa por lo menos un adverbio en cada oración. Subraya los adverbios que uses.

> **modelo**
>
> En su diario de vida, Marcia cuenta <u>detalladamente</u> sus vacaciones en la playa.

1. _____   2. _____

3. _____   4. _____

2 **La medicina** Redacta un aviso publicitario sobre una medicina milagrosa que se acaba de inventar. Presenta el testimonio de una persona que ya usó esta medicina. Usa cada uno de los tres tipos de adverbios por lo menos dos veces.

_____

_____

_____

_____

_____

_____

_____

_____

_____

_____

_____

_____

_____

_____

_____

_____

_____

_____

Lección 10

adelante

Lectura

Antes de leer

¿Cuáles son los principales problemas de salud en los Estados Unidos?

_____

_____

El pan y la salud

Por el Dr. Marco Samperio

Constantemente recibo cartas de personas que gustan mucho del pan y que preguntan si hay una alternativa "sabrosa". Piensan que el pan les hará daño o que les hará engordar. De hecho, en muchos países se ha producido un descenso considerable en el consumo de este alimento esencial, porque se asocia con el incremento en los niveles de obesidad en la población. Para esos lectores tengo muy buenas noticias.

Nadie pone en duda que el pan es un alimento delicioso. Sabemos también que tiene un alto nivel de energía, por lo cual es un producto obligado si uno quiere alimentarse bien. Pero ahora el panorama puede cambiar considerablemente, pues se ha creado una receta para hacer un pan con más fibra y menos calorías.

Después de un año de trabajo, las investigadoras del Instituto de Agroquímica y Tecnología de Alimentos de Valencia, España, Cristina Molina-Rosell y Concha Collar, han encontrado la fórmula de un nuevo pan que aporta hasta un 45 por ciento menos de calorías que el pan común y que además, presenta fibras solubles e insolubles adicionales. Sus beneficios para la salud son evidentes, pues debido al menor aporte de calorías, engorda prácticamente la mitad que el pan común. (Usted seguramente sabe que el pan blanco y el pan integral superan fácilmente las 200 calorías por cada 100 gramos). Los beneficios van más allá por sus efectos positivos en la función digestiva y en la disminución del colesterol y del azúcar en la sangre.

Los resultados de este descubrimiento se podrían aplicar también a la fabricación de otros productos a base de cereales, como galletas y panadería en general, hecho que transforma al descubrimiento en un verdadero hallazgo.

Cristina Molina-Rosell y Concha Collar reemplazaron la harina de trigo por un compuesto de fibra que incluye cereales, achicoria y guisantes. La cantidad de fibra soluble de la nueva fórmula es del diez al cuarenta por ciento de toda la fibra adicional. Es el primer producto de estas características patentado en España, pero aquí en los Estados Unidos, donde el índice de obesidad es muy alto y mantiene muy preocupadas a las autoridades, hace tiempo se comercializan productos a base de cereales bajos en calorías.

Las investigadoras, una vez que descubrieron el nuevo producto, ofrecieron muestras a consumidores habituales de pan blanco, quienes evaluaron muy bien el sabor, la textura y el aroma del nuevo pan. Ahora, estimados lectores y consumidores de pan, sólo resta esperar que este descubrimiento llegue al supermercado de nuestro barrio.

Lección 10

Después de leer

1 **Comprensión** Elige la respuesta correcta.

1. La razón del descenso en el consumo de pan se debe a _____.

a. su precio

b. su mala calidad

c. los problemas que puede ocasionar en la salud de las personas

d. las materias primas que lo componen

2. Se afirma que el descubrimiento se ha convertido en un verdadero hallazgo porque _____.

a. se puede aplicar a otros productos

b. permitirá mejorar la alimentación de la población

c. disminuye el colesterol

d. permitirá reemplazar al pan blanco y al pan integral

3. Una de las consecuencias del nuevo pan es que _____.

a. la industria panadera disminuirá la producción de pan blanco e integral

b. aumentará la producción de achicorias y guisantes para dar abasto a la nueva demanda

c. disminuirán los tratamientos artificiales para adelgazar

d. todas las anteriores

4. La novedad de este nuevo pan radica en que _____.

a. puede reemplazar a otros alimentos

b. su ingrediente fundamental no es harina de trigo

c. contiene grasas

d. todas las anteriores

5. Respecto del nuevo pan, es correcto decir que _____.

a. fue mejor evaluado que el pan blanco por un panel de consumidores

b. supera al pan blanco en textura y sabor

c. en España ha sido todo un éxito

d. ninguna de las anteriores

2 **Interpretación** Contesta las preguntas con oraciones completas.

1. ¿Qué aprendiste con esta lectura?

_____

2. ¿Crees que consumir este tipo de pan puede ayudar a las personas a perder peso? ¿Por qué?

_____

3. ¿Hay otros alimentos que afectan la salud de las personas más que el pan? ¿Cuáles son?

_____

4. Si pudieras elegir un alimento para hacerlo más nutritivo, ¿cuál escogerías? ¿Por qué?

_____

Lección 10

Escritura

Estrategia

Dominar los pasados simples

En español, cuando escribes sobre eventos que ocurrieron en el pasado, debes saber cuándo usar el pretérito y cuándo usar el imperfecto. Si comprendes bien los usos de cada uno, te será más fácil determinar cuál de los dos usar mientras escribes.

Observa el resumen de los usos del pretérito y del imperfecto y escribe tu propia oración de ejemplo para cada una de las reglas que se describen.

Pretérito e imperfecto

Pretérito

1. Acciones vistas como terminadas

   _____

2. Comienzo o final de acciones terminadas

   _____

3. Serie de acciones terminadas

   _____

Imperfecto

1. Acciones pasadas en proceso

   _____

2. Acciones habituales en el pasado

   _____

3. Estados y características mentales, físicos y emocionales del pasado

   _____

Reúnete con otros compañeros de clase para comparar sus oraciones de ejemplo. Luego usa estas oraciones y la tabla como una guía para ayudarte a decidir qué pasado usar mientras completas el siguiente trabajo de escritura.

TEMA: Escribir una historia

Antes de escribir

1 Trabaja con un(a) compañero/a de clase para hablar de alguna experiencia que han tenido con una enfermedad, un accidente u otro problema médico. Tu historia puede ser real o imaginaria y puede tratarse de un incidente divertido, humorístico o desastroso. Incluye todos los detalles relevantes y apunta tus ideas.

Lección 10

2 Una vez que hayan hablado de sus experiencias, cada uno/a debe escoger una para desarrollar en su historia escrita.

Analiza los elementos de tu historia, usando el siguiente diagrama para enfocarte en los usos del pretérito y del imperfecto. Establece una correlación entre algunos de los detalles (paciente, síntomas y tratamiento) y el uso del pretérito o del imperfecto. Escribe los detalles que se relacionan con el imperfecto en la sección IMPERFECTO. Escribe los detalles de las acciones pasadas en las líneas marcadas PRETÉRITO.

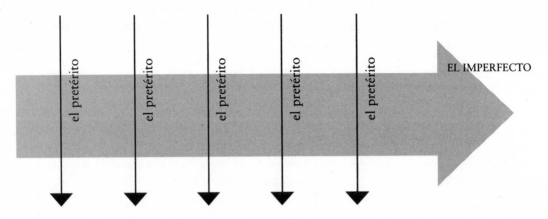

3 Después de completar el diagrama, intercámbialo con el de tu compañero/a. Túrnense para hablar de los dos diagramas. ¿Hay algo que cambiarías en el diagrama de tu compañero/a? ¿Por qué?

Escribir

Usa el diagrama y escribe el borrador de tu historia. Escribe tres párrafos cortos: el primero trata del/de la paciente y cómo era antes de tener el problema. El segundo describe qué pasó con respecto a la enfermedad, el accidente u otro problema médico. El tercero describe el tratamiento y cómo se resolvió el problema.

Después de escribir

1 Intercambia tu borrador con el de un(a) compañero/a de clase. Coméntalo y contesta estas preguntas.

▷ ¿Usó tu compañero/a formas del pretérito y del imperfecto correctamente, según las situaciones indicadas?

▷ ¿Escribió él/ella tres párrafos completos que corresponden a una descripción del/de la paciente, una del problema y una del tratamiento? ¿Incluyó él/ella la resolución del problema en el tercer párrafo?

▷ ¿Qué detalles añadirías? ¿Cuáles quitarías? ¿Qué otros comentarios tienes para tu compañero/a?

2 Revisa tu historia según los comentarios de tu compañero/a. Después de escribir la versión final, léela otra vez para eliminar errores en:

▷ la ortografía

▷ los signos de puntuación

▷ la concordancia entre sustantivo y adjetivo

▷ la concordancia entre sujeto y verbo

▷ la conjugación de verbos (formas, personas y tiempos)

Lección 10

Nombre _____ Fecha _____

Lección 11

Lección 11

contextos

1 **Identificar** Identifica la palabra que no corresponde a cada serie.

1. monitor – ratón – videocasetera – computadora – teclado
2. canal – televisión – por cable – contestadora – pantalla – televisor
3. dirección electrónica – Internet – arroba – red – fax
4. disco compacto – impresora – tocadiscos compacto – estéreo – reproductor de MP3
5. Internet – navegar – descargar – control remoto – sitio web
6. archivo – cederrón – programa de computación – teléfono celular – computadora

2 **Palabras cruzadas** Escribe una letra en cada espacio. Luego completa la oración final con la palabra que se forma verticalmente.

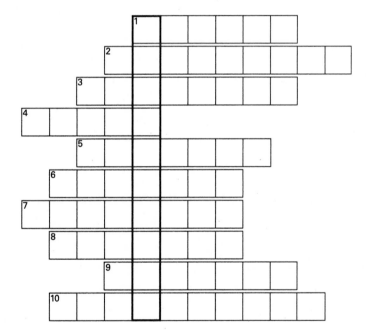

1. lugar donde reparan el carro
2. vía por donde transitan vehículos; autopista
3. combustible que usan los vehículos
4. sinónimo de coche
5. pieza con la que el conductor dirige el carro
6. persona que vigila el orden en las autopistas
7. persona que repara carros
8. conducir un vehículo
9. sinónimo de circulación
10. poner el carro a un lado de la calle

La _____ es adonde puedo ir para llenar el tanque de mi coche.

3 **Nieta en apuros** El abuelo de Antonia trata de estar al día en los avances tecnológicos, pero aún hay cosas que no entiende bien. Ayuda a Antonia a responder en la forma más sencilla posible las dudas de su abuelo.

ABUELO ¿Qué ventaja tiene una cámara digital sobre una cámara fotográfica normal?

ANTONIA (1) _____

ABUELO ¿Para qué sirve una computadora?

ANTONIA (2) _____

ABUELO ¿Qué tipo de información puedes guardar en un cederrón?

ANTONIA (3) _____

ABUELO ¿En qué se diferencian una videocasetera y un reproductor de DVD?

ANTONIA (4) _____

ABUELO ¿Qué cosas puedes hacer con un teléfono celular?

ANTONIA (5) _____

ABUELO ¿Cómo puedo encontrar el sitio web que necesito?

ANTONIA (6) _____

4 **Completar** Completa el siguiente párrafo con las palabras de la lista. Haz todos los cambios necesarios.

apagar	cederrón	guardar	navegar	quemar
borrar	descargar	imprimir	prender	sitio web

Anoche (1) _____ por la red para investigar sobre los últimos modelos de carros. Encontré un (2) _____ completísimo, con fotos y detalles técnicos. Seleccioné algunas imágenes y las (3) _____ en mi computadora. Estaba por (4) _____ las imágenes en el papel fotográfico que acabo de comprar cuando de pronto oí el ruido de un trueno y todo quedó a oscuras. Por supuesto, la computadora se (5) _____ y tuve que volverla a (6) _____ cuando volvió la luz. Afortunadamente la información no se (7) _____, porque tengo la costumbre de (8) _____ cada cinco minutos por si algo raro sucede. Para mayor seguridad, tomé un (9) _____ nuevo y (10) _____ en él las imágenes que necesitaba.

5 **Antes y ahora** Hace unas décadas, una computadora podía ocupar todo un cuarto, era muy lenta y realizaba muy pocas funciones. Hoy, podemos llevar una computadora como si fuera un maletín pequeño, es rapidísima y realiza muchas funciones. Escoge uno de estos aparatos tecnológicos y escribe en una hoja aparte un párrafo para comparar cómo esta tecnología era antes y cómo es ahora.

▶ cámara de video
▶ tocadiscos
▶ teléfono celular
▶ ratón

pronunciación y ortografía

La acentuación de palabras similares

Aunque la tilde (acento escrito) generalmente indica qué sílaba de una palabra se pronuncia con más fuerza, también se usa para distinguir entre palabras que se escriben igual o en forma similar.

Aunque las palabras de una sílaba generalmente no llevan tilde, algunas se tildan para distinguirlas de otras palabras que se escriben igual pero que tienen diferente significado.

Él maneja **el** coche.   **Sí**, voy **si** quieres.

Sé (de **saber**) y **té** (la bebida) se tildan para distinguirlas de los pronombres **se** y **te**.

Sé cocinar.   **Se** baña.   ¿Tomas **té**?   **Te** duermes.

Mí y **tú** se tildan para distinguirlas de los adjetivos posesivos **mi** y **tu**.

para **mí**   **mi** cámara   **Tú** lees.   **tu** estéreo

Muchas palabras que tienen más de una sílaba también se tildan para distinguirlas de palabras que se escriben igual o en forma similar.

¿**Por qué** vas?   Voy **porque** quiero.

La palabra interrogativa **cómo** lleva tilde, lo que la diferencia del adverbio **como** y de la forma **yo** del presente de **comer**.

¿**Cómo** comes?   **Como** sólo alimentos nutritivos.

Algunas palabras se tildan cuando se usan para preguntar.

¿**Cuándo** fuiste?   Fui **cuando** me llamó.

¿**Dónde** trabajas?   Voy al taller **donde** trabajo.

Práctica

1 **Diálogo imaginario** Tilda las palabras que corresponda.

LIBRO (1) ¿Cuando naciste tu?

COMPUTADORA (2) No lo se bien. Si me das un momento, te respondo.

LIBRO (3) ¿Por que tienes dudas? No me digas que se te borro la memoria.

COMPUTADORA (4) No, el problema es mi modem. El es muy lento.

LIBRO (5) A mi nunca me pasa eso. Mi velocidad depende del lector.

COMPUTADORA (6) Este es el otro problema. Mi lector de cederron esta lentisimo.

2 **Oraciones** Escribe cuatro oraciones completas sobre algún producto tecnológico. En cada oración incluye por lo menos dos de las palabras estudiadas.

1. _____
2. _____
3. _____
4. _____

cultura

El automóvil en Hispanoamérica

Antiguamente, en los países de Hispanoamérica había muy pocos automóviles. Para tener un carro, había que ganar mucho dinero. Con el paso del tiempo y debido al mejoramiento en la economía de algunos países del continente, esta realidad ha ido cambiando. Poco a poco comenzó a **aumentar** y a modernizarse el **parque automotor**, y con ello bajaron los precios de los automóviles. Esto permitió que muchas familias pudieran conseguir el ansiado sueño de tener carro.

Para obtener la licencia de conducir, en muchos países hispanoamericanos hay que rendir exámenes físicos, psicológicos, teóricos y prácticos. La cantidad y el tipo de exámenes varían de un país a otro. También hay variaciones en la edad. Por ejemplo, en Colombia se puede obtener el carné de conducir a los 16 años; en Argentina, a los 17; en Venezuela, México y Chile, a los 18. Sin embargo, en estos dos últimos países, la obtención de la licencia puede rebajarse a los 16 y 17 años, respectivamente, si los jóvenes cuentan con la autorización de sus padres. Pero en Chile, para que un muchacho de 17 años con licencia pueda conducir un automóvil, debe ir acompañado por un adulto que tenga, al menos, cinco años de experiencia como conductor.

Sin embargo, en nuestros países también hay mucha gente que prefiere las bicicletas y las motos. (Hoy las motos están teniendo un verdadero renacimiento.) Quienes utilizan estos vehículos, lo hacen porque les resultan más baratos, no se tienen que preocupar por los **vaivenes** en el precio del combustible ni por los problemas de congestión vehicular propios de las grandes ciudades. Además, los que usan la bicicleta, hacen ejercicio físico, por lo que se mantienen sanos y activos.

aumentar: tener mayor número; **parque automotor**: cantidad de vehículos autorizados para circular; **vaivenes**: las subidas y las bajadas

---

1 **Comprensión** Responde a las preguntas con oraciones completas.

1. ¿Cómo ha cambiado la cantidad de coches en Hispanoamérica con el paso del tiempo?

   _____

2. Señala dos aspectos positivos de las leyes que regulan la entrega de la licencia de conducir en algunos países de habla hispana.

   _____

   _____

3. ¿Por qué crees que se establecieron restricciones de edad para obtener la licencia de conducción?

   _____

4. Señala dos ventajas y dos desventajas de usar una bicicleta y una moto.

   _____

   _____

5. ¿Qué preferirías usar tú: una bicicleta, una moto o un carro? ¿Por qué?

   _____

   _____

estructura

11.1 Mandatos informales

▷ En español, los mandatos informales se usan para dar órdenes o consejos. Usas el **tú** de mandato cuando quieres dar una orden o un consejo a alguien a quien tratas de **tú**, es decir, de manera informal.

Mandatos afirmativos con _tú_

Infinitivo	Presente de _él/ella_	Mandato afirmativo con _tú_
llamar	llama	llama (tú)
navegar	navega	navega (tú)
prender	prende	prende (tú)
correr	corre	corre (tú)
dividir	divide	divide (tú)
escribir	escribe	escribe (tú)

▷ Los mandatos afirmativos con **tú** normalmente tienen la misma forma que en los pronombres **él/ella** del presente de indicativo.

> **Limpia** el teclado con este paño.   **Apaga** la computadora antes de irte.

▷ Existen ocho formas irregulares de mandatos afirmativos con **tú**.

Formas irregulares de mandatos afirmativos con _tú_

decir	di	salir	sal
hacer	haz	ser	sé
ir	ve	tener	ten
poner	pon	venir	ven

> **Haz** una copia del archivo.   **Sé** más cuidadoso con el teclado.

¡Atención!

Observa que el mandato informal **sé** del verbo **ser** se escribe con tilde para diferenciarlo del pronombre **se**. También fíjate que el mandato informal **haz** del verbo **hacer** se escribe con hache y con zeta.

▷ Los mandatos afirmativos con **tú** pueden llevar pronombres de objeto. Estos pronombres siempre se agregan al final del verbo. La palabra que se forma al agregarse el pronombre se tilda o no según las reglas generales de acentuación para mantener la acentuación original del mandato.

> **Cópialo** en este disco compacto.   **Vente** con nosotros.
> (esdrújula)   (grave terminada en vocal)
>
> **Descárgalas** desde este sitio web.   **Dilo** en voz alta.
> (esdrújula)   (grave terminada en vocal)

▷ **¡Atención!** La forma de mandato para el verbo **estar** es **está**, con tilde porque es una palabra aguda terminada en vocal. Sin embargo, al agregarle un pronombre de objeto, pierde la tilde porque se convierte en una palabra grave terminada en vocal: **estate**. Recuerda que las palabras graves sólo se tildan cuando no terminan en **n**, **s** ni vocal.

> **Estate** quieto.   **Estate** aquí, ya vuelvo.

Lección 11

Mandatos negativos con *tú*

Infinitivo	Presente (yo)	Mandato negativo
llamar	llamo	no llames (tú)
navegar	navego	no navegues (tú)
prender	prendo	no prendas (tú)
correr	vuelvo	no vuelvas (tú)
dividir	digo	no digas (tú)
escribir	escribo	no escribas (tú)

▶ El mandato negativo con **tú** se forma con la forma **yo** del presente del verbo, sin la **-o** final, más la terminación **-es** para los verbos que terminan en infinitivo **-ar** y la terminación **-as** para los verbos que terminan en infinitivo **-er, -ir**.

No olvides llenar el tanque del coche.   **No prendas** aún el televisor.

No juegues hasta tan tarde en la computadora.   **No imprimas** tantas imágenes.

▶ Los verbos con formas irregulares en el **yo** mantienen la misma irregularidad en la forma del mandato negativo con **tú**. Estos verbos incluyen **conducir, conocer, decir, hacer, ofrecer, oír, poner, salir, tener, traducir, traer, venir** y **ver**.

No oigas las conversaciones telefónicas.   **No traduzcas** los ejercicios.

▶ Los verbos que terminan en **-car, -gar** y **-zar** tienen cambios ortográficos en el mandato negativo con **tú**.

Infinitivos en *-car, -gar, -zar*	Cambios ortográficos	Mandato negativo con *tú*
bus**car** / sa**car**	c → qu	no bus**qu**es / no sa**qu**es
descar**gar** / apa**gar**	g → gu	no descar**gu**es / no apa**gu**es
reali**zar** / digitali**zar**	z → c	no reali**c**es / no digitali**c**es

▶ Existen verbos que tienen formas irregulares en el mandato negativo con **tú**.

Formas irregulares del mandato negativo con *tú*

dar	no des
estar	no estés
ir	no vayas
saber	no sepas
ser	no seas

▶ Los mandatos negativos con **tú** pueden llevar pronombres de objeto. Estos pronombres siempre se escriben después del **no** y antes del verbo.

No lo copies en este disco compacto.   **No las descargues** desde este sitio web.

▶ **¡Atención!** El infinitivo se usa para suavizar mandatos negativos con tú.

No hablar en la sala de lectura.   **No conducir** a más de 100 km/h.

No golpear el teclado.   **No apagar** la computadora sin cerrar antes los programas.

¡Atención!

Los mandatos pueden sonar demasiado fuertes y a veces deben ser suavizados. Puedes usar expresiones como **Hazme el favor de...**, **Por favor...** o **A ver si...**

Hazme el favor de enviar este correo electrónico.

A ver si no llegas tarde esta vez.

Práctica

1 **Un viaje en carro** Tu hermano le hace recomendaciones a un amigo que piensa salir de viaje. Completa el texto con mandatos afirmativos y negativos con **tú**. Usa los verbos de la lista.

cambiar	llenar	mirar	pedir	respetar
hablar	llevar	olvidar	poner	tener

(1) _____ el carro al taller mecánico para hacerle una revisión completa.

(2) _____ atención en las llantas; deben estar en buenas condiciones.

(3) _____ el aceite de tu carro y (4) _____ al mecánico que revise

los frenos. (5) _____ el tanque de gasolina antes de partir. (6) _____

constantemente el panel del carro para detectar cualquier desperfecto. (7) _____

la licencia de conducir. (8) _____ la velocidad máxima permitida que se anuncia

en la autopista. (9) _____ por teléfono celular porque puedes distraerte y tener

un accidente. Y, por último, (10) _____ siempre a mano un mapa de la ruta

que vas a recorrer.

2 **Un nuevo teléfono celular** Tu vecina ha comprado el último modelo de teléfono celular que ha salido al mercado. Ella tiene algunos problemas para usarlo y te pide ayuda para solucionarlos. Completa la conversación telefónica que tuviste con ella. Usa mandatos afirmativos y negativos con **tú** con los verbos de la lista.

> **modelo**
> **VECINA** No sé cómo encender mi nuevo teléfono celular.
> **TÚ** *Enciéndelo* con el botón de encendido.

activar	buscar	encender	guardar
ayudar	conectar	escribir	sacar

VECINA No sé cómo buscar los números en el directorio del teléfono.

TÚ (1)_____ en el menú del teléfono.

VECINA Quiero escribirle un mensaje de texto a mi mamá.

TÚ (2)_____ con las teclas numéricas.

VECINA ¿Cómo puedo sacar una fotografía?

TÚ (3)_____ apretando el botón lateral derecho.

VECINA ¿Dónde guardo las fotografías?

TÚ (4)_____ en tu computadora.

VECINA ¿Cómo conecto el teléfono celular a mi computadora?

TÚ (5)_____ con un cable para puerto USB.

VECINA Si apago mi teléfono, ¿cómo lo activo nuevamente?

TÚ (6)_____ ingresando el código secreto de tu teléfono.

3 **Indicaciones** Tu primo te prestó su computadora portátil por unos días. Antes de usarla, debes leer las indicaciones que te dejó. Usa los verbos entre paréntesis para escribir las indicaciones de tu primo. Crea dos oraciones completas para cada caso, una con mandato negativo con **tú** y otra con mandato afirmativo con **tú**.

> **modelo**
>
> **No comas mientras trabajas en la computadora. Come lejos de la computadora.**

1. _____ (limpiar)

2. _____ (poner)

3. _____ (cargar)

4. _____ (guardar)

5. _____ (descargar)

6. _____ (navegar)

4 **Superteléfono** Imagina que el teléfono que aparece en la imagen es la última generación en teléfonos fijos. Escribe un anuncio publicitario para destacar las extraordinarias características del producto que aparece en la imagen. Escribe seis mandatos con **tú**.

> **modelo**
>
> **Marca el número 33-444-555. ¡Llama ya! Sé propietario del mejor teléfono del mercado.**

_____

_____

_____

_____

_____

_____

5 **Responsabilidades** Debes darle consejos a un(a) estudiante que acaba de entrar a tu escuela. Escribe una lista de tres cosas que le aconsejas hacer y tres que **no** debe hacer. Usa mandatos con **tú**.

> **modelo**
>
> **Llega temprano a las clases, sobre todo a la de español.**
> **No te distraigas durante la clase de química, es muy difícil.**

Lo que **sí** debes hacer:

_____

_____

_____

Lo que **no** debes hacer:

_____

_____

_____

11.2 Por y para

▶ A diferencia del inglés, en español hay dos preposiciones para expresar el significado de la preposición *for*: **por** y **para**. Estas dos preposiciones no son intercambiables, cada una tiene significados diferentes.

Usos de *por*	Usos de *para*
1. Movimiento o ubicación general Te he buscado **por** toda la ciudad.	**1. Dirección** Mira **para** arriba.
2. Duración de una acción Estuve preparando el examen **por** todo un mes.	**2. Límite de tiempo** La impresora estará lista **para** hoy.
3. Sustitución Rafael cambió su computadora **por** una portátil.	**3. Propósito o logro [+ *infinitivo*]** Marcelo trabaja más **para** comprar un carro.
4. Causa de una acción Dejó ese taller mecánico **por** ser muy caro.	**4. Propósito [+ *sustantivo*]** Compramos un disco duro **para** la computadora.
5. Unidad de medida Este programa trabaja a 32 kilobytes **por** segundo.	**5. Destinatario** Descargué ejercicios en español **para** mis compañeros de clase.
6. Modo Envía la información **por** correo electrónico.	**6. Comparación u opinión** **Para** tener poca memoria, esta computadora funciona muy bien.
7. El agente de una acción El programa fue desarrollado **por** Ana.	**7. Empleador** Ismael trabaja **para** Telefonía Celular.

▶ En inglés hay algunos verbos que se usan con la preposición *for*, pero que en español no llevan preposición.

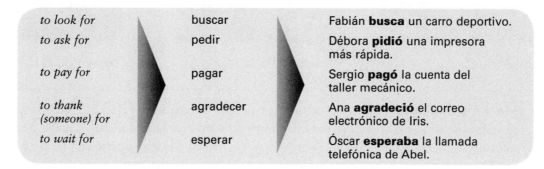

to look for	buscar	Fabián **busca** un carro deportivo.
to ask for	pedir	Débora **pidió** una impresora más rápida.
to pay for	pagar	Sergio **pagó** la cuenta del taller mecánico.
to thank (someone) for	agradecer	Ana **agradeció** el correo electrónico de Iris.
to wait for	esperar	Óscar **esperaba** la llamada telefónica de Abel.

▶ **¡Atención!** En español, los verbos que significan *to call back* y to *bring back/to give back* nunca llevan la expresión "para atrás".

Por favor, **devuélveme** la llamada.   Mañana te **devuelvo** el disco compacto.

Práctica

1

Un buen cibercafé Imagina que por fin encontraste el lugar adecuado para navegar en Internet. Completa el texto con las preposiciones **para** y **por**.

Busqué (1) _____ toda la ciudad un cibercafé que me gustara. (2) _____ encontrarlo visité todos los cibercafés que hay en la ciudad. Cuando descubrí uno que me agradó, lo probé (3) _____ dos semanas. Al principio, me pareció que había demasiado espacio (4) _____ la cantidad de computadoras que había. Pero al pasar los días me di cuenta de que era mucho más cómodo (5) _____ los usuarios ya que así había más privacidad. Me gusta mucho el ambiente que tiene; tal vez fue diseñado (6) _____ un experto en diseño de ambientes. Por otro lado, el servicio que ofrecen es adecuado (7) _____ cada usuario: tienen impresoras rápidas y un buen servicio de Internet. Si me da hambre, puedo comprar algo de comer (8) _____ un buen precio.

2

Describir Escribe oraciones completas para describir las siguientes imágenes. Usa **para** y **por**.

1. Sandra _____

2. Óscar _____

3. Pedro _____

5. Andrés _____

4. Sandra y Mabel _____

6. El regalo _____

3

La vida sin tecnología Imagina diversas cosas que han cambiado con el avance de la tecnología. ¿Cómo viajaban y se comunicaban las personas antes del avance de la tecnología? ¿Qué se usaba para informar? Imagina otras situaciones como éstas. Escribe en una hoja aparte un párrafo para describir la manera en que se hacía antes. Usa las preposiciones **para** y **por**.

> **modelo**
>
> *Para ir de un continente a otro, se viajaba por barco. Ahora*
> *generalmente se viaja por avión.*

11.3 Verbos reflexivos recíprocos

▷ Los verbos reflexivos indican que el sujeto de una oración es el agente y el objeto de la acción que desarrolla. Los verbos reflexivos recíprocos se construyen como reflexivos y expresan una acción compartida o recíproca entre dos o más personas o cosas. En este contexto, los pronombres **nos** y **se** significan *(to) each other* o *(to) one another*.

<table>
<tr><td>Horacio y yo nos peleamos por un malentendido.</td><td>María y Fabián se hablan por celular a diario.</td></tr>
</table>

Verbos reflexivos recíprocos

abrazarse	conocerse	escribirse	mirarse
adorarse	controlarse	escucharse	odiarse
apoyarse	darse	estimarse	quererse
ayudarse	despedirse	hablarse	reunirse
comprenderse	encontrarse	llamarse	saludarse
comunicarse	entenderse	llevarse	tutearse

▷ Los verbos reflexivos recíprocos se usan con sujetos plurales. Esto significa que estos verbos se usan con pronombres de tercera persona plural (**nos, os, se**), ya que el significado del verbo involucra a más de una persona o cosa.

<table>
<tr><td>Mis hermanos y yo nos ayudamos para hacer las tareas escolares.</td><td>Mi mamá y mi papá se conocen muy bien.</td></tr>
</table>

▷ Existen algunas expresiones que se usan para enfatizar el significado recíproco. Estas expresiones se usan cuando en la oración no está claro si el significado del verbo es recíproco o reflexivo.

<table>
<tr><td>Mi hermano y mi primo se llaman el uno ai otro.</td><td>Miguel y yo nos confundimos el uno con el otro.</td></tr>
<tr><td>Nosotras nos alejamos la una de la otra.</td><td>Federico y tú se escuchan entre sí.</td></tr>
<tr><td>Paulina y Sandra se escuchan mutuamente.</td><td>Nosotros nos ayudamos mutuamente.</td></tr>
</table>

Luis y Marta **se** miran en el espejo.

Luis y Marta **se** miran el uno al otro.

Práctica

1 **En el parque** Escribe oraciones completas para describir las situaciones que aparecen en la siguiente imagen. Usa **verbos reflexivos recíprocos** en todas las oraciones.

modelo

> Tomás y Macarena se toman
> de la mano.

1. El señor y la señora Gutiérrez _____

2. Delma y Luz _____

3. Tamara y Miguel _____

4. Andrés y Sergio _____

2 **Preguntas** Responde a las preguntas según tu experiencia personal. Usa verbos reflexivos recíprocos en tus respuestas.

1. ¿Cómo se saludan tus amigos y tú?

   _____

2. ¿Qué hacen tu mejor amigo/a y tú cuando se enojan?

   _____

3. ¿Se prestan cosas tus hermanos y tú? ¿Qué cosas se prestan?

   _____

4. ¿Se comprenden bien tus padres y tú?

   _____

5. ¿Cómo se comunican tus amigos y tú cuando están lejos?

   _____

3 **Buenos amigos** Escribe en una hoja aparte un párrafo para describir las cosas que haces con tu mejor amigo/a. Usa los verbos de la lista.

| apoyarse | comprenderse | conocerse | estimarse | llevarse |
| ayudarse | comunicarse | escucharse | hablarse | reunirse |

modelo

> Toño y yo nos llevamos muy bien desde que éramos pequeños.
> Siempre nos apoyamos en todo...

Lección 11

11.4 Adjetivos y pronombres posesivos acentuados

▶ En español hay dos tipos de adjetivos posesivos: la forma inacentuada (o forma corta) y la forma acentuada (o forma larga).

Adjetivos posesivos acentuados

Masculino singular	Femenino singular	Masculino plural	Femenino plural
mío	mía	míos	mías
tuyo	tuya	tuyos	tuyas
suyo	suya	suyos	suyas
nuestro	nuestra	nuestros	nuestras
vuestro	vuestra	vuestros	vuestras
suyo	suya	suyos	suyas

▶ El adjetivo posesivo acentuado se escribe después del sustantivo que modifica; mientras que el adjetivo posesivo inacentuado se escribe antes del sustantivo.

su contestadora   la contestadora **suya**

nuestros monitores   los monitores **nuestros**

▶ El adjetivo posesivo acentuado concuerda en género y número con el sustantivo al que modifica.

el amigo **mío**   las amigas **mías**

Pronombres posesivos

▶ Los pronombres posesivos se usan para reemplazar a un sustantivo + [*adjetivo posesivo*]. En español, los pronombres posesivos tienen la misma forma que los adjetivos posesivos acentuados y van precedidos de un artículo definido.

el tocadiscos **suyo**   **el suyo**

las videocaseteras **mías**   **las mías**

¡Atención!

Fíjate que los posesivos que se refieren al **yo** llevan tilde: mío, mía, míos, mías.

▶ El pronombre posesivo concuerda en género y número con el sustantivo al que reemplaza.

La casa de Iván tiene tres habitaciones.   **La nuestra** tiene cuatro habitaciones.

Práctica

1 **Comparaciones** Escribe oraciones completas para expresar comparaciones. Usa adjetivos y pronombres posesivos acentuados.

> **modelo**
> (computadora / yo / tú)
> La *computadora mía es más rápida que la tuya.*

1. (disco compacto / tú / yo) _____
2. (monitor / tú / nosotros) _____
3. (cámara digital / ella / yo) _____
4. (coche / nosotros / ellos) _____
5. (impresora / tú / ella) _____
6. (reproductor de MP3 / él / yo) _____

adelante

Lectura

Antes de leer

A. ¿Te gusta leer historietas? ¿Por qué? ¿Cuáles lees?

_____

_____

_____

_____

_____

B. ¿Crees que las historietas pueden ser serias? ¿Qué historietas conoces que hagan comentarios o den opiniones sobre temas importantes?

_____

_____

_____

_____

_____

C. Mira los cómics en la próxima página sin leer el texto. ¿Puedes adivinar lo que está pasando? Escribe tus predicciones aquí.

_____

_____

_____

_____

Sobre el autor

Calpurnio Pisón, o simplemente Calpurnio, es el seudónimo de Eduardo Pelegrín, nacido en Zaragoza, España, en 1959. Calpurnio es un dibujante de cómics, además de dibujante y guionista de dibujos animados. Comenzó su carrera a principios de la década de 1980 publicando sus propios dibujos en los que ya aparecía su personaje más popular, El Bueno de Cuttlas. Desde entonces sus viñetas han aparecido en diversas revistas de cómics *(Makoki, El Víbora, Morning)*, revistas *(Interviú)* y en diarios como *Heraldo de Aragón, El País* y *20 Minutos.*

1 Comprensión Responde a las preguntas con oraciones completas.

1. En el primer cómic de Calpurnio, ¿qué problema tiene Cuttlas?

_____

2. ¿Qué supone Cuttlas cuando intenta resolver su problema?

_____

3. ¿Por qué no puede Cuttlas resolver el problema al final?

_____

4. En el segundo cómic, ¿qué adelantos tecnológicos tiene el nuevo teléfono de Cuttlas?
Señala cuatro.

_____

5. ¿Cómo sabemos que a Cuttlas le gusta comprar los últimos aparatos tecnológicos?

_____

6. Desde el punto de vista gráfico, en el segundo cómic, ¿cómo anticipa el dibujante el desenlace?

_____

2 Interpretación Contesta las preguntas con oraciones completas.

1. ¿Qué piensas que quiere decir Calpurnio con la historieta del teléfono móvil?

_____

_____

2. Según tú, ¿cómo deben actuar las personas en relación con el desarrollo tecnológico?

_____

_____

3. ¿Cómo crees que ha afectado la tecnología a la vida de las personas? Señala dos beneficios y dos
perjuicios que ha provocado la tecnología.

_____

_____

4. ¿Has tenido alguna experiencia negativa al llamar a un número de servicio al cliente? ¿Qué pasó?

_____

_____

5. ¿Qué aparatos tecnológicos te gustan? ¿Cuáles tienes? ¿Cuáles necesitas verdaderamente?

_____

_____

6. ¿Piensas que hacen falta más avances tecnológicos? ¿Para qué?

_____

_____

Escritura

Estrategia

Hacer una lista de palabras clave

Una vez que has determinado un tema para escribir, es útil hacer una lista de palabras clave que puedas usar mientras escribes. Si fueras a escribir una descripción de tu escuela y de sus jardines, por ejemplo, probablemente necesitarías una lista de preposiciones que describen ubicaciones, como **en frente de, al lado de** y **detrás de**. Asimismo, una lista de adjetivos descriptivos te sería útil si fueras a escribir sobre personas y lugares de tu niñez.

Al hacer por anticipado una lista de posibles palabras, no tendrás que usar tanto el diccionario mientras escribes tu primer borrador. Probablemente también aprenderás algunas palabras nuevas en español mientras preparas tu lista de palabras clave.

Hacer una lista de vocabulario útil también es una estrategia valiosa de organización, ya que al generar palabras clave podrás formarte ideas sobre tu tema. Además, una lista de palabras clave puede ayudarte a evitar la redundancia mientras escribes.

Si fueras a ayudar a alguien a escribir un anuncio para vender su carro, ¿qué palabras serían más útiles para ti? Anota en una hoja aparte unas cuantas y compara tu lista con la de un(a) compañero/a. ¿Eligieron ambos/as las mismas palabras? ¿Elegirías algunas palabras diferentes o más palabras, basándote en las que escribió tu compañero/a?

TEMA: Escribir instrucciones

Antes de escribir

1 Vas a escribir un correo electrónico en el que le explicas a un(a) amigo/a argentino/a cómo crear un sitio web sobre películas estadounidenses. Vas a incluir tus sugerencias sobre qué información puede incluir y no incluir en su sitio web. Tu correo electrónico debe tener esta información:

▶ Una sugerencia para el nombre del sitio web

▶ Mandatos afirmativos para describir en detalle lo que tu amigo/a puede incluir en el sitio web

▶ Una lista de las películas estadounidenses más importantes de todos los tiempos (en tu opinión)

▶ Mandatos negativos para sugerirle a tu amigo/a qué información no debe incluir en su sitio web

2 Una buena manera de crear una lista de palabras es hacer una red de palabras. Para cada una de estas tres redes, escribe en las líneas varias palabras relacionadas con la frase del centro.

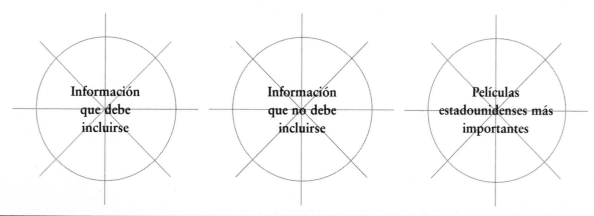

Información que debe incluirse

Información que no debe incluirse

Películas estadounidenses más importantes

Lección 11 Cuaderno para hispanohablantes

Lección 11

3 Después de completar las redes de palabras, intercambia tus respuestas con un(a) compañero/a de clase. Juntos/as, hagan una lista de todas las palabras que escribieron. Al final, pregúntense si hay otras que son necesarias para el correo electrónico. Si las hay, búsquenlas en el libro de texto o en un diccionario y añádanlas a la lista original.

Escribir

1 Usa la lista de palabras que tú y tu compañero/a de clase crearon para escribir el correo electrónico sobre el sitio web.

2 No olvides incluir toda la información necesaria:
  ▶ Una sugerencia para el nombre del sitio web
  ▶ Mandatos afirmativos sobre lo que tu amigo/a debe incluir en el sitio web
  ▶ Mandatos negativos sobre lo que tu amigo/a no debe incluir
  ▶ Una lista de películas estadounidenses importantes

Después de escribir

1 Intercambia tu borrador con el de tu mismo/a compañero/a de clase. Coméntalo y contesta estas preguntas.
  ▶ ¿Incluyó tu compañero/a una sugerencia para el nombre del sitio web?
  ▶ ¿Escribió él/ella mandatos afirmativos sobre la información que debe incluirse en el sitio web?
  ▶ ¿Escribió él/ella mandatos negativos sobre la información que no debe incluirse?
  ▶ ¿Escribió él/ella una lista de películas estadounidenses importantes?
  ▶ ¿Usó él/ella palabras de la lista que escribieron?
  ▶ ¿Qué detalles añadirías? ¿Cuáles quitarías? ¿Qué otros comentarios tienes para tu compañero/a?

2 Revisa tu narración según los comentarios de tu compañero/a. Después de escribir la versión final, léela otra vez para eliminar errores en:
  ▶ la ortografía
  ▶ la puntuación
  ▶ el uso de letras mayúsculas y minúsculas
  ▶ la concordancia entre sustantivos y adjetivos
  ▶ el uso de verbos en el presente de indicativo
  ▶ el uso de mandatos afirmativos
  ▶ el uso de mandatos negativos

contextos

Lección 12

1 **¿Qué puedo hacer en...?** Escribe oraciones completas describiendo tres cosas que puedes hacer en cada parte de la casa.

> **modelo**
> altillo: En el altillo puedo guardar cosas que no uso,
> poner mi bicicleta y, cuando quiero estar solo, puedo leer.

1. comedor: _____

2. garaje: _____

3. jardín: _____

4. sótano: _____

2 **Preguntas** Responde a las preguntas con oraciones completas.

> **modelo**
> ¿Qué puedes colgar en el armario?
> En el armario puedo colgar mi ropa.

1. ¿Qué haces con una aspiradora?

_____

2. ¿Dónde guardas la carne para que se mantenga fresca?

_____

3. ¿Qué necesitas para cocinar un pavo?

_____

4. ¿Dónde pones tus camisas planchadas?

_____

3 **Almuerzo** Para el almuerzo hoy se prepararon estos platos y bebidas. ¿Qué cosas debes poner en la mesa? Justifica cada cosa que pongas. Escribe oraciones completas.

> **modelo**
> Debo poner una jarra para beber el jugo.

- agua de yerbas
- arroz
- jugo de naranja
- papas fritas
- pollo asado
- sopa de verduras

1. _____
2. _____
3. _____
4. _____
5. _____
6. _____

Lección 12

Lección 12 Cuaderno para hispanohablantes   **183**

Lección 12

4 **Violeta, Omar y Tobías** Observa las imágenes. Describe todos los quehaceres que deben realizar Violeta, Omar y Tobías para que la cocina y el dormitorio queden impecables.

_____   _____
_____   _____
_____   _____
_____   _____
_____   _____
_____   _____

5 **Vivienda soñada** Si pudieras elegir la vivienda de tus sueños, ¿cómo te gustaría que fuera? ¿Preferirías una casa o un apartamento? ¿Dónde te gustaría que estuviera, en el centro o en las afueras? Escribe un párrafo para describir tu vivienda soñada. Incluye todos los detalles que consideres importantes. Usa por lo menos doce palabras de la lista.

afueras	cocina	escalera	sala
altillo	comedor	garaje	sótano
balcón	dormitorio	jardín	vecino/a
barrio	entrada	patio	vivienda

_____
_____
_____
_____
_____
_____
_____
_____
_____
_____
_____
_____

pronunciación y ortografía

Mayúsculas y minúsculas

Éstas son algunas de las reglas que rigen el uso de las mayúsculas y las minúsculas en español. Tanto en español como en inglés, se escribe con mayúscula la primera letra de una oración.

Los estudiantes llegaron al aeropuerto a las dos. **Luego** fueron al hotel.

Se escribe con mayúscula la primera letra de todos los nombres propios (nombres de personas, países, ciudades, accidentes geográficos, etc.).

Rubén Blades   **Panamá**   **Colón**   los **Andes**

Se escribe con mayúscula la primera letra de la primera palabra de títulos de libros, películas y obras de arte, así como la primera letra de los nombres propios.

Cien años de soledad   **Don Quijote** de la **Mancha**

Las meninas   **Como** agua para chocolate

En los títulos de periódicos y revistas, así como otros títulos cortos, generalmente va con mayúscula la letra inicial de cada palabra.

El País   **Muy Interesante**

Los títulos que van asociados a personas no se escriben con mayúscula a menos que sean la primera palabra de una oración. Sin embargo, observa que sí va con mayúscula la primera letra de un título abreviado.

la **señora Ramos**   el **presidente**   **don Francisco**   **Sra. Vives**

A pesar de que algunas personas no lo hacen, la tilde debe mantenerse en las mayúsculas.

Último   **Álex**   MEN**Ú**   PERD**Ó**N

No va con mayúscula la primera letra de los días, meses y estaciones del año.

lunes   **viernes**   **marzo**   **primavera**

No va con mayúscula la primera letra de nacionalidades e idiomas.

español   **estadounidense**   **japonés**   **panameños**

Práctica

1 **Mayúsculas** Subraya las letras que deban ser mayúsculas y explica por qué.

1. esta lavadora es de china, señora valencia.

   _____

2. la revista española *hola* publica un comentario sobre el libro *la casa de los espíritus*.

   _____

3. en verano escalamos el monte aconcagua con el dr. ramírez.

   _____

4. conozco a penélope cruz por la película *volver*.

   _____

5. la sra. martínez estudió en la universidad autónoma de méxico.

   _____

cultura

Casas únicas

Hay casas de todo tipo: las hay de un piso o de dos; algunas son pequeñas y otras grandes. Casi siempre se busca el mejor lugar para construirlas: una planicie, las faldas de un cerro o, incluso, en el cerro mismo. Pero no todos pueden conseguir un buen lugar y deben adecuarse al espacio que tienen y a las condiciones geográficas de donde viven.

Eso fue lo que tuvieron que hacer los primeros habitantes de Maracaibo, Venezuela: construyeron palafitos. Los palafitos son viviendas apoyadas en pilares o estacas. Se construyen sobre lagos o lagunas. Cuando los descubridores españoles llegaron a la zona de Maracaibo, observaron la vida que se desarrollaba entre pequeños puentes y sobre canoas que navegaban de casa en casa. Esto les recordó Venecia, por lo cual bautizaron a la nación como Venezuela, es decir, la pequeña Venecia.

Los habitantes de la región española de Cuenca, en Castilla, también tuvieron que adaptarse a las características de su geografía. La guerra los obligó a edificar sus viviendas en terrenos pequeños pero protegidos. Así surgieron las casas **colgantes**, o colgadas, que están realmente enclavadas en **peñones**, debajo de los cuales hay un hondo precipicio. Las casas están hoy restauradas y ya no se usan para vivir, sino que albergan museos, oficinas turísticas e incluso restaurantes.

Las vecindades fueron también un tipo de construcción especial del cual aún quedan algunos ejemplos en América Latina. Son casas independientes que se construían en un espacio cerrado con un patio central común. Algunas municipalidades las han remodelado para que puedan ser habitadas nuevamente.

Los conventillos se parecían mucho a las vecindades. Pero no eran casas independientes, sino habitaciones dispuestas una al lado de la otra alrededor de un patio central. Cada habitación era alquilada por una familia o por hombres solos. Los servicios (comedor, baños) eran comunes para todos. El nombre de este tipo de construcción hace referencia al modo de vida austero que se ve en conventos religiosos. Actualmente, muchos conventillos han sido convertidos en hoteles.

colgantes: que cuelgan o penden; **peñones:** montes peñascosos

---

1 **Comprensión** Responde a las preguntas con oraciones completas.

1. ¿Qué son los palafitos?

_____

2. ¿Por qué los habitantes de Cuenca edificaron casas colgantes?

_____

3. ¿En qué se parecen las vecindades y los conventillos?

_____

4. ¿Cómo te imaginas la vida de un conventillo?

_____

5. Si tuvieras que elegir, ¿en cuál de estas casas preferirías vivir? Explica tu respuesta.

_____

estructura

12.1 Pronombres relativos

▶ Los pronombres relativos se usan para combinar dos oraciones o cláusulas que tienen un elemento común, como un sustantivo o un pronombre. A este sustantivo o pronombre se le llama antecedente. En las oraciones que están después de la flecha, el pronombre relativo está en negrita y su antecedente está subrayado.

Pásame el espejo. El espejo está en la cómoda. ⟶ Pásame <u>el espejo</u> **que** está en la cómoda.

Andrea saca la basura. Andrea es muy servicial. ⟶ <u>Andrea</u>, **quien** es muy servicial, saca la basura.

▶ **¡Atención!** No debes confundir los pronombres interrogativos con los pronombres relativos. Los pronombres interrogativos (**qué**, **quién**, etc.) siempre llevan tilde. Los pronombres relativos **no** llevan tilde.

▶ En español, los pronombres relativos que más se usan son **que**, **quien**, **quienes** y **lo que**. El pronombre **que** puede referirse a cosas o a personas. **Quien** y **quienes** sólo se refieren a personas.

<u>El apartamento</u> **que** arrendamos es grande.

<u>Magda</u>, **quien** canta muy bien, dará un recital.

Hoy conocí a <u>un señor</u> **que** fabrica muebles.

Éstos son <u>los arquitectos</u> a **quienes** contraté.

▶ **Lo que** no se refiere a un sustantivo específico. Se refiere a una idea, a una situación o a algo ya mencionado.

Lo que quiero es descansar en casa.

Te traje **lo que** necesitas.

Práctica

1 **Necesidades** Imagina que llegas a un nuevo barrio. Haz una lista de lo que necesitas para sentirte bien en este nuevo lugar. Escribe oraciones completas. Usa en cada oración pronombres relativos diferentes.

> **modelo**
> Lo que necesitamos son vecinos amigables. Necesitamos personas en quienes podamos confiar.

1. _____
2. _____
3. _____
4. _____
5. _____
6. _____

12.2 Mandatos formales

▶ Las formas de mandato se usan para dar órdenes o para aconsejar. Los mandatos formales se usan con los pronombres **usted** y **ustedes**, aunque en los mandatos estos pronombres casi no se usan.

   Planche la ropa con cuidado.   **Sacudan** los muebles despacio.

   Quite la mesa.   **Alquilen** un apartamento grande.

▶ Los mandatos con **Ud.** y **Uds.** se forman sustituyendo la **-o** final de la forma **yo** del presente. Observa la tabla de abajo. En los verbos en **-ar**, sustituye la **-o** por **-e** o **-en**. En los verbos en **-er, -ir,** sustituye la **-o** por **-a** o **-an**.

Mandatos Formales (Ud. y Uds.)			
Infinitivo	**Presente (yo)**	**Mandato con Ud.**	**Mandato con Uds.**
limpi**ar**	limpi**o**	limpi**e**	limpi**en**
barr**er**	barr**o**	barr**a**	barr**an**
sacud**ir**	sacud**o**	sacud**a**	sacud**an**

▶ Observa las oraciones modelo y completa la regla.

   Yo no **conduzco**; Sr. Medina, por favor **conduzca** usted el auto.

   Yo **traduzco** los textos del inglés al español; ustedes **traduzcan** los textos del español al japonés.

   Yo siempre **digo** la verdad; ahora, usted **diga** lo que pasó ayer.

   Buenos días, señorita Leti, **vengo** a ver al doctor Herrera... ¡Niños, **vengan** a saludar a la señorita Leti!

   Yo sólo **veo** cinco platos. Doña Magda, **vea** si no hay más platos en la cocina.

▶ Si en el tiempo _____ un verbo tiene una forma irregular para el pronombre **yo**, se mantiene la misma irregularidad en los _____ formales.

▶ Algunos verbos tienen cambios ortográficos en los mandatos para adecuarse a las normas de pronunciación del español. Observa las oraciones modelo y completa las reglas.

   Saquen el libro de geografía.

   Jueguen en el jardín más tarde.

   Don Paco, **almuerce** con nosotros.

▶ Los verbos terminados en **-car** cambian la **c** por _____ .

   Los verbos que terminan en **-gar** cambian la **g** por _____ .

   Los verbos terminados en **-zar** cambian la **z** por _____ .

▶ Además, hay verbos que tienen mandatos formales irregulares.

Infinitivo	Mandato con *Ud.*	Mandato con *Uds.*
dar	**dé**	**den**
estar	**esté**	**estén**
ir	**vaya**	**vayan**
saber	**sepa**	**sepan**
ser	**sea**	**sean**

▶ Para hacer un mandato formal negativo, simplemente escribe **no** antes del verbo.

No regrese tarde.   **No rayen** las paredes.

Mandatos con pronombres

▶ En los mandatos afirmativos, los pronombres reflexivos y los de objeto indirecto y directo siempre van después del verbo. La nueva palabra que se forma generalmente lleva tilde porque se convierte en una palabra esdrújula o sobresdrújula. Observa abajo que **dele** y **denle** no llevan tilde porque son palabras graves terminadas en vocal.

<table>
<tr><td>Mandato con Ud.</td><td>Mandato con Uds.</td></tr>
<tr><td>limpie + lo ⟶ límpielo</td><td>limpien + lo ⟶ límpienlo</td></tr>
<tr><td>diga + nos ⟶ díganos</td><td>digan + nos ⟶ dígannos</td></tr>
<tr><td>escuche + me ⟶ escúcheme</td><td>escuchen + me ⟶ escúchenme</td></tr>
<tr><td>pida + se + las ⟶ pídaselas</td><td>pidan + se + las ⟶ pídanselas</td></tr>
<tr><td>dé + le ⟶ dele</td><td>den + le ⟶ denle</td></tr>
</table>

▶ Observa cómo se forman los mandatos afirmativos con el pronombre reflexivo **se**.

<table>
<tr><td>Mandato con Ud.</td><td>Mandato con Uds.</td></tr>
<tr><td>calle + se ⟶ cállese</td><td>callen + se ⟶ cállense</td></tr>
<tr><td>levante + se ⟶ levántese</td><td>levanten + se ⟶ levántense</td></tr>
<tr><td>vaya + se ⟶ váyase</td><td>vayan + se ⟶ váyanse</td></tr>
<tr><td>siente + se ⟶ siéntese</td><td>sienten + se ⟶ siéntense</td></tr>
</table>

▶ En los mandatos negativos, los pronombres van antes del verbo.

No **se** atrase.   No **le** digan aún.

No **me lo** diga.   No **nos la** sirvan.

▶ **¡Atención!** Recuerda que cuando van dos pronombres con el verbo, primero va el pronombre de objeto indirecto y después el pronombre de objeto directo.

Cómpre**melo**.   No **se la** muestren.

¡Atención!

El mandato **dé** lleva tilde para diferenciarlo de la preposición **de**.

Mamá, no me **dé** sopa.
La mamá **de** Rocío cocina bien.

Lección 12

Lección 12 Cuaderno para hispanohablantes **189**

Práctica

1 **Peticiones** Necesitas que tus padres hagan algunas cosas para ti. Completa las notas con mandatos afirmativos y negativos con **Ud.** y **Uds.** Usa pronombres cuando sean necesarios. Usa los verbos de la lista.

ayudar	comprar	dejar	enseñar
buscar	dar	despertar	firmar

1. Papá, por favor, _____ una mochila para la escuela; están de oferta en La Tienda del Ahorro.

2. Papá y mamá, _____ el informe de notas; debo llevarlo mañana.

3. Mamá, _____ a cocinar un pastel; tengo que llevar uno a la escuela dentro de dos días.

4. Papá y mamá, _____ a estudiar español; tengo prueba la próxima semana.

5. Mamá, no encuentro mi disco compacto de Shakira; _____, por favor.

6. Papá y mamá, quiero ir al cine con mis amigos; _____ permiso este fin de semana, ¿sí?

7. ¡Ah, mamá, por favor, _____ a las 6:00.

8. Papá, no _____ dormir hasta tarde.

2 **Antiguos objetos** Roberto y sus abuelos están ordenando el altillo de su casa. Cada vez que encuentran algo interesante, Roberto les pide algo a sus abuelos. Escribe oraciones completas para expresar mandatos formales con **Ud.** y **Uds.**

> **modelo**
> disco con valses de Strauss
> Abuelos, bailen *como se bailaba antes.*
> abrigo
> Abuelo, présteme su abrigo.

1. álbum de fotos

_____

2. disco de música

_____

3. libro de cuentos

_____

4. máquina fotográfica

_____

5. tocadiscos

_____

6. vestido

_____

3 **Solicitudes** Imagina que eres secretario/a y tu jefe/a te solicita que hagas algunas cosas. Usa el imperativo formal de los verbos entre paréntesis para expresar sus solicitudes.

> **modelo**
>
> Llame al señor Rodríguez.

1. (reservar) _____
2. (ordenar) _____
3. (enviar) _____

4. (traer) _____
5. (buscar) _____
6. (revisar) _____

4 **En la clase**

A. Tu profesor(a) pide algunas cosas a la clase. Escribe oraciones completas para expresar sus indicaciones. Escribe tres mandatos afirmativos y tres mandatos negativos con **Ud.** y **Uds.** Usa los verbos de la lista.

> **modelo**
>
> ¡Cállense todos!

atrasarse	no guardar	levantarse
no escribir	hacer	no llegar

1. _____
2. _____
3. _____

4. _____
5. _____
6. _____

B. Ahora, escribe cuatro de los mandatos más comunes que tu profesor(a) de español usualmente da durante la clase.

1. _____
2. _____

3. _____
4. _____

5 **De compras** Imagina que estás en una tienda y le pides al vendedor que te ayude en tus compras. Escribe oraciones completas para expresar lo que le pides al vendedor de la tienda. Usa mandatos formales con **Ud.**

> **modelo**
>
> **TÚ**   Por favor, muéstreme esa cafetera.
> **VENDEDOR** Aquí está la cafetera. ¿Quiere una de otro color?

TÚ   (1) _____

VENDEDOR Le traje una manta de color azul.

TÚ   (2) _____

VENDEDOR ¿Le gustó el cuadro? ¿Le bajo otro?

TÚ   (3) _____

VENDEDOR Le digo en un momento cuánto cuesta la alfombra.

TÚ   (4) _____

VENDEDOR ¿Qué día quiere los muebles en su domicilio? ¿Cuál es su dirección?

12.3 El presente de subjuntivo

▶ El modo indicativo se usa para establecer hechos y para expresar acciones o estados que el hablante considera reales o definidos. El modo subjuntivo, en cambio, expresa las actitudes del hablante en relación con los acontecimientos, además de las acciones o estados que el hablante considera inciertos o hipotéticos.

Espero que **limpies** bien los muebles.   No creo que **alquilen** ese apartamento.

Presente de subjuntivo de verbos regulares

		hablar	comer	escribir
FORMAS DEL SINGULAR	yo	habl**e**	com**a**	escrib**a**
	tú	habl**es**	com**as**	escrib**as**
	Ud./él/ella	habl**e**	com**a**	escrib**a**
FORMAS DEL PLURAL	nosotros/as	habl**emos**	com**amos**	escrib**amos**
	vosotros/as	habl**éis**	com**áis**	escrib**áis**
	Uds./ellos/ellas	habl**en**	com**an**	escrib**an**

▶ Como puedes ver en la tabla de arriba, las terminaciones del presente de subjuntivo son:

verbos en *-ar*		verbos en *-er, -ir*	
-e	-emos	-a	-amos
-es	-éis	-as	-áis
-e	-en	-a	-an

▶ Igual que en los mandatos formales, los verbos que en presente son irregulares en la forma **yo**, presentan la misma irregularidad en todas las formas del presente de subjuntivo.

Infinitivo	Presente de indicativo	Raíz del verbo	Presente de subjuntivo
conducir	conduzco	**conduzc-**	**conduzca**
conocer	conozco	**conozc-**	**conozca**
decir	digo	**dig-**	**diga**
hacer	hago	**hag-**	**haga**
ofrecer	ofrezco	**ofrezc-**	**ofrezca**
oír	oigo	**oig-**	**oiga**
parecer	parezco	**parezc-**	**parezca**
poner	pongo	**pong-**	**ponga**
tener	tengo	**teng-**	**tenga**
traducir	traduzco	**traduzc-**	**traduzca**
traer	traigo	**traig-**	**traiga**
venir	vengo	**veng-**	**venga**
ver	veo	**ve-**	**vea**

▶ Para mantener los sonidos **c**, **g** y **z**, los verbos que terminan en **-car**, **-gar** y **-zar** tienen cambios ortográficos en todas las formas del presente de subjuntivo.

buscar (**c** → **qu**):	bus**qu**e, bus**qu**es, bus**qu**e, bus**qu**emos, bus**qu**éis, bus**qu**en
jugar (**g** → **gu**):	jue**gu**e, jue**gu**es, jue**gu**e, ju**gu**emos, ju**gu**éis, jue**gu**en
almorzar (**z** → **c**):	almuer**c**e, almuer**c**es, almuer**c**e, almor**c**emos, almor**c**éis, almuer**c**en

Verbos irregulares en el presente de subjuntivo

▶ Al igual que en los mandatos, estos cinco verbos son irregulares en el presente de subjuntivo.

Verbos irregulares en el presente de subjuntivo

		dar	estar	ir	saber	ser
FORMAS DEL SINGULAR	yo	dé	esté	vaya	sepa	sea
	tú	des	estés	vayas	sepas	seas
	Ud./él/ella	dé	esté	vaya	sepa	sea
FORMAS DEL PLURAL	nosotros/as	demos	estemos	vayamos	sepamos	seamos
	vosotros/as	deis	estéis	vayáis	sepáis	seáis
	Uds./ellos/ellas	den	estén	vayan	sepan	sean

▶ **¡Atención!** Observa que todas las formas del presente de subjuntivo del verbo **ir** se escriben con **v** chica y con **i griega**.

> Quiero que **vayas** a la oficina.

▶ El subjuntivo de **hay (haber)** también es irregular: **haya**.

> No creo que **haya** basura en la cocina.

Usos generales del subjuntivo

▶ El subjuntivo se usa principalmente para expresar (1) deseo e influencia; (2) emoción; (3) duda, incredulidad y negación y (4) algo indefinido o inexistente.

▶ El subjuntivo se usa con más frecuencia en oraciones que tienen una cláusula principal y una cláusula subordinada. La cláusula principal tiene un verbo o una expresión que obliga a usar el subjuntivo. La conjunción **que** conecta la cláusula subordinada con la cláusula principal.

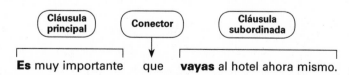

Cláusula principal	Conector	Cláusula subordinada
Es muy importante	que	**vayas** al hotel ahora mismo.

▶ Las siguientes expresiones impersonales siempre van seguidas por cláusulas en subjuntivo.

Es bueno que...	**Es mejor que...**	**Es malo que...**
Es importante que...	**Es necesario que...**	**Es urgente que...**

Práctica

1 **Completar** Toda vivienda debe ser segura. Completa este párrafo sobre los cuidados que debe haber en el hogar para que sea más seguro. Usa los verbos de la lista en subjuntivo.

acercar	colocar	dar	estar	practicar
cargar	conocer	decir	instalar	traducir

Siempre conviene que el calefón se (1) _____ fuera de la vivienda. Si alguien

plancha, es mejor que los niños no se (2) _____ a ese lugar. Es muy malo que

los cables eléctricos (3) _____ en mal estado y a la vista. Es importante que

alguien (4) _____ el manual de un electrodoméstico si viene en un idioma

desconocido. Si hay niños chiquitos en tu hogar, es importante que (5) _____

tapas en los tomacorrientes. Si estás tomando sopa o algo caliente, es malo que

(6) _____ a un bebé en brazos. Si tienes contestadora automática, es mejor

que el mensaje en tu contestadora (7) _____: "En este momento nadie puede

contestar su llamada", en vez de: "En este momento no estoy en casa". Es importante que

(8) _____ a algún vecino que pueda ayudarte en caso de urgencia. Es bueno que

(9) _____ cómo salir de tu casa en forma segura en caso necesario. Por último,

es malo que (10) _____ información sobre tu casa a un extraño.

2 **Entrevista** Debes entrevistar a un experto en seguridad. Usa los elementos dados para escribir las preguntas que le harías sobre la seguridad en el hogar. Haz todos los cambios necesarios.

modelo

ser necesario / edificios / tener / escalera de incendios
¿Es necesario que los edificios tengan una escalera de incendios?

1. ser urgente / (nosotros) / instalar / alarmas de incendio

   _____

2. ser bueno / familias / planear / rutas de escape

   _____

3. ser mejor / (nosotros) / dormir / puerta abierta o cerrada

   _____

4. ser necesario / electricista / revisar / cableado eléctrico / cada dos años

   _____

5. ser malo / haber / tres electrodomésticos conectados / mismo tomacorriente

   _____

3 **Diálogos** Sonia tiene serios problemas para realizar algunos quehaceres. Afortunadamente su amiga Adela tiene una solución para todo. Escribe los consejos de Adela usando verbos en subjuntivo y expresiones como **Es bueno que..., Es necesario que..., Es malo que...** y otras semejantes.

> **modelo**
>
> **SONIA** Los fines de semana paso horas ordenando mi habitación.
> **ADELA** *Es mejor que mantengas tu habitación ordenada durante toda la semana.*

SONIA Me aburre tener que sacar a mi perro diariamente.

ADELA (1) _____

SONIA Tengo muchos discos compactos y nunca encuentro el que necesito.

ADELA (2) _____

SONIA Mis padres no estarán en casa mañana y no sé qué hacer de almuerzo.

ADELA (3) _____

SONIA Hoy debo ir a cuidar a los hijos de nuestros vecinos. ¿Cómo puedo entretenerlos?

ADELA (4) _____

4 **Fuera de casa** Observa la imagen. Escribe seis oraciones completas para describir las cosas positivas que se muestran en ella. Usa en cada oración verbos en subjuntivo.

> **modelo**
>
> *Es bueno que los niños jueguen al aire libre.*

1. _____

2. _____

3. _____

4. _____

5. _____

6. _____

5 **¿Es bueno o malo?** ¿Qué es bueno o malo sobre la educación de los niños? Escribe cinco oraciones completas sobre lo que es bueno y otras cinco sobre lo que es malo para los niños. Usa el subjuntivo de al menos cinco verbos irregulares en tus oraciones.

> **modelo**
>
> *Es malo que los niños vean tanta televisión.*

_____

_____

_____

_____

_____

12.4 El subjuntivo con verbos de deseo e influencia

▶ Los verbos de deseo e influencia se usan cuando alguien quiere influir en las acciones o conductas de otra persona.

VERBO DE DESEO		SUBJUNTIVO
Te **pido**	que	**pases** la aspiradora.

VERBO DE INFLUENCIA		SUBJUNTIVO
Les **recomiendo**	que	**limpien** la casa.

▶ Éstos son algunos de los verbos de deseo e influencia más comunes.

Verbos de deseo e influencia

aconsejar	mandar	preferir	recomendar
desear	necesitar	prohibir	rogar
importar	pedir	querer	sugerir
insistir (en)			

▶ **¡Atención!** Todas las formas del verbo **prohibir** llevan tilde en el presente de indicativo, excepto la forma de **nosotros/as**. Observa también que en todas las formas va una **h** antes de la **í: prohíbo, prohíbes, prohíbe, prohibimos, prohibís, prohíben.**

▶ Cuando estos verbos se usan en la cláusula principal y hay un cambio de sujeto, el verbo de la cláusula subordinada debe estar en subjuntivo.

Preferimos que no **vengas** tan temprano.

¿**Quieres** que **traigamos** a tu mamá?

Deseo que **me hablen** por teléfono.

Damián **insiste** en que **me quede** a comer.

▶ Algunas expresiones impersonales, como **es necesario que**, **es importante que** y **es urgente que** se consideran expresiones de deseo o influencia.

Es necesario que **llames** desde el aeropuerto.

No **es urgente** que me **contestes** en este momento.

¿**Es importante** que le **escribamos** un correo electrónico?

No **es necesario** que nos **ofrezcan** algo de comer.

▶ Usa el infinitivo con verbos y expresiones de deseo e influencia cuando no hay cambio de sujeto en la oración.

No **quiero sacudir** los muebles.

Es importante descansar antes del partido.

Insistimos en traer a tus sobrinos en nuestro carro.

¿Por qué **necesitan quedarse** en la biblioteca hasta tan tarde?

Práctica

1 **Trabajo en familia** Tu familia es muy unida. Todos realizan distintos quehaceres domésticos. Completa el párrafo con el subjuntivo de los verbos de la lista.

ayudar	compartir	lavar	sacar
cocinar	jugar	mantener	ser

Mis papás necesitan que nosotros (1) _____ en los quehaceres de la casa. Mi mamá

siempre nos recomienda que (2) _____ ordenados con nuestros libros. Ella

nos pide que (3) _____ limpios nuestros dormitorios. Nosotros le sugerimos que

(4) _____ las tareas domésticas con nosotros. Sergio quiere que yo

(5) _____ la basura. Fernando le ruega a mi hermana mayor que (6) _____

el carro, ¡está muy sucio! Papá prefiere que (7) _____ mi mamá porque todo le queda

delicioso. Ella nos manda a que (8) _____ a la pelota en el patio.

2 **Preguntas** Contesta las preguntas de acuerdo a tu experiencia. Usa el subjuntivo.

1. ¿En qué insiste siempre tu profesor(a) de español? _____

2. ¿Qué te prohíben tus papás? _____

3. ¿Qué te sugieren tus familiares cuando vas de viaje? _____

4. ¿Qué consejos te da tu mejor amigo/a? _____

3 **Consejos** Tus padres van a cambiar todos los muebles de la casa. Una amiga los aconseja para que elijan bien. Escribe oraciones completas con el subjuntivo para expresar sus consejos. Combina los verbos de la derecha con los sustantivos de la izquierda en tus oraciones.

> **modelo**
> Les recomiendo que se fijen en las medidas de sus habitaciones.

aconsejar	colores
importar	entrega
insistir	garantía
pedir	medidas
recomendar	precios
sugerir	rebajas

1. _____

2. _____

3. _____

4. _____

5. _____

adelante

Lectura

Antes de leer

¿De qué crees que depende el precio de venta de una casa?

_____

_____

Constructora Las Acacias

Complejo Lago Azul

¿Quiere usted pasar los veranos en un paisaje idílico y rodeado de naturaleza?
Entonces, visítenos en 2139 Grassy Ridge Rd. Buffalo, NY 14222
Allí nuestros vendedores le darán todo tipo de detalles del nuevo **Complejo Lago Azul**, muy cerca del lago Erie.

A orillas del lago, le ofrecemos
la **Casa Lacustre**
construcción sólida
5.000 pies^2 de terreno
2.300 pies^2 construidos
4 dormitorios
3 baños
cocina completamente amoblada
gran chimenea
cobertizo con parrilla para barbacoa
estacionamiento bajo techo para
   tres automóviles
$320.000

En las inmediaciones del lago, le ofrecemos
la **Cabaña Erie**
construcción liviana de madera forrada
2.200 pies^2 de terreno
1.500 pies^2 construidos
2 dormitorios
2 baños
cobertizo con parrilla para barbacoa
estacionamiento bajo techo para
   un automóvil
$290.000

Corretaje de propiedades Keyhouse

Venta de apartamentos

6 apartamentos de 3 dormitorios
televisión por cable
conexión inalámbrica para Internet
calefacción centralizada
Visítenos en **294 Park Dr.**
Indianapolis, IN 44567.

4 apartamentos tipo estudio
amplia cocina
baño completo
televisión por cable
calefacción centralizada
servicio de conserje las 24 horas del día

EcoCasas

Gran oferta de casas usadas

¿Busca una casa usada a un precio económico? ¡Nosotros podemos ayudarle!
Visítenos en 1542 Laurel St. Ft. Myers, FL 33917 o llámenos al (239) 325-6789.

Casa de concreto	Casa de madera
2.800 pies² construidos	2.600 pies² construidos
un piso	2 pisos
3 dormitorios	6 dormitorios
2 baños	3.5 baños
altillo	garaje
garaje	amplio jardín
$270.000	aire acondicionado
	$380.000

Lección 12

Después de leer

1

Comprensión Responde a las preguntas con oraciones completas.

1. Establece tres diferencias entre las casas que pertenecen al Complejo Lago Azul.

_____

2. ¿Cuáles son dos de las características de la segunda casa usada que la harían más conveniente que la primera?

_____

3. A pesar de que es más grande, la primera casa del anuncio de EcoCasas es más barata que la segunda casa de Constructora Las Acacias, ¿por qué?

_____

2

Interpretación Contesta las preguntas con oraciones completas.

1. ¿A qué tipo de población va dirigido el primer aviso comercial? ¿Cómo lo sabes?

_____

2. ¿Por qué es importante destacar que en el edificio de apartamentos tipo estudio hay servicio de consejería las 24 horas del día?

_____

3. ¿Cuál de las casas o apartamentos que se anuncian aquí te gustaría comprar? ¿Por qué?

_____

4. Describe dos casas muy diferentes. ¿Qué precio crees que puede tener cada una? ¿Por qué?

_____

Escritura

Estrategia

Usar palabras de enlace

Puedes hacer que tu escrito parezca más sofisticado si usas palabras de enlace para conectar oraciones o ideas simples y así crear oraciones más complejas. Considera estos pasajes que ilustran este efecto.

Sin palabras de enlace

En la actualidad el edificio tiene tres pisos. Los planos originales muestran una construcción de un piso con un gran patio en el centro. La restauración del palacio comenzó en el año 1922. Los trabajos fueron realizados por el arquitecto Villanueva-Myers y el pintor Roberto Lewis.

Con palabras de enlace

En la actualidad el edificio tiene tres pisos, pero los planos originales muestran una construcción de un piso con un gran patio en el centro. La restauración del palacio comenzó en el año 1922 y los trabajos fueron realizados por el arquitecto Villanueva-Myers y el pintor Roberto Lewis.

Palabras de enlace

cuando	pues
mientras	que
o	quien
pero	sino
porque	y

TEMA: Escribir un contrato de arrendamiento

Antes de escribir

1 Imagina que eres el/la administrador(a) de un edificio de apartamentos. Tienes que preparar un contrato de arrendamiento para los nuevos inquilinos. El contrato debe incluir estos detalles.

▶ la dirección del apartamento y del/de la administrador(a)

▶ las fechas del contrato

▶ el precio del alquiler y el día que se debe pagar

▶ el precio del depósito

▶ información y reglas acerca de:
> la basura
> el correo
> los animales domésticos
> el ruido
> los servicios de electricidad y agua
> el uso de electrodomésticos

▶ otros aspectos importantes de la vida comunitaria

Lección 12

2 Antes de escribir, usa la información presentada anteriormente para completar este recuadro con oraciones completas. Debes inventar los detalles (el precio, las fechas, etc.). Sigue el modelo.

Dirección	1. del apartamento **La dirección del apartamento es avenida de las Américas, número 174.**	2. del/de la administrador(a) **La dirección de la administradora es calle de la República, número 32.**
Fechas del contrato	1. día en que empieza	2. día en que termina
El alquiler	1. precio	2. día en que se debe pagar
El depósito	1. precio	2. día en que se debe pagar
Información y reglas	1. basura 2. correo 3. los animales domésticos	4. ruido 5. servicios 6. uso de electrodomésticos
Otros aspectos importantes		

3 Después de completar el recuadro, mira las oraciones que escribiste. ¿Es posible combinarlas usando palabras de la lista en la página anterior? Siguiendo el modelo, reescribe las oraciones que puedes combinar.

La dirección del apartamento es avenida de las Américas, número 174 y la de la administradora es calle de la República, número 32.

Escribir

Usa las oraciones del recuadro junto con las que combinaste para escribir tu contrato de arrendamiento. Mientras escribes, usa palabras de enlace para combinar tus oraciones. Usa mandatos formales para indicar a los inquilinos lo que deben y no deben hacer.

Después de escribir

1 Intercambia tu borrador con el de un(a) compañero/a de clase. Coméntalo y contesta estas preguntas.

▶ ¿Incluyó tu compañero/a toda la información del recuadro?

▶ ¿Usó él/ella palabras de enlace para combinar sus oraciones?

▶ ¿Usó él/ella mandatos formales afirmativos y negativos para indicar las reglas de convivencia?

▶ ¿Qué detalles añadirías? ¿Cuáles quitarías? ¿Qué otros comentarios tienes para tu compañero/a?

2 Revisa tu narración según los comentarios de tu compañero/a. Después de escribir la versión final, léela otra vez para eliminar errores en:

▶ la ortografía

▶ la puntuación

▶ el uso de letras mayúsculas y minúsculas

▶ la concordancia entre sustantivos y adjetivos

▶ el uso de verbos en el presente de indicativo

▶ el uso de mandatos formales

contextos

Lección 13

1 **Crucigrama** Completa el crucigrama con la palabra que corresponda a cada significado.

Horizontales

2. sitio poblado de árboles
5. alterar la pureza de algo; ensuciar
6. estudio de la relación de los seres vivos entre sí y con su entorno
7. actividad turística en que se disfruta de la naturaleza sin dañarla
9. camino angosto
11. orificio de un volcán
12. planta pequeña; pasto

Verticales

1. acción de cortar demasiados árboles en un área
3. matar o capturar animales
4. acción de cuidar la naturaleza
8. procesar un material para poder usarlo de nuevo
10. capacidad para realizar un trabajo o poder para que una máquina funcione

2 **Con otras palabras** Escribe una oración completa que exprese la misma idea, pero sin usar las palabras subrayadas.

> **modelo**
> A nosotros nos interesa mucho la <u>ecología</u>.
> Mis amigos y yo tenemos mucho interés por el cuidado del medio ambiente, de las plantas y de los animales.

1. Hay diversas teorías que explican la causa de la <u>extinción</u> de los dinosaurios.

   _____

2. Algunas zonas del planeta <u>están afectadas</u> por la energía nuclear.

   _____

3. Cuando la vegetación es abundante, la <u>población</u> de insectos es sorprendentemente diversa.

   _____

4. Es difícil <u>controlar</u> los incendios que se producen en bosques que tienen hojas secas.

   _____

5. Los <u>bosques tropicales</u> están desapareciendo muy rápido.

   _____

6. Los <u>recursos naturales</u> permiten que nuestra vida sea mejor.

   _____

3 **Completar** Completa el texto con las palabras de la lista. Haz todos los cambios necesarios.

conservar	deforestación	evitar	naturaleza
contaminar	desarrollar	extinción	recursos naturales
cuidar	destruir	leyes	resolver

Para algunas culturas antiguas, la (1) _____ era como una madre que debía

(2) _____ y respetarse; para otras, era un medio a través del cual podían

(3) _____. Con los años, el aumento de la población y los adelantos tecnológicos

la han puesto en serio riesgo. Muchos animales están en peligro de (4) _____.

La contaminación del aire y del agua se produce en diversos lugares y la (5) _____

de los bosques es cada vez mayor.

Actualmente el hombre está tomando conciencia del daño que significa (6) _____

la naturaleza. Sin embargo, no basta con que se dicten (7) _____ para proteger el

medio ambiente. Esto no es suficiente para (8) _____ el problema.

(9) _____ nuestro medio ambiente es responsabilidad de todos. Por eso,

(10) _____ arrojar la basura en las calles. No (11) _____ las áreas

verdes y utiliza racionalmente los (12) _____.

4 **Analiza** Observa atentamente la imagen y piensa qué cambios pueden ocurrir en ese paisaje si el hombre llega a intervenir en él. Usa las preguntas como guía. Usa la mayor cantidad de palabras de la sección de **Contextos**.

▶ ¿Qué sucedería con los animales o con los recursos naturales, como el aire, el agua y la vegetación?

▶ ¿Qué consecuencias puede traer el establecimiento de una población de unas 1000 personas?

▶ ¿Qué se puede hacer para que el impacto sea lo menos dañino posible?

_____

_____

_____

_____

_____

_____

5 **Campaña** Imagina que eres el/la director(a) de una campaña ecológica que se realizará en tu ciudad para resguardar el medio ambiente. En una hoja aparte, redacta un folleto que enseñe a la ciudadanía a cuidar su entorno. Utiliza por lo menos diez palabras de la lista.

animal	controlar	desierto	lluvia	puro
bosque	deforestación	extinción	medio ambiente	recoger
contaminado	descubrir	gobierno	población	selva

pronunciación y ortografía

Los signos de puntuación

En español, al igual que en inglés, los signos de puntuación son importantes porque permiten expresar las ideas en forma clara y organizada.

Se escriben entre comillas [" "] (*quotation marks*) las citas tomadas de algún otro texto. También se usan las comillas para reproducir literalmente frases o pensamientos de una persona. Antes de la cita van dos puntos y la primera palabra de la cita se escribe con mayúscula. Si la oración comienza con la cita, se escribe una coma después de las comillas.

> El *Poema 20* de Neruda dice: "Puedo escribir los versos más tristes esta noche".

Se escribe entre comillas la traducción de una palabra de otro idioma y cuando se explica el significado de una palabra.

> La palabra *ortografía* quiere decir "forma correcta de escribir".

El punto y coma [;] (*semicolon*) se usa para separar los elementos de una enumeración en que ya se ha usado coma. También se usa punto y coma antes de conjunciones como **pero, sin embargo, aunque, por lo tanto** cuando están en oraciones largas.

> La gente casi nunca abona los árboles de su jardín; sin embargo, es algo que no debemos descuidar.

Se usan dos puntos [:] (*colon*) después de anunciar una enumeración y después del saludo en una carta.

> Las estaciones del año son cuatro: invierno, primavera, verano y otoño.

> Querida Patricia: Estimado amigo: Muy señor mío:

En español existen dos guiones: el guión corto [-] (*hyphen*) y el guión largo [—] (*dash*). El guión corto se usa para separar sílabas y para separar palabras compuestas por dos palabras diferentes. El guión corto también se usa para indicar cómo comienza o termina una palabra.

> u-ni-ver-so   física-química   el prefijo *in-*   verbos en *-ar*

El guión largo se usa para señalar lo que dice un personaje en un diálogo y para separar los diálogos de lo que dice el narrador. Se usa también para aislar frases intercaladas en una oración.

> Entonces Matías preguntó: —¿Dónde está la playa?

Práctica

1 **Diálogo** Escribe los signos de puntuación que faltan en el siguiente diálogo.

___ Un amigo me dijo que *ecoturismo* significa ___ turismo ecológico ___ ___

___ El ecoturismo es muy importante ___ ___ Cuida el ambiente para que el ambiente te cuide a ti ___ ___ dicen los ecologistas ___

___ Me interesan la ecología, la botánica y la zoología ___ pero más me interesan las plantas, los animales y nuestro planeta.

cultura

La Amistad

Hablar de las selvas de Centroamérica es hablar de biodiversidad. Allí se encuentran millones de especies animales y vegetales. Este verdadero paraíso terrenal es tan importante para el mundo que en la región de las montañas de Talamanca, entre Panamá y Costa Rica, se ha creado una gran reserva de la biosfera llamada La Amistad. Se trata de un parque internacional que tiene unas 10.000 especies de plantas, unas 400 especies de aves, unas 250 especies de reptiles y anfibios, y muchas especies de mamíferos. Más de la tercera parte de las especies de plantas no se encuentran en ninguna otra parte del mundo. ¡Qué impresionante tesoro de la naturaleza!

La Amistad es especial por muchas razones. Allí, en promedio, ¡la temporada de lluvias dura siete meses al año! La UNESCO la declaró Patrimonio Mundial en 1982 y Reserva de la Biosfera en 1983 por su valor universal. Imagina que su bosque sobrevivió intacto a la era glacial de hace miles de años.

Los visitantes pueden recorrer La Amistad por diversos caminos. El más extenso se llama Valle del Sendero, y tiene una extensión de 20 km. Los visitantes demoran unas seis horas en recorrerlo. Durante este tiempo, se pueden ver aves que no vemos a diario, como el águila crestada, la pava negra, el águila arpía y el espectacular quetzal de cuerpo verde, pecho rojo y larga cola. También se pueden ver pumas, zorrillos, osos hormigueros, **zarigüeyas**, salamandras con sus largas colas y pintadas de negro y amarillo, ¡y también jaguares! Más de algún visitante ha contado que pudo ver un felino a corta distancia, mirándolo fijamente.

Actualmente, este parque internacional está amenazado por la sobrepesca, el turismo no regulado, la tala indiscriminada de árboles, la posible construcción de represas y carreteras. Además, existe el interés de algunas empresas por explotar el petróleo, el oro, el cobre y el carbón que hay en él. Sin embargo, muchas personas que viven en Panamá y Costa Rica se han organizado para proteger este parque y para conservarlo lo mejor posible.

zarigüeya: marsupial americano

1 **Comprensión** Responde a las preguntas con oraciones completas.

1. ¿Por qué se dice en el texto que hablar de las selvas de Centroamérica es hablar de biodiversidad?

_____

2. ¿A qué se refiere el texto con la palabra "tesoro"?

_____

3. ¿Qué peligros amenazan al parque La Amistad? Nombra tres.

_____

4. ¿Qué harías tú para que La Amistad no se viera amenazada como lo está hoy?

_____

5. Si te invitan a la selva tropical, ¿qué llevarías en tu equipaje?

_____

6. Entre un viaje a escalar una montaña nevada y uno a la selva tropical, ¿cuál elegirías? ¿Por qué?

_____

estructura

13.1 El subjuntivo con verbos de emoción

▶ Cuando el verbo de la cláusula principal de una oración expresa una emoción o un sentimiento como esperanza, miedo, alegría, compasión o sorpresa, en la cláusula subordinada va un verbo en subjuntivo.

CLÁUSULA PRINCIPAL		SUBJUNTIVO
Espero	que	**lleguemos** a la cumbre.

CLÁUSULA PRINCIPAL		SUBJUNTIVO
Es terrible	que	**se extingan** algunos animales.

▶ Éstos son algunos verbos y expresiones que se usan comúnmente para expresar emoción y que van seguidos de un verbo en subjuntivo.

Verbos y expresiones comunes de emoción		
alegrarse (de)	sorprender	es ridículo
esperar	temer	es terrible
gustar	tener miedo (de)	es triste
molestar	es extraño	ojalá (que)
sentir	es una lástima	

Me **sorprende** que las ballenas **viajen** tanto.

Ojalá (que) visitemos las islas Galápagos.

▶ Hay muchos otros verbos que expresan emociones, como **lamentar** y **doler**.

Lamento que **exista** tanta contaminación.

Me duele que **se quemen** tantos bosques.

▶ Escribe por lo menos otros cuatro verbos que expresen emociones.

_____   _____   _____

_____   _____   _____

▶ Con el artículo neutro **lo** pueden formarse expresiones que se usan con un verbo en subjuntivo. Observa las siguientes oraciones.

Lo natural es que los animales **tengan** su espacio.

Lo extraño es que no **reciclemos** más.

Expresiones con *lo* y un verbo en subjuntivo	
Lo curioso es que...	Lo mejor es que...
Lo extraño es que...	Lo natural es que...
Lo importante es que...	Lo peor es que...
Lo lógico es que ...	Lo preocupante es que...

Lección 13

Lección 13 Cuaderno para hispanohablantes   **207**

Práctica

1 **En la ciudad** Escribe oraciones para expresar lo que te provocan las situaciones de la imagen. Usa el verbo de emoción con un verbo en subjuntivo.

> **modelo**
>
> (molestar)
> Me molesta que las personas tiren la basura al suelo.

1. (alegrarse)

   _____

   _____

2. (sorprenderse)

   _____

   _____

3. (temer)

   _____

   _____

4. (esperar)

   _____

   _____

5. (molestar)

   _____

   _____

2 **Preguntas** Contesta las siguientes preguntas de acuerdo a tu experiencia. Usa el subjuntivo.

1. ¿Qué te molesta de los centros comerciales?

   _____

   _____

2. ¿Qué te sorprende de algunas personas?

   _____

   _____

3. ¿Qué te gusta de tu actor/actriz preferido/a?

   _____

   _____

4. ¿Qué te preocupa de tu familia?

   _____

   _____

5. ¿Qué esperas del nuevo disco de tu cantante o banda preferido/a?

   _____

   _____

Lección 13

13.2 El subjuntivo con duda, incredulidad y negación

▶ En esta lección estudiaremos el uso del presente de subjuntivo en oraciones que expresan duda, incredulidad y negación.

DUDA		SUBJUNTIVO
Dudamos	que	**se cierre** el agujero de ozono.

NEGACIÓN		SUBJUNTIVO
No es verdad	que	**tengamos** suficientes recursos naturales.

▶ Para expresar duda, incredulidad y negación se usan ciertos verbos y expresiones.

Expresiones de duda, incredulidad y negación		
dudar	no es cierto	es improbable
negar	no es seguro	(no) es posible
no creer	no es verdad	(no) es probable
no estar seguro/a (de)	es imposible	

▶ Observa las expresiones **no es cierto** y **no es seguro**. Aunque se parecen, en realidad no significan lo mismo. La expresión **no es cierto** equivale a decir **es falso** o **es mentira**. La expresión **no es seguro** implica una duda; es decir, no hay certeza. Observa la diferencia de significado entre estas dos oraciones.

No es cierto que se **protejan** las selvas.

It's not true that they protect the jungles.

No es seguro que se **protejan** las selvas.

It's not certain that they protect the jungles.

▶ Fíjate que las expresiones **es posible** y **es probable** expresan duda y deben ir seguidas del subjuntivo, no del indicativo.

Es posible que **vayamos** a Costa Rica.   **Es probable** que **estés** enfermo.

▶ El indicativo se usa en una cláusula subordinada cuando no hay duda ni inseguridad en la cláusula principal. Aquí tienes una lista de algunas expresiones de certeza.

Expresiones de certeza		
no dudar	creer	es seguro
no cabe duda de	estar seguro/a (de)	es verdad
no hay duda de	es cierto	es obvio
no negar		

▶ Observa las expresiones **no cabe duda de, no hay duda de** y **estar seguro/a (de)**. Fíjate que todas estas expresiones terminan con la preposición **de**. No la omitas, salvo en el último caso en que la preposición está entre paréntesis y puedes omitirla si quieres.

No cabe duda **de que** el planeta se calienta.

Estamos seguros **(de) que** la contaminación puede disminuir.

Lección 13 Cuaderno para hispanohablantes   **209**

Lección 13

Práctica

1 **Comentarios** Completa estas oraciones con los verbos de la lista.

dañar	evaporarse	preocuparse
domesticar	haber	ser

1. No es cierto que _____

2. No es seguro que _____

3. Es imposible que _____

4. No creo que _____

5. Es obvio que _____

6. No dudo que _____

2 **Falso** Un amigo tuyo hace algunas afirmaciones con las que no concuerdas. Escribe oraciones para expresar tus desacuerdos. Usa expresiones de duda, incredulidad y negación.

> **modelo**
> Los recursos naturales son eternos.
> **No es cierto que los recursos naturales no se acaben.**

1. Los carros no contaminan el aire.

   _____

2. El sol no daña la piel.

   _____

3. El reciclaje es una pérdida de tiempo.

   _____

4. Cazar animales no provoca su extinción.

   _____

3 **¿Es cierto?** Escribe un breve párrafo donde digas si crees o no en uno de estos temas. Usa el subjuntivo cuando sea necesario y las expresiones que aprendiste en esta lección.

> **modelo**
> No cabe duda de que el monstruo del lago Ness existe. Yo creo que...

▶ el monstruo del lago Ness   ▶ Pie Grande
▶ los extraterrestres   ▶ los fantasmas

_____

_____

_____

_____

Lección 13

13.3 El subjuntivo con conjunciones

▶ Las conjunciones son palabras o frases que conectan a otras palabras y cláusulas dentro de una oración. Ciertas conjunciones comúnmente introducen cláusulas adverbiales, las cuales describen *cómo, para qué, cuándo* y *dónde* ocurre una acción. En este tipo de oraciones, el subjuntivo va en la cláusula adverbial, mientras que el verbo de la cláusula principal va en indicativo.

La gente ayuda **para que** la situación **cambie**.

Marcia trabaja en silencio **sin que** nadie lo **sepa**.

No puedes ir al cine **a menos que termines** la tarea.

Queremos tener todo listo **antes de que** Sara **llegue**.

▶ El subjuntivo se usa para expresar una situación hipotética, una incertidumbre referida a una acción o suceso que va a ocurrir o a una condición que puede o no cumplirse.

Voy a visitarte **con tal de** que **estés** en casa.

Les traduzco la declaración **en caso de que** no **sepan** inglés.

El gobierno aprueba la ley **a fin de que conservemos** nuestros recursos.

Siempre que pueda, correré dos maratones al año.

▶ Éstas son algunas conjunciones que requieren el subjuntivo.

Conjunciones que requieren el subjuntivo		
a fin de que	de modo que	siempre que
a menos que	en caso (de) que	siempre y cuando
antes (de) que	para que	sin que
con tal (de) que		

▶ Éstas son algunas conjunciones que se pueden usar con el subjuntivo o con el indicativo.

Conjunciones que se pueden usar con subjuntivo o con indicativo	
cuando	hasta que
después (de) que	tan pronto como
en cuanto	

▶ Con estas conjunciones, cuando la cláusula principal expresa una acción futura o un mandato, se usa el subjuntivo en la cláusula subordinada. Si se trata de una acción que ocurre habitualmente o que ocurrió en el pasado, se usa el indicativo en la cláusula subordinada.

Subjuntivo

Voy a limpiar el lugar **después de que termine** de comer.

Saldremos **cuando** Carlos **vuelva** del viaje.

Llámame **tan pronto como puedas**. ¡Es urgente!

Indicativo

Limpié el lugar **después de que terminé** de comer.

Siempre salimos **cuando** Carlos **vuelve** de un viaje.

Me llamaste **tan pronto como pudiste**. ¡Gracias!

Práctica

1 **Un perrito en casa** Tu hermanito/a quiere tener un perro. Tu mamá pone sus condiciones para que haya una mascota en la casa. Completa las oraciones con la conjunción adecuada de la lista.

a menos que	en caso de	siempre y cuando
antes de que	para que	sin que

1. Debes sacarlo al patio _____ ensucie el piso.

2. Puedes tener una mascota _____ te ocupes de ella.

3. Deberás sacarlo a pasear _____ haga ejercicio.

4. Lo alimentarás _____ yo tenga que recordártelo.

5. No estará dentro de la casa _____ esté bañado.

6. Tú te levantarás a verlo _____ llore en la noche.

2 **De paseo** Un grupo de amigos está organizando un paseo a un parque nacional y deciden aclarar algunas situaciones para evitar problemas. Escribe oraciones combinando el subjuntivo de los verbos de la primera columna con las conjunciones de la segunda columna.

> **modelo**
> Levantémonos temprano, a fin de que no salgamos tarde.

armar	levantarse	antes de que
bañarse	llevar	en caso de que
dormirse	a fin de que	para que
limpiar	a menos que	siempre que

1. _____
2. _____
3. _____
4. _____
5. _____

3 **En el parque** Imagina una conversación entre una serpiente y un águila que viven en un parque nacional. Escribe oraciones completas con conjunciones que requieren el subjuntivo.

> **modelo**
> SERPIENTE ¿Por qué anidas tan alto?
> ÁGUILA Anido en las alturas para que mis polluelos crezcan seguros.

SERPIENTE _____

ÁGUILA _____

SERPIENTE _____

ÁGUILA _____

SERPIENTE _____

ÁGUILA _____

Lección 13

adelante

Lectura

Antes de leer

Un **símil** es una figura literaria en que se comparan dos cosas diferentes que se parecen en algo. En un símil siempre se usa la palabra **como** u otra expresión que indique semejanza.

- La almohada es como una nube.
- La noche está suspendida como un racimo de uvas negras.

Une con una línea los elementos de la columna A con la comparación que le corresponde de la columna B.

A

Una conversación bulliciosa es como

Un zapato negro y grande es como

Una calle de mucho tráfico es como

Una cabellera abundante es como

B

un río caudaloso.

un árbol frondoso.

un ataúd.

una olla de grillos.

Sobre la autora

Rosario Castellanos Figueroa nace en la Ciudad de México en 1925. Pasó su infancia y parte de su adolescencia en Comitán y en San Cristóbal de las Casas, Chiapas. Después volvió a la Ciudad de México. A principios de la década de 1950 realizó estudios de estética y estilística en la Universidad de Madrid. A su regreso de Europa, dio cursos en universidades mexicanas y estadounidenses.

Radicó un tiempo en Chiapas, durante el cual fue promotora cultural del Instituto Chiapaneco de la Cultura y el Instituto Nacional Indigenista, directora del grupo de teatro Tzeltal-Tzotzil, directora de Información y Prensa de la UNAM, secretaria del Pen Club (asociación de escritores a nivel mundial, con sede en París) y embajadora de México en Israel.

Rosario Castellanos cultivó todos los géneros, desde la poesía hasta el periodismo. Se preocupó mucho por la situación de los indígenas de México y por la situación de la mujer de América Latina. Para comprender mejor a Rosario Castellanos y su obra debes recordar que su vida se desarrolló en un tiempo de conflictos mundiales y de ideologías muy contrarias entre sí: la lucha entre Oriente y Occidente, entre el comunismo y el capitalismo, entre la ex Unión Soviética y Estados Unidos, y los problemas sin resolver del Medio Oriente.

Lección 13

Una palmera

Señora de los vientos,
garza de la llanura
cuando te meces canta
tu cintura.

Gesto de la oración
o **preludio** del vuelo,
en tu copa se vierten uno a uno
los cielos.

Desde el país oscuro de los hombres
he venido a mirarte, de rodillas.
Alta, desnuda, única.
Poesía.

La velada del sapo

Sentadito en la sombra
—solemne con tu **bocio exoftálmico**; cruel
(en apariencia, al menos, debido a la hinchazón
de los párpados); frío,
frío de repulsiva sangre fría.

Sentadito en la sombra miras arder la lámpara

En torno de la luz hablamos y quizá
uno dice tu nombre.

(En septiembre. Ha llovido.)

Como por el resorte de la sorpresa, saltas
y aquí estás ya, en medio de la conversación,
en el centro del grito.

¡Con qué miedo sentimos palpitar
el corazón desnudo
de la noche en el campo!

preludio: preparación o principio de algo; **bocio exoftálmico:** *fig.* se refiere a una enfermedad que se caracteriza por inflamación de los ojos

Después de leer

1

Comprensión Responde a las preguntas con oraciones completas.

1. ¿Qué simboliza la palmera?

   _____

2. ¿Qué se dice de la palmera? Escribe cinco características que se dan en el poema.

   _____

3. ¿Por qué dice el poema *La velada del sapo* que el sapo tiene "bocio exoftálmico"?

   _____

4. ¿Qué acciones realiza el sapo según la descripción del hablante?

   _____
   _____

2

Interpretación Contesta las preguntas con oraciones completas.

1. ¿Por qué al final de *Una palmera* la poesía se compara con una palmera?

   _____

2. ¿Por qué las personas que están alrededor de la lámpara se asustan en *La velada del sapo*?

   _____

3. ¿Qué momentos de la vida piensas que son buenos para expresarse en forma poética? ¿Por qué?

   _____

4. ¿Qué cosas te provocan miedo? ¿Por qué?

   _____

Escritura

Estrategia

Considerar a los lectores y el propósito

Escribir siempre tiene un propósito específico. Durante las etapas de planificación, un escritor debe determinar a quién va dirigida su obra y qué le quiere expresar al lector. Una vez que hayas definido a tus lectores y tu propósito, podrás decidir qué género, vocabulario y estructuras gramaticales servirán mejor a tu composición literaria.

Supongamos que quieres compartir tus pensamientos sobre los problemas del tráfico local. Tus lectores pueden ser del gobierno local o la comunidad. Podrías escribir un artículo periodístico, una carta al editor o una carta al consejo administrativo de la ciudad. Pero primero debes hacerte estas preguntas.

1. ¿Vas a comentar los problemas del tráfico en general o vas a señalar varios problemas específicos?
2. ¿Tu intención sólo es presentar una queja?
3. ¿Tu intención sólo es informar a otros y que haya más conciencia pública sobre el problema?
4. ¿Esperas persuadir a otros para que adopten tu punto de vista?
5. ¿Esperas inspirar a otros para que realicen acciones concretas?

TEMA: Escribir una carta o un artículo

Antes de escribir

1

Escoge uno de estos temas. Lee las tres descripciones y elige la que quieres desarrollar en la forma de una carta a un(a) amigo/a, una carta a un periódico o un artículo para un periódico o una revista.

▶ Escribe sobre los programas que existen para proteger la naturaleza en tu comunidad. ¿Funcionan bien? ¿Participan todos los vecinos de tu comunidad en los programas? ¿Tienes dudas sobre el futuro del medio ambiente en tu comunidad?

▶ Describe uno de los atractivos naturales de tu región. ¿Te sientes optimista sobre el futuro de tu región? ¿Qué están haciendo el gobierno y los ciudadanos de tu región para proteger la naturaleza? ¿Es necesario hacer más?

▶ Escribe sobre algún programa para proteger el medio ambiente a nivel nacional. ¿Es un programa del gobierno o de una empresa privada? ¿Cómo funciona? ¿Quiénes participan? ¿Tienes dudas sobre el programa? ¿Crees que debe cambiarse o mejorarse? ¿Cómo?

2

Una vez que hayas elegido el tema, analízalo usando el recuadro en la siguiente página. ¿Cómo influyen tu propósito y tus lectores en el tipo de composición que escribes: una carta personal, una carta a un periódico o un artículo para un periódico o una revista?

Lección 13

Tema:	
Propósito Marca todas las frases que describen tu propósito. ___ informar a los lectores ___ expresar tus sentimientos ___ persuadir a los lectores ___ inspirar a los lectores ___ quejarse ___ examinar varias situaciones ___ examinar una sola situación	**Lectores** Marca todas las frases que describen a tus lectores. ___ un(a) amigo/a (¿cómo es?) ___ los lectores de un periódico (¿cuál?) ___ los lectores de una revista (¿cuál?)
Describe tu propósito aquí.	**Describe a tus lectores aquí.**
Detalles sobre el tema que apoyan tu propósito:	**Palabras y expresiones para comunicarse con este/estos lector(es):**

3 Después de completar el recuadro e identificar el propósito y a los lectores, decide qué tipo de composición vas a escribir.

Escribir

Usa la información del recuadro para escribir una carta o un artículo, según lo que decidiste anteriormente. No olvides incluir toda la información indicada en la descripción del tema que elegiste. Incluye formas del subjuntivo para persuadir, inspirar y expresar deseo, emoción o duda.

Después de escribir

1 Intercambia tu borrador con el de un(a) compañero/a de clase. Coméntalo y contesta estas preguntas.

▶ ¿Identificó tu compañero/a un propósito y un grupo de lectores específicos?

▶ ¿Muestra su composición claramente el propósito por el que la escribió?

▶ ¿Está su composición dirigida a un tipo específico de lector?

▶ ¿Incluyó él/ella toda la información indicada en la descripción del tema?

▶ ¿Usó él/ella formas del subjuntivo para expresar deseo, emoción y duda?

▶ ¿Qué detalles añadirías? ¿Cuáles quitarías? ¿Qué otros comentarios tienes para tu compañero/a?

2 Revisa tu narración según los comentarios de tu compañero/a. Después de escribir la versión final, léela otra vez para eliminar errores en:

▶ la ortografía

▶ la puntuación

▶ la concordancia entre sustantivos y adjetivos

▶ el uso de los verbos

contextos

1 **¿Qué debo hacer?** Responde a las preguntas con oraciones completas.

> **modelo**
> Si necesitas comprar los alimentos de la semana, ¿adónde debes ir?
> *Si necesito comprar los alimentos de la semana, debo ir al supermercado.*

1. Si quieres depositar tus ahorros, ¿adónde debes ir?

   _____

2. ¿Si debes cortarte el cabello ¿adónde vas?

   _____

3. Si deseas comprar galletas, ¿adónde debes ir?

   _____

4. Si llegas a la oficina de correos y ya hay personas que quieren enviar una carta, ¿qué debes hacer?

   _____

5. ¿Qué debes hacer si vas por la calle y necesitas dinero rápidamente?

   _____

6. Si tu madre desea preparar mariscos para el almuerzo, ¿dónde debe comprarlos?

   _____

2 **Adivina buen adivinador** Lee cada adivinanza y descubre la palabra incógnita. Luego escribe una oración con cada palabra que descubriste. Usa las palabras de **Contextos.**

> **modelo**
> Me como los mensajes que viajan lejos. Rimo con **camión**. buzón
> *Encontré la carta que me escribiste en el buzón de mi casa.*

1. Vendo muchos olores y dulces sabores. Rimo con **tía**. _____

   _____

2. Toda la gente me mira antes de entrar a un negocio. Rimo con **granjero**. _____

   _____

3. Siempre estoy congelada. Rimo con **María**. _____

   _____

4. Llevo mensajes de todos los tipos. Rimo con **cobre**. _____

   _____

5. No sé por qué todos me quieren cambiar. Rimo con **trueque**. _____

   _____

6. Entre más dinero me das, más dinero tendrás. Rimo con **zorros**. _____

   _____

Lección 14

3 **Palabras cruzadas** Escribe una letra en cada espacio. Luego completa la oración final con la frase que se forma verticalmente.

1. lugar donde se aparcan los automóviles
2. domicilio de una persona o negocio
3. establecimiento que vende carnes
4. lugar donde se unen las paredes de un edificio
5. atravesar un camino
6. estar en un determinado lugar
7. escribir su propio nombre en un documento
8. establecimiento para lavar la ropa

En _____ hay muchos lugares para disfrutar al aire libre.

4 **Gerente** Juanita es la gerente de un banco y hoy dará una entrevista a unos estudiantes que deben realizar una tarea. La tarea consiste en averiguar cuáles son los trámites bancarios más frecuentes. Escribe las respuestas que daría Juanita a las preguntas de los estudiantes.

ESTUDIANTE 1 ¿Qué puede hacer un cliente en un banco?

JUANITA (1) _____

ESTUDIANTE 2 ¿Para qué sirve una cuenta corriente?

JUANITA (2) _____

ESTUDIANTE 3 ¿Qué es un cheque?

JUANITA (3) _____

ESTUDIANTE 1 ¿Qué puedo hacer con un cheque?

JUANITA (4) _____

ESTUDIANTE 2 ¿Qué debo hacer para cobrar un cheque que está a mi nombre?

JUANITA (5) _____

5 **Cartero nuevo** Eres el/la nuevo/a cartero/a del vecindario, pero todavía no estás muy familiarizado/a con el área. Debes preguntarle a alguien dónde viven algunas personas. En una hoja aparte, escribe un párrafo narrativo contando lo que te pasó en tu primer día de trabajo. Utiliza por lo menos diez expresiones de la lista. Haz todos los cambios necesarios.

cartero/a	derecho	enviar un paquete	panadería
cuadra	doblar	estar perdido	pedir un préstamo
dar direcciones	enfrente de	hacia	ser gratis

pronunciación y ortografía

Falsos cognados 2

Como ya sabes, los cognados son parejas de palabras que se escriben igual o parecido en inglés y en español y que significan lo mismo en ambas lenguas. Los **falsos cognados** son parejas de palabras que se escriben de manera igual o parecida en inglés y en español pero que no significan lo mismo.

FALSOS COGNADOS

En español	significa...	En inglés	significa...
afección	enfermedad	affection	afecto, cariño
asistir	ir a un evento	assist	ayudar, atender
atender	servir; cuidar	attend	ir, acudir a un evento
comando	mando militar	command	orden que se da a una persona
colegio	establecimiento de enseñanza, escuela	college	universidad
copa	vaso con pie	cup	taza, copa de premio
desmayo	pérdida de la fuerza	dismay	consternación, disgusto
escolar	estudiante, alumno de escuela	scholar	erudito, becado, docto; alumno, estudiante
estimar	apreciar, respetar	estimate	calcular
grosería	descortesía, falta grande de atención y respeto	grocery	tienda, almacén
ingenuidad	candor, falta de malicia	ingenuity	ingenio
mandato	orden, en general, que se da a una persona	mandate	orden expedida por una institución oficial
parientes	persona con la que se tiene un lazo sanguíneo o de afinidad	parents	padres
sopa	plato compuesto de caldo con rebanadas de pan	soap	jabón
soportar	aguantar, tolerar	support	apoyar, respaldar
varios	algunos	various	diferentes, diversos

Práctica

1 **Falsos cognados** Completa cada oración con la palabra más adecuada del cuadro de arriba.

1. Soledad tiene unos _____ de México de visita en su casa.

2. Quiero aprender a hablar _____ idiomas.

3. La _____ nos permite creer que las personas son buenas.

4. La _____ de cebolla es un delicioso plato de la cocina francesa.

2 **Escribir oraciones** Escribe cuatro oraciones completas con palabras del cuadro de arriba.

_____

_____

_____

_____

Lección 14

cultura

Una aventura en guagua

¿Te gustaría vivir en un lugar en donde puedas ir a cualquier parte por poco dinero?
Entonces, ¡Santo Domingo es el lugar para ti! Es fácil explorar la ciudad vieja a pie, pero
si necesitas ir más lejos, puedes viajar en un motoconcho (moto con una silla en la parte
posterior) o en una multicolor guagua.

Las guaguas son minibuses o, si tú quieres, autobuses pequeños que saltan como pelotas
de ping-pong cuando cruzan las calles de la ciudad. Cuando viajé a República Dominicana
me subía a ellas muy seguido. Siempre iban rápido y con la música bien fuerte. Además de
ese ambiente de fiesta que tienen, me gustaron sus hermosos colores y el diseño de los dibujos
que las decoran.

Las guaguas son ideales para visitar la ciudad y su entorno. Para **abordar** una, no es
necesario ir a un **parador** de guaguas, ¡porque no existen! Puedes hacer que se detenga en
cualquier parte con sólo agitar la mano. El chofer te verá, se detendrá para que subas y el
cobrador te pedirá el pasaje.

Para muchos turistas, viajar en guagua es una experiencia surrealista, porque no tienen
rutas ni paradas fijas. Imagínate que, en ocasiones, el chofer sólo indica con la mano la
dirección hacia donde va. Por eso, si no conoces la ciudad, es muy posible que te pierdas o
que llegues tarde a tu destino. Aun así, el viaje no es riesgoso. Además, los dominicanos son
muy gentiles, y siempre hay alguien que te ayuda a encontrar rápidamente el camino.

Ahora, si quieres viajar hacia otra ciudad, lo que debes hacer es tomar una guagua
interurbana. Son más grandes y cómodas, y tienen un itinerario definido. Cuentan incluso
con aire acondicionado y se detienen en paradas convenidas.

Así que ya sabes; cuando visites algún pueblo o ciudad de República Dominicana, no
dejes de vivir la excitante experiencia de una aventura en guagua.

abordar: subirse; **parador:** parada

1

Comprensión Responde a las preguntas con oraciones completas.

1. ¿Qué diferencia las guaguas de otros tipos de transporte?

_____

2. ¿Qué ventajas tiene el viajar en guagua?

_____

3. Si vas muy apurado a un lugar, ¿tomarías una guagua? ¿Por qué?

_____

4. ¿Cuáles son algunas diferencias entre una guagua de ciudad y una interurbana?

_____

5. ¿Cuál es el ambiente que se produce en una guagua?

_____

6. ¿Por qué crees tú que las guaguas son un atractivo turístico?

_____

Lección 14

estructura

14.1 El subjuntivo en cláusulas adjetivas

▶ El subjuntivo puede usarse en cláusulas adjetivas para expresar que la existencia de alguien o algo es incierta o indefinida.

	SUSTANTIVO	CLÁUSULA ADJETIVA
Tomaré un	**autobús**	que **vaya** a la playa.

	SUSTANTIVO	CLÁUSULA ADJETIVA
Quiero ir a una	**peluquería**	que **esté** en el centro.

▶ Observa las oraciones de abajo y completa los enunciados.

Cláusula con indicativo	Cláusula con subjuntivo
Quiero el helado que **es** de chocolate.	Quiero un helado que **sea** de chocolate.
Busco esa librería que **vende** libros usados.	Busco una librería que **venda** libros usados.

▶ Cuando la cláusula adjetiva se refiere a una persona, lugar, cosa o idea que se conoce claramente con certeza o está definida, se usa el _____. Cuando la cláusula adjetiva se usa con el _____, se refiere a una persona, lugar, cosa o idea que no existe o cuya existencia es incierta o indefinida.

Práctica

1 **Nuevo/a en la ciudad** Hace poco tiempo que vives en la ciudad y aún necesitas ayuda para ubicarte bien. Escribe oraciones completas con cláusulas adjetivas. Usa las pistas dadas y agrega otras palabras para que tus oraciones sean más descriptivas.

> **modelo**
> buscar / apartamento / ser (subjuntivo)
> *Busco un apartamento que sea más cómodo.*

1. necesitar / persona / atender (indicativo)

   _____

2. haber / farmacia / estar (subjuntivo)

   _____

3. desear / reloj de pulsera / vender (indicativo)

   _____

4. querer / banco / preocuparse (subjuntivo)

   _____

5. buscar / alguien / vender (subjuntivo)

   _____

Lección 14

14.2 Mandatos con **nosotros/as**

▶ El mandato con **nosotros/as** se usa para dar órdenes o sugerencias que te incluyen a ti y a otras personas. El mandato con **nosotros/as** equivale a *let's* + *[verbo]* en inglés y generalmente en estos mandatos se usa la forma de primera persona plural del presente de subjuntivo.

Depositemos el cheque hoy.
Let's deposit the check today.

No **compremos** una casa tan lejos.
Let's not buy a house so far away.

▶ Observa los mandatos afirmativos y negativos de abajo y después completa el enunciado.

Mandato afirmativo con *nosotros/as*	Mandato negativo con *nosotros/as*

Vamos al parque.
Let's go to the park.

No vayamos al parque.
Let's not go to the park.

▶ Para expresar *let's go*, se usa la forma del presente de indicativo del verbo **ir** (**vamos**). Para el mandato negativo se usa el presente de _____.

▶ Observa las oraciones de abajo y completa el enunciado. Fíjate en la posición de los pronombres de objeto.

Compremos **la postal** aquí.   Comprémos**la** aquí.   No **la** compremos aquí.

Enviemos **el paquete** hoy.   Enviémos**lo** hoy.   No **lo** enviemos hoy.

▶ En el mandato _____ con **nosotros/as**, los pronombres de objeto siempre se agregan al verbo. La nueva palabra que se forma se acentúa según las reglas generales de acentuación. En el mandato negativo con **nosotros/as**, los pronombres de objeto van _____.

▶ **¡Atención!** Cuando los pronombres **nos** o **se** se agregan a un mandato afirmativo con **nosotros/as**, la **-s** final del verbo se pierde.

Comuniquémo**nos** por celular.   Pidámo**selos** con anticipación.

Práctica

1 **Turistas** Escribe oraciones completas con mandatos afirmativos y negativos con **nosostros/as**. Usa los verbos de la lista más el sustantivo entre paréntesis. Agrega otras palabras para que tus oraciones sean más descriptivas.

> **modelo**
> (hotel) / quedarse
> *Quedémonos por más días en este hotel.*

beber	no ir
no caminar	sacarse
no comprar	sentarse

1. (fotografía) _____

2. (plaza) _____

3. (refresco) _____

4. (calle) _____

5. (feria artesanal) _____

6. (comida) _____

14.3 El participio pasado usado como adjetivo

▶ En español, los verbos regulares que terminan en **-ar** forman el participio pasado con la terminación **-ado**. Los verbos regulares que terminan en **-er** e **-ir** forman el participio pasado con la terminación **–ido**.

INFINITIVO	RAÍZ	PARTICIPIO PASADO
cobrar	cobr-	**cobrado**
conocer	conoc-	**conocido**
medir	med-	**medido**

▶ Algunos verbos tienen un participio pasado irregular.

Participios pasados irregulares

abrir	→	**abierto**	hacer	→	**hecho**
absolver	→	**absuelto**	morir	→	**muerto**
decir	→	**dicho**	poner	→	**puesto**
describir	→	**descrito**	resolver	→	**resuelto**
descubrir	→	**descubierto**	romper	→	**roto**
escribir	→	**escrito**	ver	→	**visto**
freír	→	**frito**	volver	→	**vuelto**

▶ En español y en inglés el participio pasado se puede usar como adjetivo. Generalmente se usa con el verbo **estar** para describir una condición o estado producto de una acción. Como cualquier adjetivo del español, debe concordar en género y número con el sustantivo al que modifica.

No uses la computadora **rota**. Hoy vamos a comprar una nueva.

La panadería y la pastelería están **abiertas** hasta las 22:00 horas.

Práctica

1 **Diligencias** Tus padres salieron y te dejaron una lista de deberes para el día. Revisas la lista que te dejaron para verificar que hiciste tus deberes. Escribe oraciones completas con el verbo **estar** y los participios pasados de los verbos.

> *modelo*
> Pon la mesa.
> *La mesa está puesta.*

1. Borra los correos electrónicos.

   _____

2. Fríe dos huevos para el desayuno.

   _____

3. Decide lo que vamos a cenar.

   _____

4. Abre las ventanas.

   _____

5. Haz tus tareas de la escuela.

   _____

6. Escríbele una carta a tu abuelo.

   _____

Lección 14

adelante

Lectura

Antes de leer

Si tuvieras que caracterizar una ciudad donde sus habitantes tienen una vida feliz, ¿qué adjetivos usarías? Elige cuatro adjetivos y úsalos en oraciones que describan tu ciudad.

_____

_____

_____

_____

Sobre la autora

Alfonsina Storni nació en Sala Capriasca, Suiza en 1892 y llegó con sus padres a la Argentina cuando era una niña. Durante su infancia vivió en la provincia de San Juan y trabajó desde muy joven para ayudar a sus padres. Estudió pedagogía y después trabajó como profesora al mismo tiempo que se dedicaba al periodismo con el pseudónimo de Tao-Lao.

Su poesía refleja una gran sensibilidad, pero también un temperamento depresivo y una intensa lucha interior entre el ideal de justicia y nobleza que debía regir la vida de los seres humanos, y la realidad mediocre y poco grata que la rodeaba. Se preocupó mucho por las desigualdades sociales. En sus poemas se reflejan también el sentimiento de fracaso ante el amor y la vida. Alfonsina Storni murió en 1938.

Cuadrados y ángulos

Casas **enfiladas**, casas enfiladas,
Casas enfiladas.
Cuadrados, cuadrados, cuadrados.
Casas enfiladas.
Las gentes ya tienen el alma cuadrada,
Ideas en fila,
Y ángulo en la espalda.
Yo misma **he vertido** ayer una lágrima,
Dios mío, cuadrada.

Versos a la tristeza de Buenos Aires

Tristes calles derechas, agrisadas e iguales,
por donde asoma a veces un pedazo de cielo,
Sus fachadas oscuras y el asfalto del suelo
me apagaron los **tibios** sueños primaverales.

Cuánto **vagué** por ellas, distraída, **empapada**
en el vaho **grisáceo**, lento que las decora.
De su monotonía mi alma **padece** ahora.
—¡Alfonsina! —No llames. Ya no respondo a nada.

Si en una de tus casas, Buenos Aires, me muero
Viendo en días de otoño tu cielo prisionero
No me será sorpresa la **lápida** pesada.

Que entre tus calles rectas, **untadas** de su río
apagado, **brumoso**, **desolante** y sombrío,
Cuando vagué por ellas, ya estaba yo enterrada.

---

enfiladas: colocadas en línea; **he vertido:** he derramado, he soltado; **tibios:** templados; **vagué:** caminé sin rumbo fijo; **empapada:** mojada; **grisáceo:** de color gris; **padece:** sufre; **lápida:** tumba; **untadas:** mojadas; **brumoso:** cubierto de niebla; **desolante:** sin gente, vacío

Sobre el autor

Carlos Fuentes es un narrador mexicano que nació en Ciudad de Panamá en una familia de buena posición económica, lo que le permitió hacer viajes por América y Europa. Vivió en Washington desde 1932 hasta 1941 y allí estudió en una escuela de lengua inglesa. Fue parte del servicio diplomático de su país en Ginebra. Estudió Derecho en la Universidad Autónoma de México y colaboró con diversas revistas. Después de su graduación, en 1955, Fuentes fundó la Revista Mexicana de Literatura. Cuatro años después renunció al servicio diplomático y visitó Cuba. Carlos Fuentes refleja en sus obras una gran preocupación por la situación en que vive la gente de su país y por la relación que existe entre México y los Estados Unidos. Su novela *Gringo viejo* fue llevada al cine en el año 1989.

La región más transparente (fragmento)

Aquí caímos. Qué le vamos a hacer. Aguantarnos, mano. A ver si algún día mis dedos tocan los tuyos. Ven, déjate caer conmigo en la cicatriz lunar de nuestra ciudad, ciudad **puñado** de **alcantarillas**, ciudad cristal de **vahos** y **escarcha** mineral, ciudad presencia de todos nuestros olvidos, ciudad de **acantilados** carnívoros, ciudad dolor inmóvil, ciudad de la brevedad inmensa, ciudad del sol detenido, ciudad de **calcinaciones** largas, ciudad a fuego lento, ciudad con el agua al cuello, ciudad del **letargo pícaro**, ciudad de los nervios negros, ciudad de los tres ombligos, ciudad de la risa **gualda**, ciudad del **hedor** torcido, ciudad rígida entre el aire y los **gusanos**, ciudad vieja en las luces, vieja ciudad en su **cuna** de aves **agoreras**, ciudad nueva junto al polvo **esculpido**, ciudad a la vela del cielo gigante, ciudad de barnices oscuros y pedrería, ciudad bajo el lodo esplendente, ciudad de **víscera** y cuerdas, ciudad de la derrota violada (la que no pudimos **amamantar** a la luz, la derrota secreta), ciudad del **tianguis sumiso**, carne de **tinaja**, ciudad reflexión de la furia, ciudad del fracaso ansiado, ciudad en tempestad de cúpulas, ciudad abrevadero de las **fauces** rígidas del hermano empapado de sed y costras, ciudad tejida en la amnesia, resurrección de infancias, encarnación de pluma, ciudad perro, ciudad **famélica**, **suntuosa** villa, ciudad lepra y cólera, hundida ciudad. **Tuna incandescente**. Águila sin alas. Serpiente de estrellas. Aquí nos tocó. Qué le vamos a hacer. En la región más transparente del aire.

puñado: poca cantidad; **alcantarillas:** tuberías bajo tierra que recogen las aguas de desecho; **vahos:** vapores; **escarcha:** rocío de la noche congelado; **acantilados:** pendientes casi verticales en un terreno; **calcinaciones:** quemazones; **letargo:** modorra, sopor; **pícaro:** de dudosas intenciones; **gualda:** amarilla; **hedor:** hediondez; **gusanos:** animales invertebrados como las orugas; **cuna:** camita para niños; **agoreras:** que anuncian o presagian algún mal; **esculpido:** convertido en escultura; **víscera:** órganos interiores del cuerpo; **amamantar:** criar, lactar la madre a sus crías; **tianguis:** mercado público semanal; **sumiso:** humilde; **tinaja:** vasija grande; **fauces:** hocico de los mamíferos; **famélica:** muy débil y hambrienta; **suntuosa:** lujosa; **Tuna:** fruto espinoso silvestre; **incandescente:** encendida, ardiente

Lección 14

1   **Comprensión** Responde a las preguntas con oraciones completas.

1. ¿Crees que los poemas de Alfonsina Storni son optimistas o pesimistas? ¿Por qué?

_____

2. ¿Piensas que la persona que habla en los poemas es feliz con su vida en la ciudad?

_____

3. ¿Cómo crees que la ciudad ha afectado a la persona que habla?

_____

4. Según los poemas, ¿qué formas y colores tiene la ciudad?

_____

5. ¿Qué recursos utiliza Carlos Fuentes para caracterizar a su ciudad?

_____

6. La ciudad que describe Fuentes tiene muchos contrastes, como **famélica** y **suntuosa**. Nombra un contraste más.

_____

7. ¿Qué palabras usa Fuentes para decir que en su ciudad hace mucho calor?

_____

2   **Interpretación** Contesta las preguntas con oraciones completas.

1. Según lo que se dice en *Cuadrados y ángulos*, ¿en qué se parecen las casas y las vidas de las personas?

_____

2. En *Versos a la tristeza de Buenos Aires*, ¿cómo se puede interpretar el que la ciudad de Buenos Aires tenga su cielo prisionero? ¿Cómo lo sabes?

_____

3. El narrador de *La región más transparente* no es positivo al hablar de la ciudad en la que vive. ¿Crees que va a quedarse en ella? ¿Cómo lo sabes?

_____

4. ¿Piensas que estas visiones sobre la vida en la ciudad, especialmente la negatividad, son ciertas? ¿Por qué sí o por qué no?

_____

5. ¿Qué consejos les darías a las personas que hablan en estos textos para que puedan llevar una vida más feliz?

_____

6. ¿Crees que tu ciudad es triste o alegre? ¿Qué otras características tiene tu ciudad?

_____

7. ¿Cómo te gustaría que fuera tu ciudad? ¿Qué cambios le harías?

_____

Escritura

Estrategia

Evitar las redundancias

La redundancia es la repetición innecesaria de palabras o ideas. Para evitar la redundancia en el uso de verbos y sustantivos, consulta un diccionario de sinónimos en español. También puedes evitar la redundancia usando pronombres de objeto, adjetivos posesivos, adjetivos y pronombres demostrativos, y pronombres relativos. Recuerda que, en español, los pronombres de sujeto generalmente se usan sólo para clarificar, enfatizar o contrastar. Estudia el siguiente ejemplo:

Redundante:

Aurelio quiere ver muchas cosas en la ciudad. Cuando va a la ciudad, quiere ver los museos. También quiere ver los centros comerciales. Además, quiere ver los parques. Aurelio tiene que preparar una descripción de los museos, centros comerciales y parques que ve en la ciudad. Como no tiene computadora, necesita usar la computadora de su amigo para escribir la descripción de los museos, centros comerciales y parques de la ciudad.

Mejorado:

Aurelio quiere ver muchas cosas en la ciudad, como los museos, centros comerciales y parques. Como tiene que preparar una descripción de todo lo que ve, necesita usar la computadora de su amigo para escribirla.

TEMA: Escribir un correo electrónico

Antes de escribir

1 Imagina que vas a visitar a un(a) amigo/a que vive con su familia en una ciudad que no conoces, donde vas a pasar una semana. Quieres conocer la ciudad, pero también debes completar un trabajo para tu clase de literatura. Tienes que escribirle un correo electrónico a tu amigo/a describiendo lo que te interesa hacer en su ciudad y dándole sugerencias de actividades que pueden hacer juntos/as. También debes mencionar lo que necesitas para hacer tu trabajo de literatura. Puedes basarte en una visita real o imaginaria.

2 Tu correo electrónico debe incluir esta información:

▶ El nombre de la ciudad que vas a visitar

▶ Los lugares que más te interesa visitar

▶ Lo que necesitas para hacer tu trabajo: acceso a Internet, direcciones para llegar a la biblioteca pública, tiempo para estar solo/a, libros para consultar

▶ Mandatos con nosotros/as para sugerir las actividades que van a compartir

3 Anota tus ideas para cada una de las categorías mencionadas anteriormente.

▶ Nombre: ▶ Necesidades:

▶ Lugares: ▶ Sugerencias para actividades:

Escribir

Usa las ideas que anotaste para escribir tu correo electrónico. Debes incluir toda la información indicada anteriormente. Escribe libremente, sin enfocarte demasiado en el estilo.

Después de escribir

1

Mira el borrador que escribiste. Ahora es el momento para revisarlo y buscar oportunidades para eliminar la repetición. Haz un círculo alrededor de los sustantivos. ¿Es posible reemplazarlos con un pronombre de complemento directo? ¿Un pronombre relativo? Subraya otras palabras que se repiten para ver si puedes eliminar algunas. Mira estos modelos.

Aurelio busca una computadora y unos libros. Necesita una computadora y unos libros para hacer su trabajo. Le pregunta a su amigo si puede usar su computadora. Su amigo tiene muchos aparatos electrónicos.

Aurelio busca una computadora y unos libros. Los necesita para hacer su trabajo. Le pregunta a su amigo, quien tiene muchos aparatos electrónicos, si puede usar su computadora.

Aurelio quiere caminar por los parques. También quiere caminar por el centro de la ciudad.

Aurelio quiere caminar por los parques y por el centro de la ciudad.

2

Corrige los problemas de repetición que encontraste y escribe tu correo electrónico una vez más.

3

Intercambia tu borrador con el de un(a) compañero/a de clase. Coméntalo y contesta estas preguntas.

▷ ¿Incluyó tu compañero/a toda la información necesaria?

▷ ¿Eliminó él/ella la repetición?

▷ ¿Usó él/ella mandatos con **nosotros/as**?

▷ ¿Qué detalles añadirías? ¿Cuáles quitarías? ¿Qué otros comentarios tienes para tu compañero/a?

4

Revisa tu narración otra vez según los comentarios de tu compañero/a. Después de escribir la versión final, léela otra vez para eliminar errores en:

▷ la ortografía

▷ la puntuación

▷ el uso de letras mayúsculas y minúsculas

▷ la concordancia entre sustantivos y adjetivos

▷ el uso de verbos en el presente de indicativo

▷ el uso de mandatos con **nosotros/as**

Lección 14

contextos

Lección 15

1 **Crucigrama** Completa el crucigrama. Luego elige cuatro palabras y escribe un antónimo de cada una de ellas.

Horizontales

4. elástico, que se dobla con facilidad
6. prohibición de fumar
7. enérgico, dinámico
9. acción de presionar o frotar el cuerpo

Verticales

1. gozar, deleitarse
2. practicar, entrenarse
3. estado de satisfacción física y mental
5. alimentación
8. persona que se lo pasa mirando TV
10. agotamiento mental y físico

palabra

_____

_____

_____

_____

antónimo

_____

_____

_____

_____

2 **Con otras palabras** Escribe una oración completa que exprese la misma idea, pero sin usar las palabras subrayadas.

modelo

No es bueno <u>aumentar de peso</u>, porque eso dificulta una vida saludable.
No es bueno engordar, porque eso dificulta una vida saludable.

1. Es saludable <u>estar en buena forma</u>, por eso voy a ir al gimnasio.

_____

2. Una de las formas de <u>aliviar la tensión</u> es hacer mucho ejercicio.

_____

3. Cuando <u>sufres muchas presiones</u> conviene salir a caminar para relajarse.

_____

4. Mi vecino ya no sale a caminar por las tardes; se ha vuelto un <u>teleadicto</u>.

_____

5. Antes de realizar ejercicios bruscos, primero hay que <u>calentarse</u>.

_____

Lección 15 Cuaderno para hispanohablantes **229**

Lección 15

3 **¿Qué es?** Escribe oraciones completas usando correctamente cada palabra. Puedes crear una definición o algún otro tipo de oración.

> **modelo**
>
> proteína: Una proteína es una sustancia nutriente.

1. grasa: _____

2. minerales: _____

3. vitaminas: _____

4. colesterol: _____

5. nutrición: _____

4 **Responder** Escribe oraciones completas para responder a las preguntas.

1. ¿Cuál es la sustancia fundamental del café?

   _____

2. ¿Qué te sirves por la tarde?

   _____

3. ¿Cómo se llama la persona experta en nutrición?

   _____

4. Para no engordar, ¿qué tipo de dieta debes comer?

   _____

5. ¿Qué tipo de vida lleva el teleadicto?

   _____

6. Si quieres tener una vida sana, ¿qué no debes hacer?

   _____

5 **Nuestro gimnasio** Escribe un párrafo para describir las instalaciones del gimnasio y los programas deportivos de tu escuela. Utiliza por lo menos ocho palabras o frases presentadas en **Contextos**.

_____

_____

_____

_____

_____

_____

_____

_____

_____

_____

pronunciación y ortografía

Las letras **b** y **v**

Como no hay diferencia de pronunciación entre las letras **b** (be grande) y **v** (ve chica) del español, puede ser difícil distinguir cuándo escribir una palabra con **b** grande o con **v** chica. Intenta deducir algunas reglas que te ayudarán a saber cuándo escribir con **b** o **v**.

Siempre se usa _____ antes de una consonante.

nom<u>b</u>re	**<u>b</u>lusa**	**a<u>b</u>soluto**	**descu<u>b</u>rir**

Fíjate en el tiempo en que están los verbos. Completa la regla. Se escriben con **b** las formas del _____ de los verbos terminados en _____. También se escriben con **b** las formas del _____ del verbo _____.

adelgaza<u>b</u>a	**disfruta<u>b</u>an**	**i<u>b</u>as**	**í<u>b</u>amos**

Se escriben con **v** las formas del _____ del verbo _____ y las formas del _____ de los verbos _____ y _____.

<u>v</u>oy	**<u>v</u>amos**	**estu<u>v</u>o**	**tu<u>v</u>ieron**

Se escribe **v** entre dos _____ al final de muchos sustantivos y adjetivos.

octa<u>v</u>o	**hue<u>v</u>o**	**acti<u>v</u>a**	**gra<u>v</u>e**
escla<u>v</u>a	**nue<u>v</u>a**	**atracti<u>v</u>o**	**bre<u>v</u>e**

Es muy importante fijarse en la ortografía de una palabra para saber si lleva **b** o **v**. Aunque se siguen algunos patrones que se pueden identificar, en la mayoría de los casos hay que memorizar la forma en que se escriben las palabras.

<u>v</u>aca	**<u>v</u>otar**	**e<u>v</u>ento**
ha<u>b</u>er	**a<u>b</u>ril**	**sá<u>b</u>ado**

Práctica

1   **Completar**   Completa las palabras con **b** o **v**. Utiliza un diccionario si es necesario.

1. ham____re
2. nutriti____o
3. en____iá____amos
4. ____ucear
5. informati____o
6. a____razá____amos

7. sua____es
8. ____an
9. con____i____encia
10. saluda____le
11. o____tu____ieron
12. positi____a

13. estu____ieron
14. i____an
15. pensati____as
16. ____ra____o
17. detu____ieron
18. ____ien____enidos

cultura

El salar más grande del mundo

Cuando pensamos en los desiertos, imágenes de arena, camellos y oasis vienen a la mente. Pero no todos los desiertos son iguales, y en Bolivia existe uno muy particular: el salar de Uyuni. Un salar es una especie de desierto de sal. Hay salares en muchos lugares del mundo, pero el más grande de todos es el de Uyuni o Tanupa. El salar de Uyuni tiene una superficie de unos 12.000 km² que se extienden como una enorme llanura plana y blanca.

El salar de Uyuni es una de las atracciones turísticas más visitadas de Bolivia y es tan grande que cualquiera puede perderse en él porque ¡no hay ningún punto de orientación! Son más de cien kilómetros de un extremo a otro. Para entrar al salar, la gente aplana la tierra formando senderos por los que circulan los visitantes. Si alguien se sale de esos senderos, es muy probable que se quede **atascado** en el **fango** salado.

Durante las noches del invierno suramericano, se pueden registrar hasta -5° C y durante la mañana intensos calores, pero si se va preparado para soportar todo esto, se puede disfrutar intensamente la naturaleza. Allí, en medio del salar se experimenta un silencio y una soledad indescriptibles. Todo eso provoca una sensación de libertad increíble.

El salar de Uyuni contiene una superficie de más de seis metros de profundidad de sal común, muy pura. Las enormes cantidades de sal se cultivan en un solo lugar. Allí, en el pueblo de Colchani, la gente trabaja en empresas familiares. Primero se amontonan pequeñas **colinas** de sal para que **se desagüe**. Después se la llevan en camiones al pueblo. Allí la sal se limpia, se seca y después se vende.

La Isla del Pescado y el hotel de sal son las atracciones turísticas más visitadas. La Isla del Pescado está en medio del salar y se llama así porque tiene la forma de un pez. El hotel de sal es algo difícil de imaginar porque es único. Todo el edificio está construido de sal. Se trabajaron bloques grandes como piedras y hasta los muebles están hechos de sal: mesas, sillas, camas... ¡Ah, y de seguro en el restaurante del hotel nunca falta la sal!

atascado: atrapado, detenido; **fango:** lodo, barro; **colinas:** cerros; **se desagüe:** se seque el agua

---

1 **Comprensión** Indica si lo que dice cada oración es cierto o falso. Corrige la información falsa.

1. El salar de Uyuni es el único salar del mundo.

   _____

2. El salar de Uyuni contiene cierto grado de humedad.

   _____

3. En el salar hay varios puntos de orientación para ubicarse.

   _____

4. A los visitantes nunca los impresiona el salar.

   _____

5. El salar es tan extenso que no se puede determinar la cantidad de sal que contiene.

   _____

6. El hotel de sal es una atracción porque está hecho enteramente de sal.

   _____

Lección 15

estructura

15.1 El pretérito perfecto

▶ El pretérito perfecto es un tiempo en que se usa el pasado. El pretérito perfecto se usa para hablar sobre lo que alguien *ha hecho*. En español, se forma con el presente del verbo auxiliar **haber** más el pasado del verbo que describe la acción.

PRESENTE DE *HABER*	PARTICIPIO PASADO	
He	**salido**	a correr esta mañana.

	PRESENTE DE *HABER*	PARTICIPIO PASADO	
¿Cuánto	**has**	**recorrido**	en media hora?

Presente de indicativo de haber

Formas del singular		Formas del plural	
yo	**he**	nosotros/as	**hemos**
tú	**has**	vosotros/as	**habéis**
Ud./él/ella	**ha**	Uds./ellos/ellas	**han**

▶ Fíjate que el infinitivo de **haber** se escribe con **b**, nunca con **v**.

▶ En inglés, el verbo auxiliar y el pasado se pueden separar. En español, el verbo auxiliar **haber** y el pasado no pueden separarse.

Mi abuela siempre **ha cocinado** comidas ricas.

My grandmother has always cooked delicious food.

Jamás **he aumentado** de peso en las vacaciones.

I have never gained weight on vacation.

▶ La palabra **no** y los pronombres reflexivos y de objeto van inmediatamente antes del auxiliar **haber**.

¿**No has sufrido** lesiones jugando fútbol?

Se ha tomado el descanso en serio.

No lo han visto en el gimnasio, ¿verdad?

No me he esforzado en adelgazar.

▶ Para formar el pretérito perfecto de **hay**, usa la tercera persona singular de **haber (ha)** + **habido**, sin importar si lo que viene después está en singular o en plural.

Ha habido ocho clases de gimnasia este mes.

No **ha habido** un solo reclamo desde el año pasado.

Lección 15

Práctica

1 **Conjugar** Completa la conjugación del pretérito perfecto de los verbos **entrenar**, **comer** y **decir**.

	entrenar	comer	decir
yo	_____	_____	_____
tú	_____	_____	_____
Ud./él/ella	_____	_____	_____
nosotros/as	_____	_____	_____
vosotros/as	habéis entrenado	habéis comido	habéis dicho
Uds./ellos/ellas	_____	_____	_____

2 **Logros** Tus amigos y tú se propusieron hace un mes algunas metas para llevar una vida más sana. Haz una lista con lo que han logrado hasta hoy. Escribe oraciones completas con el pretérito perfecto.

modelo
Miguel / comer
Miguel <u>ha comido</u> menos carne.

1. nosotros / ir _____

2. yo / entrar _____

3. Boris / decir _____

4. Carolina y Héctor / hacer _____

5. yo / volver _____

6. ustedes / ver _____

_____

3 **Año redondo** Ha pasado un año y has cambiado. Estás más grande y eres más responsable. Escribe un párrafo para expresar los cambios que has notado en ti. Usa por lo menos seis de los verbos **abrir**, **crecer**, **cumplir**, **descubrir**, **esforzarse**, **estudiar**, **hacer**, **romper**, **ver**.

modelo
Este año <u>he roto</u> mis propias marcas deportivas.

_____
_____
_____
_____
_____
_____
_____

15.2 El pretérito pluscuamperfecto

▶ El pretérito pluscuamperfecto de indicativo se usa para hablar sobre lo que alguien **había hecho** o lo que **había ocurrido** antes de otra acción, que ya pasó. Al igual que el pretérito perfecto, el pretérito pluscuamperfecto usa las formas del verbo **haber** —en este caso, el imperfecto— más el pasado del verbo que describe la acción.

Pretérito pluscuamperfecto de indicativo			
		hacer	**ver**	**abrir**

		hacer	ver	abrir
FORMAS DEL SINGULAR	yo	**había** hecho	**había** visto	**había** abierto
	tú	**habías** hecho	**habías** visto	**habías** abierto
	Ud./él/ella	**había** hecho	**había** visto	**había** abierto
FORMAS DEL PLURAL	nosotros/as	**habíamos** hecho	**habíamos** visto	**habíamos** abierto
	vosotros/as	**habíais** hecho	**habíais** visto	**habíais** abierto
	Uds./ellos/ellas	**habían** hecho	**habían** visto	**habían** abierto

¡Atención!

Recuerda que, a diferencia del inglés, en español las formas del auxiliar **haber** nunca van separadas del pasado.

▶ Fíjate que el imperfecto de **haber** se escribe con **b**, nunca con **v**.

▶ El pretérito pluscuamperfecto generalmente se usa con expresiones como **ya, aún no, antes de** + [sustantivo] y **antes de** + [infinitivo].

Cuando llegué, María **ya había puesto** la carta en el buzón.

When I arrived, María had already put the letter in the mailbox.

José **se había roto** el tobillo antes de este partido.

José had broken his ankle before this game.

Práctica

1 **Pluscuamperfecto** Combina las oraciones y escribe una nueva oración. Usa el pretérito pluscuamperfecto.

> **modelo**
> Laura llega al gimnasio. Josefa ya se ha ido.
> *Cuando Laura llegó al gimnasio, Josefa ya se había ido.*

1. Raúl quiere sacar helado del refrigerador. Yo ya me lo he tomado.

_____

2. Raquel pone una película. Ismael dice que todavía no la ha visto.

_____

3. Tomás se propone bajar su colesterol. Lilia todavía no ha empezado a hacer dieta.

_____

4. La entrenadora manda hacer ejercicios de estiramiento. Nosotros ya los hemos hecho.

_____

5. Mamá pide un café sin cafeína. Papá ya le ha traído uno descafeinado.

_____

15.3 El pretérito perfecto de subjuntivo

▶ El pretérito perfecto de subjuntivo, al igual que el pretérito perfecto de indicativo, se usa para hablar sobre lo que ha ocurrido. El pretérito perfecto de subjuntivo se forma con el presente de subjuntivo del verbo auxiliar **haber** más un pasado.

	PRESENTE DE SUBJUNTIVO DE *HABER*	PARTICIPIO	
Me alegro que	**hayas**	ido	al gimnasio.

Pretérito perfecto de subjuntivo

		comprar	poner	escribir
FORMAS DEL SINGULAR	yo	**haya** comprado	**haya** puesto	**haya** escrito
	tú	**hayas** comprado	**hayas** puesto	**hayas** escrito
	Ud./él/ella	**haya** comprado	**haya** puesto	**haya** escrito
FORMAS DEL PLURAL	nosotros/as	**hayamos** comprado	**hayamos** puesto	**hayamos** escrito
	vosotros/as	**hayáis** comprado	**hayáis** puesto	**hayáis** escrito
	Uds./ellos/ellas	**hayan** comprado	**hayan** puesto	**hayan** escrito

¡Atención!

En presente de subjuntivo, las formas del verbo **haber** siempre llevan **y**.

▶ Con el pretérito perfecto de subjuntivo, puedes usar todos los verbos y expresiones que se usan con subjuntivo que has aprendido en lecciones pasadas y también los siguientes.

Verbos		Expresiones	
alegrar(se) (de)	preocupar(se)	es bueno	es peor
enojar(se)	sorprender(se)	es extraño	es probable
lamentar	temer	es malo	es terrible
molestar	tener miedo (de)	es mejor	es una lástima

Me enoja que no **haya llegado** temprano.

Es mejor que **hayan corrido** por la playa.

Práctica

1 **Comentarios** Uno de tus amigos te cuenta que quiere hacer algunos cambios en su vida sedentaria. Comenta todo lo que él dice usando el pretérito perfecto de subjuntivo.

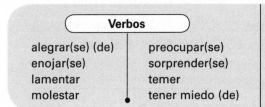

> **modelo**
> **AMIGO** No he encontrado un gimnasio cerca de casa. (es extraño)
> **TÚ**   Es extraño que no hayas encontrado un gimnasio cerca de casa.

AMIGO He practicado deporte estas últimas semanas. (es bueno)

TÚ (1) _____

AMIGO He dejado de fumar definitivamente. (alegrarse)

TÚ (2) _____

AMIGO No he disminuido las calorías de mi dieta alimenticia. (es una lástima)

TÚ (3) _____

Lección 15

adelante

Lectura

Antes de leer

1. ¿Qué recuerdan tus padres, tus tíos o tus abuelos sobre su juventud en su país de origen?

_____

_____

_____

_____

2. ¿Hay algún objeto que, cuando lo miras o lo tocas, te traiga memorias de tu pasado? Explica.

_____

_____

_____

_____

3. ¿Qué frutas o vegetales son típicos del país de origen de tu familia? ¿Tienen importancia sentimental? ¿Por qué?

_____

_____

_____

_____

Sobre la autora

Esmeralda Santiago nace en Puerto Rico en 1948 y emigra a los Estados Unidos en 1961. Ella ha escrito en inglés la experiencia de la inmigración puertorriqueña a los Estados Unidos y ha conseguido el éxito literario en su país adoptivo. A través de su literatura trata de dar a conocer en la isla lo que significa ser puertorriqueño en los Estados Unidos a la vez que intenta explicar lo mismo a los estadounidenses. Algunas de sus obras son *El sueño de América*, *Almost a woman* y *El amante turco*. Sus libros se utilizan en las escuelas estadounidenses como objetos de estudio sobre la identidad y cómo aprender a desenvolverse en la cultura ajena. Ella misma es un ejemplo de la inmigración, de la experiencia de crecer entre dos culturas y de la realización personal desde la pobreza hasta el éxito intelectual.

Lección 15

Cuando era puertorriqueña

Prólogo: Cómo se come una guayaba

Venden guayabas en el Shop & Save. Elijo una del tamaño de una bola de tenis y acaricio su tallo espinoso, su familiar textura **nudosa** y dura. Esta guayaba no está lo suficientemente madura; la **cáscara** está muy verde. La huelo y me imagino un interior rosado pálido, las semillitas bien incrustadas en la **pulpa**.

 La guayaba madura es amarilla, aunque algunas variedades tienen un tinte rosado. La cáscara es gruesa, dura y dulce. Su corazón es de un rosado vivo, lleno de semillas. La parte más deliciosa de la guayaba está alrededor de las semillitas. Si no sabes cómo comerte una guayaba, se te llenan los entredientes de semillas.

Cuando muerdes una guayaba madura, tus dientes deben apretar la superficie nudosa y hundirse en la gruesa cáscara comestible sin tocar el centro. Se necesita experiencia para hacer esto, ya que es difícil determinar cuánto más allá de la cáscara quedan las semillitas.

En ciertos años, cuando las lluvias han sido copiosas y las noches frescas, es posible hundir el diente dentro de una guayaba y no encontrar muchas semillas. Los palos de guayaba se doblan hacia la tierra, sus ramas cargadas de frutas verdes, luego amarillas, que parecen madurar de la noche a la mañana. Estas guayabas son grandes y jugosas, con pocas semillas, invitándonos a comer una más, sólo una más, porque el año que viene quizás no vendrán las lluvias.

Cuando niños, nunca esperábamos a que la guayaba se madurara. Atacábamos los palos en cuanto el peso de las frutas arqueaba las ramas hacia la tierra.

Una guayaba verde es **agria** y dura. Se muerde en la parte más ancha, porque así no resbalan los dientes contra la cáscara. Al **hincar** el diente dentro de una guayaba verde, oirás la cáscara, la pulpa y semillitas crujiendo dentro de tu cerebro, y chorritos agrios **estallarán** en tu boca.

Descoyuntarás tu **faz** en **muecas**, lagrimearán tus ojos, tus mejillas desaparecerán, a la vez que tus labios se fruncirán en una O. Pero te comes otra, y luego otra más, deleitándote en el sonido crujiente, el sabor ácido, la sensación arenosa del centro **agraz**. Esa noche, Mami te hace tomar aceite de castor, el cual ella dice que sabe mejor que una guayaba verde. Entonces sabes de seguro que tú eres niña, y que ella ya dejó de serlo.

Comí mi última guayaba el día que nos fuimos de Puerto Rico. Era una guayaba grande, jugosa, la pulpa casi roja, de olor tan intenso que no me la quería comer por no perder el aroma que quizás jamás volvería a capturar. Camino al aeropuerto, raspaba la cáscara de la guayaba con los dientes, masticando pedacitos, enrollando en mi lengua los granitos dulces y aromáticos.

Hoy me encuentro parada al frente de una torre de guayabas verdes, cada una perfectamente redonda y dura, cada una $1.59. La que tengo en la mano me seduce. Huele a las tardes luminosas de mi niñez, a los largos días de verano antes de que empezaran las clases, a niñas mano a mano cantando "ambos y dos matarile rile rile." Pero es otoño en Nueva York, y hace tiempo dejé de ser niña.

Devuelvo la guayaba al abrazo de sus hermanas bajo las penetrantes luces fluorescentes del mostrador decorado con frutas exóticas. Empujo mi carrito en la dirección opuesta, hacia las manzanas y peras de mi vida adulta, su previsible madurez olvidable y agridulce.

nudosa: que parece tener pequeños nudos; **cáscara:** cubierta exterior; **pulpa:** parte suave del interior de la fruta; **agria:** de sabor ácido; **hincar:** introducir, clavar; **estallarán:** explotarán, reventarán; **Descoyuntarás:** Descompondrás; **faz:** cara; **muecas:** gestos, aspavientos; **agraz:** amargo

Lección 15

1 **Comprensión** Responde a las preguntas con oraciones completas.

1. ¿Cómo conseguía la narradora guayabas en Puerto Rico? ¿Y en Nueva York?

_____

2. ¿Qué recuerdos le trae a la narradora la guayaba que tiene en la mano?

_____

3. ¿Qué cosas pasan cuando muerdes una guayaba verde? Menciona al menos tres.

_____

4. En este relato se presentan diversos contrastes, como madre-hija. Señala dos contrastes más.

_____

_____

2 **Interpretación** Responde a las preguntas con oraciones completas.

1. ¿Por qué la narradora dice que Mami ya dejó de ser niña?

_____

2. ¿Qué simboliza la guayaba en el relato?

_____

3. ¿Por qué la narradora finalmente no se come ni se lleva la guayaba?

_____

4. ¿Qué alimento te provocó hacer muecas cuando lo comiste? ¿Por qué?

_____

_____

3 **Autobiografía** Escribe una composición en la cual explicas cómo una comida te recuerda el pasado. Usa esos recuerdos para elaborar un retrato autobiográfico. Debes dar muchos detalles y ser lo más creativo/a posible. Incluye esta información:

▶ La comida (la fruta, el plato, etc.)
▶ Una descripción detallada de su aspecto físico
▶ Los efectos que causa o causaba al comerla
▶ La frecuencia con la que la comes o comías
▶ El significado que tiene en tu vida

_____

_____

_____

_____

_____

_____

_____

_____

_____

_____

Lección 15

Escritura

Estrategia

Organizar lógicamente la información

Muchas veces en un escrito debes incluir una gran cantidad de información. Será útil para ti organizar la información en alguna de estas tres formas:

▶ cronológicamente (por ejemplo, eventos en la historia de un país)
▶ lógicamente (por ejemplo, pasos en una receta)
▶ en orden de importancia

Organizar tu información de esta manera hará que tanto tu escrito como tu mensaje sean más claros para tus lectores. Si fueras a escribir un texto sobre adelgazar, por ejemplo, tendrías que organizar tus ideas en dos grandes áreas: comer equilibradamente y hacer ejercicio. Tendrías que decidir cuál de las dos es más importante de acuerdo a tu propósito. Si tu idea principal es que comer equilibradamente es clave para adelgazar, comienza tu texto con un comentario sobre los buenos hábitos alimenticios. Conviene que comentes los siguientes aspectos sobre el comer equilibradamente en orden de importancia.

▶ cantidad de alimentos
▶ seleccionar alimentos apropiados de la pirámide alimenticia
▶ recetas saludables

▶ porcentaje de grasa en cada comida
▶ cantidad de calorías
▶ porcentaje de carbohidratos en cada comida
▶ frecuencia de las comidas

Luego deberías completar el texto siguiendo el mismo proceso para comentar los diversos aspectos de la importancia de hacer ejercicio.

TEMA: Escribir un plan personal de bienestar

Antes de escribir

1

Vas a desarrollar un plan personal para mejorar tu bienestar, tanto físico como emocional. Tu plan debe describir:

▶ lo que has hecho para mejorar tu bienestar y llevar una vida sana
▶ lo que no has podido hacer todavía
▶ las actividades que debes hacer en los próximos meses

2

Para cada una de las tres categorías del paso número uno, considera el papel que juegan la nutrición, el ejercicio y el estrés. Refiérete a estas preguntas para más ideas.

La nutrición

▶ ¿Comes una dieta equilibrada?
▶ ¿Consumes vitaminas y minerales? ¿Consumes mucha grasa?

▶ ¿Quieres aumentar de peso o adelgazar?
▶ ¿Qué haces para mejorar tu dieta?

El ejercicio

▶ ¿Haces ejercicio? ¿Con qué frecuencia?
▶ ¿Vas al gimnasio? ¿Qué haces allí?

▶ ¿Practicas algún deporte?
▶ ¿Qué haces para mejorar tu bienestar físico?

Lección 15

El estrés

▶ ¿Sufres muchas presiones?

▶ ¿Qué actividades o problemas te causan estrés?

▶ ¿Qué haces (o debes hacer) para aliviar el estrés?

▶ ¿Qué haces para mejorar tu bienestar emocional?

3 Ahora organiza tus ideas en orden de importancia completando una pirámide invertida. Escribe la información más importante en la parte de arriba, información menos importante en la parte central y la menos importante en la parte de abajo. Completa la pirámide invertida con las tres categorías de nutrición, ejercicio y estrés. Pon la categoría más importante para ti en la parte de arriba de la pirámide y sigue de esta manera con las otras categorías. Después, usa la información del recuadro para añadir detalles clave sobre cada categoría.

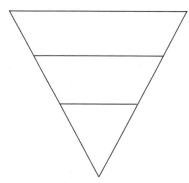

Escribir

Usa la información que incluiste en la pirámide invertida para escribir tu composición. Escribe un párrafo sobre cada una de las tres categorías de la pirámide. Usa estas expresiones para indicar el nivel de importancia de cada categoría. Verifica el uso correcto del presente perfecto y de las formas comparativas.

Muy importante	Importante	Menos importante
Es muy importante...	También es importante...	No es tan importante...
Me importa mucho...	Me importa...	No me importa...

Después de escribir

1 Intercambia tu borrador con el de un(a) compañero/a de clase. Coméntalo y contesta estas preguntas.

▶ ¿Incluyó tu compañero/a las tres categorías de información?

▶ ¿Estableció él/ella un orden claro de importancia entre las tres categorías?

▶ ¿Usó él/ella palabras de la lista para indicar el nivel de importancia?

▶ ¿Usó él/ella bien las formas del presente perfecto y las formas comparativas?

▶ ¿Qué detalles añadirías? ¿Cuáles quitarías? ¿Qué otros comentarios tienes para tu compañero/a?

2 Revisa tu narración según los comentarios de tu compañero/a. Después de escribir la versión final, léela otra vez para eliminar errores en concordancia, ortogafía y puntuación.

Lección 15

contextos

1 **¿Qué debo hacer?** Responde a las preguntas con oraciones completas.

> **modelo**
>
> Si se corta la luz con frecuencia en tu casa, ¿a quién debes llamar?
> *Si se corta la luz con frecuencia en mi casa, debo llamar a un(a) electricista.*

1. Si quieres reparar un mueble de tu habitación, ¿a quién debes recurrir?

   _____

2. Si tus padres quieren construir una casa nueva, ¿a quién deben contratar?

   _____

3. Si tienes que invitar a alguien para que dé una conferencia sobre cómo prevenir un incendio, ¿a quién debes llamar?

   _____

4. Si quieres cambiar el color de tu casa, ¿a quién debes contratar?

   _____

5. Si tu madre quiere teñirse el cabello, ¿a quién debe recurrir?

   _____

6. Si tus padres quieren disfrutar de una cena preparada profesionalmente, ¿a quién deben contratar?

   _____

2 **¿Qué soy?** Responde a la pregunta indicando la profesión de cada persona, de acuerdo con la información dada.

¿Qué soy? Trabajo con...

1. códigos y leyes.

   _____

2. tiza y pizarra.

   _____

3. grabadora y micrófono.

   _____

4. guiones y con mi voz.

   _____

5. pipetas y tubos de ensayo.

   _____

6. palas, lupas y cepillos.

   _____

3 **Preguntas** Lee las respuestas dadas y escribe la pregunta correspondiente para cada caso.

> **modelo**
>
> ¿Cómo se llama al hecho de dejar voluntariamente el trabajo?
> Eso se llama renunciar.

1. _____

   Esa persona recibe el nombre de jefe.

2. _____

   Esa conferencia se llama videoconferencia.

3. _____

   Esa actividad recibe el nombre de profesión.

4. _____

   Esa persona se llama secretaria.

5. _____

   Esa persona se llama político.

4 **Entrevista** Anita es la gerente en de una empresa de construcción. Ella necesita contratar a un nuevo arquitecto. Usa palabras de la lista para escribir las preguntas que podría hacer para elegir al mejor postulante y las posibles respuestas.

ascenso	contratar	ganar	psicólogo	sueldo
beneficio	currículum	ocupación	reunión	teletrabajo
carrera	dejar	oficio	salario	trabajo

ANITA (1)_____

POSTULANTE (2)_____

ANITA (3)_____

POSTULANTE (4)_____

ANITA (5)_____

POSTULANTE (6)_____

ANITA (7)_____

POSTULANTE (8)_____

ANITA (9)_____

POSTULANTE (10)_____

ANITA (11)_____

POSTULANTE (12)_____

pronunciación y ortografía

Las letras **y** y **ll**

Las letras **y** y **ll** no se pronunciaban de la misma forma en el español antiguo. Actualmente, sin embargo, la **ll** y la **y** se pronuncian igual o en forma muy parecida en muchas partes del mundo hispanohablante. Esto hace que se cometan muchos errores ortográficos.

La letra **ll** se usa en estas terminaciones: **-allo/a, -ello/a, -illo/a**.

ta**lla**	se**llo**	bote**lla**	amari**llo**

Fíjate que el subjuntivo de algunos verbos, como **ir** y **haber**, se escribe con **y**.

va**y**a	va**y**amos	ha**y**as	ha**y**an

La letra **ll** se usa en las palabras que comienzan con **lla-, lle-, llo-, llu-**.

llave	**lle**ga	**llo**rar	**llu**via

La letra **y** se usa en algunas formas de los verbos **caer, leer** y **oír** y en los verbos terminados en **-uir**.

ca**y**endo	le**y**eron	o**y**e	inclu**y**e

Es importante poner especial atención en las palabras que suenan igual, pero se escriben de manera diferente y no significan lo mismo. Estas palabras se llaman homófonas.

ha**y**a: (del verbo **haber**) existe; ocurre
ha**ll**a: (del verbo **hallar**) descubre; observa; encuentra

ra**y**a: (sustantivo) línea; (del verbo **rayar**) dibuja una línea
ra**ll**a: (del verbo **rallar**) desmenuza algo con un rallador

o**y**e: (del verbo **oír**) percibe sonidos con el oído
ho**ll**e: (del verbo **hollar**) comprime algo con los pies; pisa dejando huellas

Práctica

1 **Completar** Completa los espacios con **y** o **ll**. Después escribe una oración completa con cada par de palabras.

> **modelo**
> distribu**y**en, estrella
> *Las estrellas se distribuyen en el cielo nocturno.*

1. hu____en, patru____a

_____

2. mura____a, le____eron

_____

3. constru____ó, casti____o

_____

4. ____amada, o____eron

_____

Lección 16 Cuaderno para hispanohablantes

cultura

Presencia hispana en la economía de los EE.UU.

Cada año, más y más hispanos viajan a los Estados Unidos para trabajar, estudiar o por razones personales.

En la actualidad, la población hispana que radica en los EE.UU. llega a casi 35 millones, lo que representa el 11.8% del total de la población. De estos 35 millones, una parte son niños pequeños, estudiantes o adultos mayores y los restantes 16 millones se encuentran trabajando. Se trata de una fuerza laboral joven y capacitada que tiene un poder de consumo de entre 350 mil y 475 mil millones de dólares. ¡Esta cifra es similar al **PIB** de México! La fuerza laboral hispana recibe en promedio un ingreso de 30 mil dólares anuales.

La comunidad hispana es una de las más dinámicas y con mayor crecimiento de los EE.UU. y ocupa cada vez más espacios en la vida política y empresarial de la nación. Los empresarios hispanos cuentan con más de 1.300.000 negocios con ventas anuales superiores a los 138 mil millones de dólares.

Dos de cada tres empresas hispanas se ubican en tres estados: en California hay más de 416 mil empresas, lo que representa el 32% del total, seguido por Texas con 20% y Florida con un 15%.

La comunidad hispana se caracteriza por conservar sus costumbres y tradiciones. Por eso existe una demanda considerable de productos **autóctonos** en ese sector de la población y también una influencia creciente en los hábitos de consumo de toda la población estadounidense.

La población hispana ha aumentado también su poder de compra. En 2007 se calcula que el consumo de este sector de la población ascendió a más de 800.000.000 de dólares. Desde hace ya varios años, muchas empresas importantes lanzan sus campañas no sólo en inglés, sino también en español. Como se puede apreciar, la comunidad hispana no sólo provee de una importante mano de obra, sino que también afecta positivamente la economía de los Estados Unidos a través de su capacidad de consumo.

PIB: (Producto Interno Bruto) el valor de todos los bienes y servicios que se obtienen en la economía de un país; **autóctonos:** nativos, propios de una cultura o nación

---

1 **Comprensión** Responde a las preguntas con oraciones completas.

1. Menciona dos formas en que los hispanos afectan la economía de los Estados Unidos.

   _____

2. ¿Cómo es el poder de consumo de los hispanos en los EE.UU.? Da ejemplos.

   _____

3. ¿Qué estados tienen más compañías hispanas?

   _____

4. ¿Cómo se ha modificado el mercado para integrar a los consumidores hispanos?

   _____

5. ¿Qué futuro piensas que le espera a la población hispana residente en los EE.UU.?

   _____

estructura

16.1 El futuro

▶ En español hay más de una forma para expresar el futuro. Observa las oraciones de abajo. Todas expresan un tiempo futuro.

(Presente de indicativo)	(ir a + [*infinitivo*])
Me reúno contigo la próxima semana.	**Voy a reunirme** contigo la próxima semana.

(Presente de subjuntivo)	(Futuro)
Ojalá **me reúna** contigo la próxima semana.	**Me reuniré** contigo la próxima semana.

▶ En español, el futuro es un tiempo simple de una sola palabra, mientras que en inglés se forma con el verbo auxiliar *will* o *shall* más un verbo principal.

Veremos la película mañana.
We will see the movie tomorrow.

Estudiaré medicina.
I will study medicine.

¿**Serás** abogado algún día?
Will you be a lawyer someday?

La jefa los **despedirá** pronto.
The boss will fire them soon.

▶ **¡Atención!** Observa que, excepto la forma de **nosotros/as**, todas las terminaciones de las formas verbales del futuro se escriben con acento.

Futuro			
	trabajar	**emprender**	**invertir**
FORMAS DEL SINGULAR			
yo	trabajar**é**	emprender**é**	invertir**é**
tú	trabajar**ás**	emprender**ás**	invertir**ás**
Ud./él/ella	trabajar**á**	emprender**á**	invertir**á**
FORMAS DEL PLURAL			
nosotros/as	trabajar**emos**	emprender**emos**	invertir**emos**
vosotros/as	trabajar**éis**	emprender**éis**	invertir**éis**
Uds./ellos/ellas	trabajar**án**	emprender**án**	invertir**án**

Invertiré mis ahorros en fondos mutuos.

Mi papá y mi tío **emprenderán** un negocio juntos.

¿**Continuarás** tus estudios de español el año que viene?

Seguiremos entrevistando hasta que encontremos la candidata ideal.

▶ Las terminaciones del tiempo futuro son iguales en los verbos regulares y en los verbos irregulares. En los verbos regulares, basta con que agregues la terminación al infinitivo. En los verbos irregulares, agrega la terminación a la raíz irregular.

Lección 16 Cuaderno para hispanohablantes

Futuro de verbos irregulares

INFINITIVO	RAÍZ	FUTURO
caber	cabr-	cabré
decir	dir-	diré
hacer	har-	haré
mantener	mantendr-	mantendré
poder	podr-	podré
poner	pondr-	pondré
querer	querr-	querré
saber	sabr-	sabré
salir	saldr-	saldré
tener	tendr-	tendré
valer	valdr-	valdré
venir	vendr-	vendré

▶ El futuro de **hay** (infinitivo **haber**) es **habrá**.

Mañana **habrá** una feria de la educación superior.

En la feria **habrá** expositores de institutos profesionales.

Otros usos del futuro

El futuro se usa para expresar conjetura o probabilidad sobre condiciones, eventos o acciones del presente.

▶ ¿Quién **será** el gerente?

▶ ¿Dónde **estará** mi agenda?

▶ **Estará** en tu bolso.

El futuro se usa en la cláusula principal de oraciones en las que el presente de subjuntivo va después de una conjunción de tiempo como **cuando, después (de) que, en cuanto, hasta que** y **tan pronto como**.

▶ **Cuando llegue** la secretaria, le **solicitaremos** el informe.

▶ **Renunciarás** al trabajo **después de que vuelvas** de las vacaciones.

▶ Completa la conjugación del futuro de los verbos **caber, querer** y **salir**. Fíjate en la raíz de la forma para **yo** de cada verbo.

	caber	querer	salir
yo	**cabr**é	**querr**é	**saldr**é
tú	_____	_____	_____
Ud./él/ella	_____	_____	_____
nosotros/as	_____	_____	_____
vosotros/as	cabréis	querréis	saldréis
Uds./ellos/ellas	_____	_____	_____

Práctica

1

Reglas Empiezas a trabajar en una pizzería donde tendrás que respetar muchas reglas.
Escribe su decálogo del buen servicio con oraciones completas. Usa los verbos en futuro.

> **modelo**
>
> los empleados / comenzar / día de trabajo con entusiasmo.
> **Los empleados comenzarán su día de trabajo con entusiasmo.**

1. cliente / siempre / tener / razón

   _____

2. empleados / saber / todos precios de productos

   _____

3. repartidor / entregar / pizza / antes de media hora

   _____

4. encargado del día / reponer / servilleta / en las mesas

   _____

5. ningún cliente / esperar / más de cinco minutos para ser atendido

   _____

2

¿Cómo va a ser? Imagina que tienes la oportunidad de elegir tu trabajo ideal. Contesta las
preguntas usando verbos en futuro.

> **modelo**
>
> ¿A qué hora va a empezar tu jornada de trabajo?
> **Mi jornada de trabajo empezará a las diez de la mañana.**

1. ¿Qué vas a hacer en tu trabajo?

   _____

2. ¿Dónde vas a trabajar?

   _____

3. ¿Cuál va a ser tu hora de salida?

   _____

4. ¿Cuánto dinero te van a pagar mensualmente?

   _____

5. ¿Qué van a decir de ti tus compañeros de trabajo?

   _____

3

El verano En una hoja aparte, escribe un párrafo donde describas lo que vas a hacer durante el
próximo verano. ¿Vas a tener un trabajo temporal? ¿Vas a salir de viaje? Usa verbos en futuro.

> **modelo**
>
> **Por las mañanas trabajaré en la tienda de productos para hacer surfing.**

16.2 El futuro perfecto

▷ El futuro perfecto se forma con el futuro del verbo **haber** y un participio pasado. Este tiempo se usa para expresar lo que habrá sucedido en un tiempo futuro.

Futuro perfecto			
	contratar	**obtener**	**recibir**
FORMAS DEL SINGULAR yo	**habré** contratado	**habré** obtenido	**habré** recibido
tú	**habrás** contratado	**habrás** obtenido	**habrás** recibido
Ud./él/ella	**habrá** contratado	**habrá** obtenido	**habrá** recibido
FORMAS DEL PLURAL nosotros/as	**habremos** contratado	**habremos** obtenido	**habremos** recibido
vosotros/as	**habréis** contratado	**habréis** obtenido	**habréis** recibido
Uds./ellos/ellas	**habrán** contratado	**habrán** obtenido	**habrán** recibido

▷ Las construcciones **para** + [*expresión de tiempo*], **dentro de** + [*expresión de tiempo*], **antes de** + [*expresión de tiempo*] y **antes de** + [*infinitivo*] se usan con el futuro perfecto para mostrar lo que habrá sucedido en un tiempo futuro.

Para la noche, habré ordenado mi escritorio.

Dentro de un mes, habré salido de vacaciones.

Antes de terminar la semana, habremos entregado el informe.

Antes del fin de año, habré comprado una computadora portátil.

Práctica

1 **En el futuro** Escribe oraciones completas para expresar lo que habrá sucedido más adelante en tu vida. Usa las expresiones de la lista con verbos en futuro perfecto y agrega otras palabras para hacer más descriptivas tus oraciones.

> **antes de** + [*expresión de tiempo*]   **dentro de** + [*expresión de tiempo*]
> **antes de** + [*infinitivo*]   **para** + [*expresión de tiempo*]

modelo
(terminar los estudios)
Dentro de unos años habré terminado mis estudios universitarios.

1. (construir una casa) _____

2. (viajar por Suramérica) _____

3. (tener varios trabajos) _____

4. (convertirse en un(a) profesional exitoso/a) _____

5. (aprender varios idiomas) _____

6. (ahorrar para jubilarse) _____

7. (obtener un gran ascenso) _____

8. (ayudar a pagar los estudios de mis hermanos) _____

16.3 El pretérito imperfecto de subjuntivo

▶ El pretérito imperfecto de subjuntivo se construye con la forma para **Uds./ellos/ellas** del pretérito. Para obtener la raíz de todas las formas del pretérito imperfecto de subjuntivo, elimina la terminación **-ron** del pretérito. A la raíz que queda se le agregan las terminaciones del pretérito imperfecto de subjuntivo.

INFINITIVO	PRETÉRITO	PRETÉRITO IMPERFECTO DE SUBJUNTIVO
proyectar	ellos proyecta~~ron~~	proyecta**ra**, proyecta**ras**, proyectá**ramos**
comer	ellos comie~~ron~~	comie**ra**, comie**ras**, comié**ramos**
abrir	ellos abrie~~ron~~	abrie**ra**, abrie**ras**, abrié**ramos**

▶ El pretérito imperfecto de subjuntivo tiene dos formas para cada persona. Estas formas son las mismas en las tres conjugaciones (**-ar, -er, -ir**). La primera forma (**-ra, -ras,** etc.) es generalmente la que más se usa.

-ra	-ramos	-se	-semos
-ras	-rais	-ses	-seis
-ra	-ran	-se	-sen

¡Atención!

Fíjate que las formas con **nosotros/as** siempre llevan tilde en la antepenúltima sílaba en el pretérito imperfecto de subjuntivo.

▶ Como el presente de subjuntivo, el pretérito imperfecto de subjuntivo se usa principalmente en oraciones con cláusulas que expresan estados o condiciones como deseo, influencia, emoción, mandatos, indefinición y no existencia.

Pretérito imperfecto de subjuntivo

ganar	beber	subir
gana**ra**/gana**se**	bebie**ra**/bebie**se**	subie**ra**/subie**se**
gana**ras**/gana**ses**	bebie**ras**/bebie**ses**	subie**ras**/subie**ses**
gana**ra**/gana**se**	bebie**ra**/bebie**se**	subie**ra**/subie**se**
ganá**ramos**/ganá**semos**	bebié**ramos**/bebié**semos**	subié**ramos**/subié**semos**
gana**rais**/gana**seis**	bebie**rais**/bebie**seis**	subie**rais**/subie**seis**
gana**ran**/gana**sen**	bebie**ran**/bebie**sen**	subie**ran**/subie**sen**

¡Atención!

Fíjate que el pretérito imperfecto de subjuntivo de **decir** nunca lleva **i** entre la **j** y la **e**.

▶ Los verbos con pretérito irregular forman el pretérito imperfecto de subjuntivo agregando las terminaciones a la raíz irregular.

INFINITIVO	PRETÉRITO	PRETÉRITO IMPERFECTO DE SUBJUNTIVO
dar	**die**~~ron~~	die**ra**, die**ras**, dié**ramos**
decir	**dije**~~ron~~	dije**ra**, dije**ras**, dijé**ramos**
estar	**estuvie**~~ron~~	estuvie**ra**, estuvie**ras**, estuvié**ramos**
hacer	**hicie**~~ron~~	hicie**ra**, hicie**ras**, hicié**ramos**
ir/ser	**fue**~~ron~~	fue**ra**, fue**ras**, fué**ramos**
poder	**pudie**~~ron~~	pudie**ra**, pudie**ras**, pudié**ramos**
poner	**pusie**~~ron~~	pusie**ra**, pusie**ras**, pusié**ramos**
querer	**quisie**~~ron~~	quisie**ra**, qusie**ras**, qusié**ramos**
saber	**supie**~~ron~~	supie**ra**, supie**ras**, supié**ramos**
tener	**tuvie**~~ron~~	tuvie**ra**, tuvie**ras**, tuvié**ramos**
venir	**vinie**~~ron~~	vinie**ra**, vinie**ras**, vinié**ramos**

▶ Los verbos con cambios en la raíz y otros cambios ortográficos siguen un proceso similar para formar el pretérito imperfecto de subjuntivo.

INFINITIVO	PRETÉRITO	PRETÉRITO IMPERFECTO DE SUBJUNTIVO
preferir	prefirie~~ron~~	prefiriera, prefirieras, prefiriéramos
repetir	repitie~~ron~~	repitiera, repitieras, repitiéramos
dormir	durmie~~ron~~	durmiera, durmieras, durmiéramos
conducir	conduje~~ron~~	condujera, condujeras, condujéramos
creer	creye~~ron~~	creyera, creyeras, creyéramos
destruir	destruye~~ron~~	destruyera, destruyeras, destruyéramos
oír	oye~~ron~~	oyera, oyeras, oyéramos

▶ El pretérito imperfecto de subjuntivo se usa en los mismos contextos y situaciones que el presente y el pretérito perfecto de subjuntivo, sólo que el pretérito imperfecto de subjuntivo describe acciones, eventos o condiciones que ya han sucedido.

Mi mamá **quiere** que yo **termine** mis tareas temprano.

Mi mamá **quería** que yo **terminara** mis tareas temprano.

Te **piden** que **entres** inmediatamente a la oficina.

Te **pidieron** que **entraras** inmediatamente a la oficina.

▶ Con el pretérito imperfecto de subjuntivo, puedes usar verbos y expresiones como éstos:

Verbos		Expresiones	
alegrarse (de)	preocuparse	fue/era bueno	fue/era probable
enojarse	(no) querer	fue/era extraño	fue/era terrible
esperar	sorprenderse	fue/era imposible	fue/era una lástima
insistir en	temer	fue/era malo	no fue/era cierto
lamentar	tener miedo (de)	fue/era mejor	no fue/era verdad
molestar		fue/era peor	

Lamenté que no **terminaras** el curso con nosotros.

Era bueno que **llegaras** siempre temprano.

▶ Completa el cuadro con el pretérito imperfecto de subjuntivo.

Pretérito imperfecto de subjuntivo		
contar	saber	decir
contara, contase	supiera, supiese	dijera, dijese
_____	_____	_____
_____	_____	_____
_____	_____	_____
contarais, contaseis	supierais, supieseis	dijerais, dijeseis

Práctica

 Conclusiones Tu tío te pidió que lo ayudaras en su trabajo durante las vacaciones. Escribe las oraciones para expresar cómo te fue. Conjuga el primer verbo en algún pasado de indicativo y el segundo verbo en pretérito imperfecto de subjuntivo.

> **modelo**
>
> a su jefe / sorprender / yo aprender / tan rápido
> A su jefe le sorprendió que aprendiera tan rápido.

1. mi tío / querer / yo tener / posibilidad / aprender algo nuevo

   _____

2. mis amigos / no creer / yo poder / hacerlo tan bien

   _____

3. yo tratar / mi trabajo / ser / eficiente

   _____

4. esperar / sus jefes / formarse / una buena impresión de mí

   _____

5. lamentar / reemplazo / durar / tan poco

   _____

6. finalmente / yo alegrarme de / mi tío quedar / conforme con mi desempeño

   _____

---

2 **Renuncia** Imagina que tu profesor(a) de español renunció. ¿Cuáles fueron sus razones?

alegrar	fue/era terrible	molestar	sorprenderse
enojarse	insistir en	no (querer)	temer

> **modelo**
>
> (Sus jefes nunca le dieron un aumento de sueldo.)
> Me molestaba que mis jefes nunca me dieran un aumento de sueldo.

1. (Las aulas no estaban equipadas con computadoras.)

   _____

2. (Había demasiadas pruebas que corregir.)

   _____

3. (El sueldo no le duraba el mes.)

   _____

4. (Los estudiantes siempre se quejaban al estudiar el subjuntivo.)

   _____

5. (Los estudiantes siempre contestaban el teléfono en clase.)

   _____

adelante

Lectura

Antes de leer

Según tu opinión, ¿cuándo es una ocupación o un trabajo bueno o conveniente?

_____

_____

_____

_____

_____

Sobre el autor

Eduardo Hughes Galeano nació en Montevideo, Uruguay, en 1940. Comenzó trabajando en diferentes periódicos, como *El Sol*, para el que hacía dibujos y caricaturas de tipo político. Fue redactor jefe en el diario *Marcha* y, posteriormente, en *Época*. Durante su exilio en Argentina, fundó la revista *Crisis*. Posteriormente, vivió en España hasta 1985, año en que regresó a Uruguay. Sus escritos están marcados por la difícil realidad político-social que vivía el continente, por lo que Galeano ha sido considerado como un lúcido y valiente cronista de su tiempo. Algunas de sus obras son *El libro de los abrazos*, *Las palabras andantes*, *El fútbol a sol y a sombra* y *Bocas del tiempo*.

El carpintero

Orlando Goicoechea reconoce las maderas por el olor, de qué árboles vienen, qué edad tienen, y oliéndolas sabe si fueron cortadas a tiempo o a destiempo y les adivina los posibles **contratiempos**.

Él es carpintero desde que hacía sus propios juguetes en la **azotea** de su casa del barrio de Cayo Hueso. Nunca tuvo máquinas ni ayudantes. A mano hace todo lo que hace, y de su mano nacen los mejores muebles de La Habana: mesas para comer celebrando, camas y sillas que te da pena levantarte, armarios donde a la ropa le gusta quedarse.

Orlando trabaja desde el amanecer. Y cuando el sol se va de la azotea, se encierra y enciende el video. Al cabo de tantos años de trabajo, Orlando se ha dado el lujo de comprarse un video, y ve una película tras otra.

—No sabía que eras loco por el cine— le dice un vecino.

Y Orlando le explica que no, que a él el cine ni le va ni le viene, pero gracias al video puede detener las películas para estudiar los muebles.

---

contratiempos: defectos; **azotea:** techo más o menos plano de una casa

1 **Comprensión** Responde a las preguntas con oraciones completas.

1. ¿Qué sentido usa Orlando Goicoechea para reconocer la madera?

_____

2. ¿Desde cuándo es carpintero Orlando Goicoechea? ¿Cómo lo sabes?

_____

3. ¿Cómo fabrica los muebles Orlando Goicoechea?

_____

4. ¿Cuánto tiempo trabaja diariamente Orlando?

_____

5. ¿En qué ocupa Orlando su tiempo libre?

_____

6. ¿Con qué fin Orlando ve tantas películas de video?

_____

2 **Interpretación** Responde a las preguntas con oraciones completas.

1. ¿Qué quiere expresar el narrador cuando dice que Orlando hace sillas de las cuales da pena levantarse?

_____

2. ¿Qué se puede inferir de que para Orlando sea un lujo tener un aparato de video?

_____

3. ¿Cómo se puede comprobar que Orlando tiene una vida de pobreza material?

_____

3 **¿Y tú?** ¿Qué harías tú si, como Orlando Goicoechea, quisieras conseguir mayor información sobre algo específico? ¿Qué medios tienes a tu alcance para ayudarte a lograrlo? Escribe un párrafo de ocho oraciones para explicar.

_____

_____

_____

_____

_____

_____

_____

_____

_____

_____

Sobre el autor

Wenceslao Gálvez nació en Cuba en 1867. Autor de *Tampa: Impresiones de un emigrado*, Gálvez tuvo una azarosa vida ligada a la guerra de independencia que su país tenía contra España a fines del siglo XIX. Esto lo llevó a emigrar a los Estados Unidos en busca de mejores horizontes. Gálvez era abogado, pero también escribió poemas, crónicas y artículos de costumbres. En su trabajo, Gálvez se muestra solidario con las difíciles condiciones en las que viven cientos de emigrantes latinoamericanos.

Mi maletín

Conozco a Ibor City palmo a palmo y casi diré casa por casa, pues a no ser alguna que otra de reciente construcción, en todas las demás he entrado proponiendo **baratijas**, porque yo fui baratillero, aunque mal me esté el decirlo. No salía por las calles cargado con un **armatoste** que me cubría las espaldas; pero llevaba un maletín en la mano con perfumería barata y **chucherías** para señoras. ¡Cuántas veces he oído el *nothing today*, "no se quiere nada hoy" que suena a "perdone por Dios, hermano!" ¡Cuántas veces al final de una larga jornada sobre la **candente** arena obtenía una mísera ganancia! ¡Ah! Los que emplean la metáfora aquella de la "candente arena de la política" no saben lo que dicen. La arena caliente es cosa verdaderamente ingrata. Penetra sutil el calor por la suela de los zapatos y produce en la planta del pie sensación desagradable. Y así, con los pies calientes y la cabeza fría, hay que entrar amable en la casa ofreciendo perfumería barata. Y así, calle por calle, casa por casa, he recorrido a Ibor City, este barrio que se extiende sin orden ni concierto como enredadera mal dirigida. Y así he visto también, día por día la miseria, reina y señora de casi todos los hogares. Muchas veces dejaba de vender mis baratijas por falta absoluta de dinero en mis **parroquianos**. Para hacer un gasto de cinco centavos en un jarro pequeño de lata (a mí me costaba cuatro) me citaban para dentro de ocho días; demoraban el encargo de un paquete de ganchos, quince, y las morenas pobres de los barrios más apartados, quedábanse boqui-abiertas registrando el forro de sus **faltriqueras** para adquirir una cinta de tonos fuertes. ¡Mi maletín de chucherías! ¡Y cómo me pesaba algunas veces!

—¿Va usted de viaje? Me preguntaba al paso un conocido.

—No, señor, es que voy vendiendo baratijas.

—Usted ¡siempre tan *guaso*! Me contestaba. Y se reía, haciendo molinetes con su junco y aspirando el aroma de un habano falsificado.

Algunas frases en inglés me enseñaron familias americanas, pues en mi **afán** de engrandecer mi **marchantería**, me llevaba, no como por la mano, sino como por el maletín a las casas de aquéllos.

Los que han visto las angustias de los mudos para darse a entender, comprenderán el esfuerzo de **mímica** que yo derrocharía para ofrecer mis mercancías a estas familias **bonachonas**, que del español no entienden ni la moneda.

Una vez ofrecía yo un jarro de **loza** de utilidad indiscutible. Yo decía *ten cents* porque eso de los *cents* es lo que primero se aprende en todos los países. La familia a su vez quería entenderme. ¿Leche?, me preguntaban; ¿huevos?, ¿agua?... Al fin me fui de allí vencido y con mi jarro de loza en la mano. Mi afán de vender era **desapoderado**. Yo debía demostrar una actividad superior aun a mis deseos y no me detenía siquiera el respeto que se debe al **transeúnte**. Otra vez venía con otro jarro en la mano, jarro de lata que no cabía en la maleta. En dirección opuesta venía un campesino en su carretón. Y otra vez se repitió la historia. *Five cents*, le decía yo. Y aquél contestaba en inglés ¿cinco centavos de frijoles?

¡Oh, mi maletín de chucherías! Guarda, guarda nuestros recuerdos para que nadie los **profane**...

baratijas: cosas pequeñas que no valen mucho; **armatoste:** objeto pesado y estorboso; **chucherías:** baratijas; **candente:** muy caliente; **parroquianos:** personas que acostumbran comprarle a la misma persona; **faltriqueras:** bolsillos; **guaso:** bromista; **afán:** esfuerzo; **marchantería:** clientela; **mímica:** arte de decir con gestos, sin palabras; **bonachonas:** buenas, afectuosas; **loza:** cerámica; **desapoderado:** excesivo, sin medida; **transeúnte:** persona que camina por la calle; **profane:** deshonre, ofenda

1 **Comprensión** Responde a las preguntas con oraciones completas.

1. ¿Por qué el narrador conoce prácticamente todas las casas de Ibor City?

_____

2. ¿Qué ofrecía el narrador a sus clientes?

_____

3. ¿Quiénes eran preferentemente sus clientes? ¿Cómo lo sabes?

_____

4. ¿Cuál era la respuesta más frecuente que recibía el vendedor al ofrecer sus productos?

_____

5. ¿Cómo era la condición económica de la gente que visitaba el narrador? ¿Qué efectos provocaba eso?

_____

_____

2 **Interpretación** Responde a las preguntas con oraciones completas.

1. ¿Cómo le parecía al narrador su trabajo de vendedor? ¿Cómo lo sabes?

_____

2. ¿Por qué el narrador menciona la arena caliente?

_____

3. ¿Qué quiere expresar el narrador cuando dice que con el afán de vender no lo "detenía ni siquiera el respeto que se debe al transeúnte"? ¿Te parece correcta esa actitud?

_____

_____

4. Según tu opinión, ¿cómo crees que es el trabajo de vendedor callejero? ¿Por qué? Escribe tres ventajas y tres desventajas de dicho trabajo.

_____

_____

5. ¿En qué se diferencian los protagonistas de las dos historias en relación con el trabajo?

_____

_____

Escritura

Estrategia
Usar fichas

Las fichas son ayudas de estudio útiles y valiosas en muy diversas situaciones. Cuando escribes, las fichas pueden ayudarte a organizar y a secuenciar la información que deseas presentar.

Supongamos que vas a escribir una narración personal sobre un viaje que hiciste. Tú tomaste notas sobre cada parte del viaje en una ficha diferente. Después podrías organizarlas fácilmente en orden cronológico o usar una organización diferente, como las partes mejores y peores, viaje y estadía, antes y después, etc.

Éstas son algunas técnicas útiles en el uso de fichas para preparar un escrito:

▶ Rotula la parte superior de cada ficha con un tema general, como **el avión** o **el hotel**.

▶ Numera las fichas de cada categoría temática en la esquina superior derecha como ayuda para organizarlas.

▶ Usa sólo la parte delantera de cada ficha para que puedas encontrar información fácilmente al hojear las fichas.

Estudia el siguiente ejemplo de una ficha que se usó para preparar una composición:

> **En el hotel de Santo Domingo**   **4**
>
> Cuando llegamos al hotel, nuestra habitación no estaba lista. Pero el gerente del hotel nos permitió usar la piscina mientras esperábamos. ¡Lo pasamos muy bien!

TEMA: Escribir una composición

Antes de escribir

1 Vas a escribir una composición sobre tus planes profesionales y personales para el futuro.

2 Debes organizar tus ideas usando fichas. Tendrás cinco categorías de ficha:

▶ Lugar (número 1)
▶ Familia (número 2)
▶ Empleo (número 3)
▶ Finanzas (número 4)
▶ Metas profesionales (número 5)

3 Para cada categoría, escribe tus ideas en las fichas. Usa una ficha para cada idea. Pon también el número de la categoría en la ficha.

4 Usa estas preguntas para pensar en ideas para tus fichas.

▶ Lugar: ¿Dónde vivirás? ¿Vivirás en la misma ciudad siempre? ¿Te mudarás mucho?

▶ Familia: ¿Te casarás? ¿Con quién? ¿Tendrás hijos? ¿Cuántos?

▶ Empleo: ¿En qué profesión trabajarás? ¿Tendrás tu propia empresa?

▶ Finanzas: ¿Ganarás mucho dinero? ¿Ahorrarás mucho dinero? ¿Lo invertirás?

▶ Metas profesionales: ¿Que habrás hecho para el año 2020? ¿Para 2030? ¿Para 2050?

5 Mira este ejemplo de una ficha para la categoría número 1.

Lugar   **1**

Viviré en los Estados Unidos en una ciudad grande. No sé cuál será, tal vez Nueva York o
San Francisco, pero lo cierto es que la ciudad tendrá una población muy grande y también
muchos lugares de interés.

6 Después de anotar todas tus ideas en las fichas, organízalas según las cinco categorías. Ahora, cuando escribas tu composición, tendrás todas tus ideas listas.

Escribir

1 Usa las fichas para escribir tu composición. Escribe cinco párrafos cortos, usando cada categoría como tema de párrafo.

2 Verifica el uso correcto del tiempo futuro y del futuro perfecto mientras escribes.

Después de escribir

1 Intercambia tu borrador con el de un(a) compañero/a de clase. Coméntalo y contesta estas preguntas.

▶ ¿Incluyó tu compañero/a cinco párrafos que corresponden a las cinco categorías de información?

▶ ¿Contestó él/ella algunas de las preguntas de la lista que aparece en la sección **Antes de escribir**?

▶ ¿Usó él/ella bien las formas del futuro y del futuro perfecto?

▶ ¿Qué detalles añadirías? ¿Cuáles quitarías? ¿Qué otros comentarios tienes para tu compañero/a?

2 Revisa tu narración según los comentarios de tu compañero/a. Después de escribir la versión final, léela otra vez para eliminar errores en:

▶ la ortografía

▶ la puntuación

▶ el uso de letras mayúsculas y minúsculas

▶ la concordancia entre sustantivos y adjetivos

▶ el uso de verbos en el futuro y el futuro perfecto

▶ el uso de **ser** y **estar**

contextos

Lección 17

1 **Crucigrama** Completa el crucigrama con las palabras de **Contextos**.

Horizontales

4. cuerpo celeste que brilla en la noche
6. autor de obras dramáticas
7. labrar a mano una obra en piedra, metal o madera
9. competencia
10. conjunto de objetos de barro, loza o porcelana
11. trabajo realizado a mano con un sello personal

Verticales

1. que es de otro país
2. estimar
3. producto que se obtiene de entrelazar hilo, lana o algodón
5. difundir por medios impresos como libros, revistas o diarios
7. obra de escultura que representa a alguien o algo
8. película o programa de televisión que informa sobre hechos o experimentos

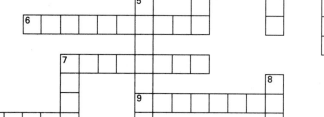

2 **Describir** Observa la imagen y describe lo que ves. Escribe ocho oraciones completas. Usa las palabras de **Contextos**.

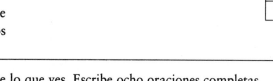

modelo

Don José aplaude al final de la obra de teatro.

1. _____
2. _____
3. _____
4. _____
5. _____
6. _____
7. _____
8. _____

3 **¿Qué opinas tú?** Imagina ahora que tú eres el/la artista a quien entrevistan. Responde a las preguntas con oraciones completas.

1. ¿Cuál es el evento artístico que más has aplaudido? ¿Por qué?

   _____

2. ¿Consideras que el arte clásico es mejor que el moderno?

   _____

3. Para ti ¿cuál de las bellas artes expresa mejor lo que siente el ser humano?

   _____

4. ¿Qué compositor, actor o actriz piensas que es notablemente talentoso o talentosa? ¿Por qué?

   _____

5. ¿Qué elementos de la cultura pop consideras que son arte?

   _____

6. ¿Crees que la cultura avanza o decae? ¿Por qué?

   _____

   _____

4 **Cine y televisión** Amanda e Isabel tienen gustos muy diferentes. Si una dice cine mexicano, la otra dice cine argentino. Escribe un diálogo entre estas dos amigas sobre sus gustos respecto al cine y la televisión. Utiliza en tu diálogo la mayor cantidad de palabras de la lista.

canal	...de aventuras	...de vaqueros	estrella de cine
concurso	...de ciencia ficción	dibujos animados	personaje principal
...de acción	...de horror	documental	telenovela

ISABEL _____

AMANDA _____

ISABEL _____

AMANDA _____

ISABEL _____

AMANDA _____

ISABEL _____

AMANDA _____

ISABEL _____

AMANDA _____

ISABEL _____

AMANDA _____

pronunciación y ortografía

La letra **h**

En español, la letra **h** no representa ningún sonido. Por eso, a veces es difícil distinguir entre palabras que se pronuncian igual pero que se escriben de forma diferente, como en **hola** (saludo) y **ola** (onda en la superficie del agua).

Algunas palabras que llevan **h** entre vocales son a**h**ora, a**h**orrar, alco**h**ol, bú**h**o, co**h**ete, zana**h**oria y pro**h**ibir.

Se escriben con **h** todas las formas de los verbos **haber, hacer, hallar, hablar** y **habitar.**

| **h**abía | **h**ice | **h**allamos | **h**ablara | **h**abitan |

Se escriben con **h** todas las palabras que comienzan con los diptongos **hia-, hie-, hue-** y **hui-.**

| **hia**to | **hie**lo | **hue**vo | **hui**dizo |

Se escriben con **h** las palabras que comienzan con los prefijos **hidr-** (agua), **hemi-** (medio, mitad) y **hemo-** (sangre).

| **hidr**áulico | **hidr**ógeno | **hemi**sferio | **hemo**filia |

Se escriben con **h** las palabras que comienzan con los prefijos **homeo-** (semejante, parecido), **homo-** (igual), **hetero-** (otro, diferente) e **hiper-** (superioridad, exceso).

| **homeo**patía | **homo**géneo | **hetero**géneo | **hiper**tensión |

Algunas interjecciones llevan **h** al final.

| ¡a**h**! | ¡e**h**! | ¡o**h**! | ¡ba**h**! |

Se escriben con **h** las palabras que comienzan con **hosp-, hum-, horm-** y **herm-.**

| **hosp**ital | **hum**ano | **horm**iga | **herm**oso |

Lección 17

---

1   **Una historia**   Muchas obras de arte son producto de la exageración. Escribe una historia exagerada sobre algo que te haya sucedido. Usa la mayor cantidad de palabras con **h** que puedas y los verbos **haber, hacer, hallar, hablar** y **habitar.**

> **modelo**
>
> Había una vez una inteligente y hermosa soprano cuya voz era tan fuerte que cuando cantaba rompía no sólo los vasos sino hasta las estrellas...

_____

_____

_____

_____

_____

_____

_____

cultura

Lección 17

Museo de Arte Latinoamericano de Buenos Aires

Si te interesa el arte contemporáneo y estás en Nueva York, puedes visitar el MoMA. ¿Estás en París? Puedes visitar el Centro Pompidou, y en Londres el Tate Modern. ¿Pero sabías que en Buenos Aires hay un museo especializado en el arte contemporáneo latinoamericano?

El Museo de Arte Latinoamericano de Buenos Aires (MALBA) se encuentra en un enorme edificio de mármol y acero construido para coleccionar y exhibir arte. Fundado en 2001, su objetivo es preservar y difundir el arte latinoamericano del siglo XX. Más de doscientas obras de importantes artistas latinoamericanos se exhiben dentro de las paredes de este museo impresionante.

El MALBA también provee espacios donde se ofrecen actividades educativas, las cuales incorporan ciclos de cine, charlas con escritores y artistas, talleres y visitas guiadas.

El MALBA tiene como meta despertar el interés del público a fin de que se conozcan las obras de los pintores, escultores y otros artistas de América Latina. La gran diversidad cultural y artística de Hispanoamérica se pone en evidencia a través de los salones del museo. Las más de doscientas obras que tiene el MALBA, incluyen piezas de pintura y escultura, grabados y fotografías de artistas colombianos, chilenos, costarricenses, y por supuesto, argentinos. En el MALBA podrás admirar las obras de artistas como Wifredo Lam de Cuba y Frida Kahlo de México.

Ninguna visita a Buenos Aires está completa sin una visita al MALBA.

1   **Comprensión** Responde a las preguntas con oraciones completas.

1. ¿Qué famosos museos de arte contemporáneo se mencionan en el artículo?

   _____

2. ¿Qué tipos de arte puedes encontrar en el MALBA?

   _____

3. Si el MALBA es un museo, ¿por qué crees que también se realizan funciones de cine en él?

   _____

4. ¿Qué famosos artistas latinoamericanos menciona el artículo?

   _____

5. Además de los artistas mencionados en el texto, ¿qué otros creadores latinoamericanos conoces?

   _____

6. ¿Conoces un museo cerca de donde vives que exhiba obras de artistas hispanos? ¿Cuál?

   _____

7. ¿Qué opinas del arte contemporáneo en general? ¿Te gusta? ¿Por qué?

   _____

estructura

17.1 El condicional

▶ En español, el condicional expresa lo que tú *harías* o lo que *sucedería* bajo ciertas circunstancias. Las terminaciones del condicional son iguales en los verbos regulares y en los verbos irregulares.

▶ Observa los modelos e identifica las terminaciones del condicional. Luego, completa la tabla con las terminaciones.

Iría contigo a ver la obra de teatro, pero tengo que estudiar.

Hugo, ¿me **llevarías** al museo?

Elsa **vería** esa película de terror, pero le da mucho miedo.

Pablo y yo **participaríamos** en un concurso de talentos.

¿No está? ¡Se **cansaría** de esperar!

Amigos, ¿me **acompañarían** a recibir el premio?

¡Atención!

Fíjate que todas las terminaciones de las formas verbales del condicional se escriben con acento en la -í-.

El condicional del verbo **presentar**

presentar_____	presentar_____
presentar_____	presentar**íais**
presentar_____	presentar_____

▶ Observa ahora las raíces de los siguientes verbos en futuro y en condicional. ¿Son iguales o diferentes las raíces del futuro y del condicional? _____

Futuro	**Condicional**
miraré, correré, partiré	miraría, correría, partiría
mirarás, correrás, partirás	mirarías, correrías, partirías
mirará, correrá, partirá	miraría, correría, partiría
miraremos, correremos, partiremos	miraríamos, correríamos, partiríamos
miraréis, correréis, partiréis	miraríais, correríais, partiríais
mirarán, correrán, partirán	mirarían, correrían, partirían

▶ Si la raíz del condicional es la misma que la del futuro, ¿qué verbos serán irregulares en el condicional? Escribe cinco verbos irregulares en el condicional y llena la tabla. Sigue el modelo.

Verbos irregulares en el condicional

Infinitivo	**Raíz**	**Condicional**
caber	cabr-	cabría
_____	_____	_____
_____	_____	_____
_____	_____	_____
_____	_____	_____

Práctica

1 **Me gustaría** Fernando comenta con sus amigos sobre lo que les gustaría hacer en unos años. Completa el texto con los verbos de la lista en condicional.

encargar	estudiar	opinar	saber	ser
escribir	gustar	poder	seguir	tener

Mis amigos y yo conversamos acerca de cómo nos (1) _____ que fuera nuestra

vida en unos años más. Liliana dijo que (2) _____ leyes y que (3) _____

una gran abogada. Ella (4) _____ cómo ayudar a las personas que tienen problemas.

Además, ella (5) _____ practicando danza contemporánea en su tiempo libre.

Rodrigo (6) _____ una sala de exposiciones. Él se (7) _____ de elegir las

obras pictóricas. Carlos (8) _____ exponer sus esculturas en la sala de exposición

de Rodrigo. Yo (9) _____ una columna de opinión en un conocido diario. En ella

(10) _____ sobre diversas manifestaciones de la cultura y el arte.

2 **¿Qué harías?** Escribe una oración completa para decir lo que tú harías en estas situaciones.

1. Estás en una fila de la boletería del cine y una persona intenta pasar antes.

_____

2. Estás en el centro de la ciudad y no tienes dinero para volver a casa.

_____

3. Llegas a clases y te das cuenta de que no trajiste el trabajo para la clase de español.

_____

4. Alguien te invita al cine a ver una película que ya viste y sabes que es muy aburrida.

_____

5. Mientras tu hermanito/a duerme siesta, llega a casa a un amigo que habla muy fuerte.

_____

3 **Director de cine** Imagina que eres director(a) de cine y que puedes trabajar en las mejores condiciones. Escribe un párrafo para contar lo que harías como director de cine. Piensa en los tipos de películas, los actores, las entrevistas, etc. Usa los verbos en condicional.

_____

_____

_____

_____

_____

_____

17.2 El condicional perfecto

▶ Al igual que los otros tiempos compuestos (el pretérito perfecto de indicativo, el pretérito pluscuamperfecto de indicativo y el futuro perfecto de indicativo), el condicional perfecto se forma con el verbo auxiliar **haber** + [*participio pasado*].

> No **habría escrito** ese poema hace tres años.

> Te **habría aplaudido** de pie si me hubieras invitado.

Condicional perfecto

		ahorrar	ofrecer	pedir
FORMAS DEL SINGULAR	yo	**habría** ahorrado	**habría** ofrecido	**habría** pedido
	tú	**habrías** ahorrado	**habrías** ofrecido	**habrías** pedido
	Ud./él/ella	**habría** ahorrado	**habría** ofrecido	**habría** pedido
FORMAS DEL PLURAL	nosotros/as	**habríamos** ahorrado	**habríamos** ofrecido	**habríamos** pedido
	vosotros/as	**habríais** ahorrado	**habríais** ofrecido	**habríais** pedido
	Uds./ellos/ellas	**habrían** ahorrado	**habrían** ofrecido	**habrían** pedido

▶ El condicional perfecto se usa para expresar una acción que podría haber ocurrido, pero que no ocurrió.

> **Habría estado** sensacional ir a ese concierto.

> Celeste, ¿**habrías tocado** en la orquesta juvenil para tener más experiencia?

Práctica

1 **Fin de semana** Escribe oraciones completas para decirles a estas personas lo que tú habrías hecho para evitar estos problemas. Usa los verbos de la lista.

ayudar	ensayar	leer	poner	ver
despertarse	invitar	pedir	salir	

modelo

Llegué tarde a la clase de natación del sábado en la mañana.
Yo me <u>habría despertado</u> más temprano.

1. Mis papás me llevaron a ver una ópera y no entendí nada.

_____

2. El sábado nadie me despertó y me perdí el partido de fútbol.

_____

3. El domingo en la tarde alquilé una película muy aburrida.

_____

4. Mis papás no quisieron ir al concierto que se dio en la plaza.

_____

5. Mi papá no me dejó salir el viernes por la tarde.

_____

Lección 17

17.3 El pluscuamperfecto de subjuntivo

▶ El pluscuamperfecto de subjuntivo se forma con el pretérito imperfecto de subjuntivo de **haber** + [*participio pasado*]. Observa los siguientes tiempos verbales.

Presente de subjuntivo	Pretérito perfecto de subjuntivo
que yo camine	que yo haya caminado

Pretérito imperfecto de subjuntivo	Pluscuamperfecto de subjuntivo
que yo caminara/caminase	que yo hubiera/hubiese caminado

Pluscuamperfecto de subjuntivo

		prestar	entender
FORMAS DEL SINGULAR	yo	**hubiera** prestado	**hubiese** entendido
	tú	**hubieras** prestado	**hubieses** entendido
	Ud./él/ella	**hubiera** prestado	**hubiese** entendido
FORMAS DEL PLURAL	nosotros/as	**hubiéramos** prestado	**hubiésemos** entendido
	vosotros/as	**hubierais** prestado	**hubieseis** entendido
	Uds./ellos/ellas	**hubieran** prestado	**hubiesen** entendido

¡Atención!

Recuerda que las dos formas del pretérito imperfecto de subjuntivo del verbo **haber** que ves en la tabla son intercambiables.

▶ El pluscuamperfecto de subjuntivo se usa en cláusulas subordinadas del mismo modo como se usan otras formas de subjuntivo. Este tiempo verbal se refiere a acciones o condiciones que han tenido lugar antes de otra acción o condición en el pasado.

Me sorprendió que Ester **hubiera tocado** de esa manera el violín.

Susana dudaba de que yo **hubiera pintado** este cuadro.

Práctica

1 **Incredulidad** Juan leyó un periódico que tiene muchas noticias del mundo artístico y duda de muchas de las crónicas. Lee los encabezados de las noticias y escribe los comentarios de Juan usando expresiones como **dudar, es difícil, es poco probable, no creer, no es cierto, sorprenderse** y los verbos en pluscuamperfecto de subjuntivo.

> **modelo**
> Augusto Monterroso escribió un cuento de una línea.
> No creo que Augusto Monterroso <u>hubiera escrito</u> un cuento de una línea.

1. Una cantante lírica rompió una copa de cristal con su voz.

_____

2. Un artista plástico pintó un cuadro con su boca.

_____

3. Un artesano hizo bolsas con piel de pescado.

_____

4. Un escultor esculpió una estatua de hielo en el desierto.

_____

5. Una bailarina patinó descalza sobre una pista de hielo.

_____

adelante

Lectura

Antes de leer

Para muchas personas, el rojo simboliza la pasión. ¿Qué simbolizan los colores para ti? Haz una lista de colores primarios y di lo que simbolizan para ti.

_____

_____

> **Sobre el autor**
>
> Federico García Lorca, nacido en Granada, España, en 1898, es uno de los escritores más geniales en lengua española. Escribió con maestría obras literarias en diversos géneros. En sus obras predomina el gusto por lo tradicional, lo folklórico y la naturaleza. Desde muy joven fue amigo de artistas de renombre, como el pintor Salvador Dalí, el cineasta Luis Buñuel y el poeta Rafael Alberti. Viajó a Nueva York y Cuba entre 1929 y 1930. Volvió a España y escribió obras teatrales que lo hicieron muy famoso. Fue director del teatro universitario La Barraca, dio conferencias y también compuso canciones. Murió durante la guerra civil española. Algunas de sus obras son *Poeta en Nueva York*, *La casa de Bernarda Alba* y *Romancero gitano*.

Romance sonámbulo

A GLORIA GINER Y A FERNANDO DE LOS RÍOS

Verde que te quiero verde.
Verde viento. Verdes ramas.
El barco sobre la mar
y el caballo en la montaña.
Con la sombra en la cintura
ella sueña en su **baranda**,
verde carne, pelo verde,
con ojos de fría plata.
Verde que te quiero verde.
Bajo la luna gitana,
las cosas le están mirando
y ella no puede mirarlas.

Verde que te quiero verde.
Grandes estrellas de **escarcha**,
vienen con el pez de sombra
que abre el camino del alba.
La **higuera** frota su viento
con la **lija** de sus ramas,
y el monte, gato **garduño**,
eriza sus **pitas** agrias.
¿Pero quién vendrá? ¿Y por dónde...?

Ella sigue en su baranda,
verde carne, pelo verde,
soñando en la mar amarga.
Compadre, quiero cambiar
mi caballo por su casa,
mi montura por su espejo,
mi cuchillo por su manta.
Compadre, vengo sangrando,
desde los montes de Cabra.
Si yo pudiera, mocito,
ese trato se cerraba.
Pero yo ya no soy yo,
ni mi casa es ya mi casa.
Compadre, quiero morir
decentemente en mi cama.
De **acero**, si puede ser,
con las sábanas de holanda.
¿No ves la herida que tengo
desde el pecho a la garganta?
Trescientas rosas morenas
lleva tu pechera blanca.

sonámbulo: que camina dormido; **baranda:** orilla o borde de un balcón; **escarcha:** rocío de la noche congelado; **higuera:** árbol que da higos; **lija:** papel que sirve para pulir una superficie; **garduño:** ladrón; **eriza:** pone rígidas; **pitas:** pelos; **acero:** cierto tipo de metal

Tu sangre **rezuma** y huele
alrededor de tu **faja**.
Pero yo ya no soy yo,
ni mi casa es ya mi casa.

    Dejadme subir al menos
hasta las altas barandas,
¡dejadme subir!, dejadme,
hasta las verdes barandas.
Barandales de la luna
por donde retumba el agua.

    Ya suben los dos compadres
hacia las altas barandas.
Dejando un rastro de sangre.
Dejando un rastro de lágrimas.
Temblaban en los **tejados**
farolillos de hojalata.
Mil **panderos** de cristal,
herían la madrugada.

    Verde que te quiero verde,
verde viento, verdes ramas.
Los dos compadres subieron.
El largo viento, dejaba

en la boca un raro gusto
de hiel, de menta y de **albahaca**.
    ¡Compadre! ¿Dónde está, dime?
¿Dónde está tu niña amarga?
¡Cuántas veces te esperó!
¡Cuántas veces te esperara,
cara fresca, negro pelo,
en esta verde baranda!
    Sobre el rostro del **aljibe**
se mecía la gitana.
Verde carne, pelo verde,
con ojos de fría plata.
Un **carámbano** de luna
la sostiene sobre el agua.
La noche se puso íntima
como una pequeña plaza.
Guardias civiles borrachos,
en la puerta golpeaban.
Verde que te quiero verde.
Verde viento. Verdes ramas.
El barco sobre la mar.
Y el caballo en la montaña.

rezuma: gotea; **faja:** tira de tela que se usa alrededor de la cintura; **tejados:** parte superior de los edificios, cubiertos por tejas; **farolillos de hojalata:** lámparas pequeñas de lámina con vidrio; **panderos:** instrumentos formados por un aro cuyo espacio está cubierto con piel y llevan cascabeles alrededor; **albahaca:** planta aromática; **aljibe:** pozo; **se mecía:** se movía suavemente de un lado a otro; **carámbano:** pedazo de hielo largo y puntiagudo

---

1   **Comprensión** Responde a las preguntas con oraciones completas.

1. ¿Quiénes son los personajes principales del poema?

   _____

2. ¿Quién de ellos crees que murió o va a morir?

   _____

3. ¿Cómo crees que es la relación entre los dos hombres?

   _____

---

2   **Oraciones** Lee cada par de oraciones y escoge la correcta.

1. ___ Hay una joven en un balcón mirando el paisaje a mediodía.

   ___ Es de noche y la joven no puede ver las cosas que la rodean.

2. ___ Uno de los dos hombres está malherido, el otro no.

   ___ Los dos hombres tienen heridas en los brazos.

3. ___ Los hombres encuentran a la joven esperándolos en el balcón.

   ___ Los hombres no pueden encontrar a la joven.

Sobre la autora

Gladys Ilarregui nació en Argentina en 1958 y emigró a los Estados Unidos en 1983, para continuar sus estudios de maestría y doctorado. Gladys Ilarregui es poetisa y sus poemas han sido traducidos al inglés. Además de poetisa, es profesora de poesía latinoamericana y literatura colonial mexicana en la Universidad de Delaware. Algunas de sus obras son *Indian Journeys, Oficios y personas, Guía para perplejos* y *Poemas a medianoche*.

El poema en mangas de camisa

de tarde en tarde mi madre oía la máquina teclear

(aunque estaba muy lejos, el sonido de la máquina rasgaba

el papel, iba desde la casa a los vecinos hasta la panadería,

subía por la cola de los gatos hasta las bicicletas,

llegaba transpirando en el verano al oído de mi madre,

que **exhausta** la escuchaba persistir)

era una máquina olympia alemana, tecleaba **sin pudor**

como si saliera de una guerra y se metiera en otra

como si la destrucción de los edificios y lo que eran esquinas

se hubiera subido hasta el teclado y volviera a visitarme

en una tarde pesada de enero, aquellos años,

y desde el polvo, desde la destrucción **sistemática**

se uniera a esta otra forma de morirse volcando la cabeza

hacia atrás, a esta otra forma de morder los días como **lóbulos**

hasta lastimarlos: y mi madre lloraba caminando por la casa,

lloraba sonándose la nariz, en sandalias mirando el pasto

los pequeños insectos que sonreían sin saber por qué

y yo seguía tecleando como si no tuviera más que una locura

de hojas escritas, como si el **hastío** de sentirme impotente

me hubiera dado cuatro manos, y ese taca-taca llegara hasta

los rezos de mi vecina del tercer piso, y esos puntos finales,

irremediables, perforaran la página como una picadura de verano

con el deseo de borrar heridos, con el **devaneo** de crear

un discurso para los escombros, para los fragmentos de texto

de otras vidas.

exhausta: muy cansada; **sin pudor:** sin vergüenza; **sistemática:** que lleva mucho tiempo; **lóbulos:** parte blanda inferior de la oreja; **hastío:** cansancio profundo; **devaneo:** pasatiempo pasajero y superficial

1 **Comprensión** Responde a las preguntas con oraciones completas.

1. ¿Con qué frecuencia la madre oía la máquina teclear?

   _____

2. Según el hablante, ¿qué hacían los pequeños insectos?

   _____

3. ¿Qué sentimiento provocaba que el hablante escribiera a máquina de un modo frenético?

   _____

4. ¿Qué sonido representa la onomatopeya "taca-taca"?

   _____

2 **Interpretación** Responde a las preguntas con oraciones completas.

1. ¿Con qué está relacionado el llanto de la madre?

   _____

2. Según los indicios que entrega el poema, ¿de qué trata el texto? ¿Cómo lo sabes?

   _____

3. ¿Por qué el poema se titula *El poema en mangas de camisa*?

   _____

4. ¿Por qué el hablante en un momento se pone a escribir sin parar?

   _____

5. ¿Qué es lo que más te cuesta cuando tratas de escribir un poema?

   _____

3 **Reacción** ¿Qué te inspira? ¿Cuál es tu pasión? ¿Qué actividad te hace olvidarlo todo cuando te concentras en ella? Escribe un párrafo de ocho a diez oraciones para explicar este fenómeno.

_____

_____

_____

_____

_____

_____

_____

_____

_____

_____

_____

Escritura

Estrategia

Buscar información biográfica

La información biográfica puede ser útil para una gran variedad de temas de escritura. Si escribes sobre una persona famosa, un período de la historia o incluso sobre una profesión o actividad específica, podrás hacer que tu escrito sea más preciso y más interesante si proporcionas información detallada sobre las personas que se relacionan con tu tema.

Para buscar información biográfica, conviene que comiences con fuentes generales de referencia, como enciclopedias y publicaciones periódicas. Se puede encontrar más información general sobre las personas en biografías o en libros informativos sobre el campo o actividad de esas personas. Por ejemplo, si quisieras escribir sobre Jennifer López, podrías encontrar información general en publicaciones periódicas, como entrevistas en revistas y reseñas de sus películas y conciertos. También podrías encontrar información en libros o artículos relacionados con la música y el cine contemporáneos.

La información biográfica también puede estar disponible en Internet y, dependiendo de tu tema de escritura, podrías incluso realizar entrevistas para obtener la información que necesitas. Asegúrate de verificar la confiabilidad de tus fuentes siempre que tu escrito incluya información sobre otras personas.

Conviene que busques información sobre estos temas:

- fecha de nacimiento
- fecha de muerte
- experiencias de la niñez
- educación
- vida en familia
- lugar de residencia
- eventos importantes de su vida
- logros personales y profesionales

TEMA: ¿A quién te gustaría conocer?

Antes de escribir

1 Vas a escribir una composición sobre una cena imaginaria. Imagina que puedes invitar a cinco personas famosas a cenar contigo. ¿A quiénes invitarías? Pueden ser de cualquier época de la historia y de cualquier profesión. Aquí están algunas categorías para ayudarte a seleccionar a las cinco personas:

- el arte
- la música
- el cine
- las ciencias
- la historia
- la política

2 Una vez que hayas seleccionado a tus cinco invitados/as, debes hacer una pequeña investigación sobre cada uno/a. Completa el siguiente recuadro con los datos biográficos indicados.

	Persona 1	Persona 2	Persona 3	Persona 4	Persona 5
Nombre					
Fecha de nacimiento (y muerte)					
Experiencias de la niñez					
Educación					
La vida en familia					
Lugar de residencia					
Eventos importantes de su vida					
Logros personales y profesionales					

Escribir

1 Ahora escribe una descripción de la cena. Mientras escribes, contesta estas preguntas.

▶ ¿Por qué invitarías a cada persona?

▶ ¿Qué le preguntarías a cada invitado/a?

▶ ¿Qué dirías y harías tú durante la cena?

▶ ¿De qué hablarían tus invitados/as? ¿Qué tendrían en común?

2 Verifica el uso correcto del condicional.

Después de escribir

1 Intercambia tu borrador con el de un(a) compañero/a de clase. Coméntalo y contesta estas preguntas.

▶ Al escribir su composición, ¿contestó tu compañero/a las cuatro preguntas indicadas anteriormente?

▶ ¿Describió la cena detalladamente?

▶ ¿Usó bien las formas del condicional?

▶ ¿Qué detalles añadirías? ¿Cuáles quitarías? ¿Qué otros comentarios tienes para tu compañero/a?

2 Revisa tu narración según los comentarios de tu compañero/a. Después de escribir la versión final, léela otra vez para eliminar errores en:

▶ la ortografía

▶ la puntuación

▶ el uso de letras mayúsculas y minúsculas

▶ la concordancia entre sustantivos y adjetivos

▶ el uso de verbos en el condicional

▶ el uso de **ser** y **estar**

Lección 17

contextos

1 Series perfectas Las siguientes series parecen perfectas, pero tienen un error. Encierra en un círculo la palabra que no corresponde a la serie.

1. discurso – político – votar – tormenta – ciudadano
2. luchar – noticias – actualidad – medios de comunicación – prensa
3. inundación – terremoto – desastre – SIDA – huracán
4. noticiero – reportaje – ejército – artículo – informe
5. guerra – soldado – racismo – luchar – ejército

2 Analogías Completa la primera analogía con la palabra apropiada de la lista. Después crea una segunda analogía que siga la misma lógica que la primera.

> **modelo**
> tronco: ramas :: cuerpo : brazos

deber	elegir	paz
derecho	locutora	racismo
discurso	nacional	sexismo

1. democracia: _____ :: _____ : _____
2. discriminación: _____ :: _____ : _____
3. odio: _____ :: _____ : _____
4. interior: _____ :: _____ : _____
5. radio: _____ :: _____ : _____

3 Antónimos Escribe un antónimo para cada palabra. Después, escribe una oración completa en que estén ambas palabras. Haz todos los cambios necesarios.

> **modelo**
> guerra: paz
> La guerra nada engendra; sólo la paz es fecunda.

1. tormenta: _____

_____

2. obedecer: _____

_____

3. anunciar: _____

_____

4. peligroso: _____

_____

5. violencia: _____

_____

4 **Descripciones** Escribe una descripción para cada palabra.

1. impuesto

   _____

2. elecciones

   _____

3. candidato

   _____

4. representante

   _____

5. incendio

   _____

6. huelga

   _____

5 **Discursear** Vas a presentarte como candidato para uno de estos puestos en las próximas elecciones. Escribe un discurso para convencer a los votantes de que eres el/la candidato/a ideal. Utiliza por lo menos ocho palabras o frases de la lista.

candidato	derechos	elecciones
ciudadano	(des)igualdad	luchar por/contra
comunicarse con	discriminación	violencia
deber	discurso	votar
declarar		

▶ presidente de la clase   ▶ gobernador
▶ alcalde   ▶ presidente

_____

_____

_____

_____

_____

_____

_____

_____

_____

_____

_____

Lección 18

Nombre _____ Fecha _____

Español de los Estados Unidos 1

En el español de los EE.UU. se usan diversas palabras y expresiones inglesas al hablar. Muchas veces, la palabra o expresión inglesa no se usa tal como es, sino que se adapta al español. Aunque estas expresiones son frecuentes en comunidades bilingües de los Estados Unidos, no tienen sentido para un hispanohablante que sólo habla español. Estos términos se producen principalmente por el desconocimiento de las palabras adecuadas del español. Por eso, si existe la palabra o expresión en español, es preferible usarla. A continuación te presentamos una serie de palabras del español de los EE.UU. con sus correspondientes equivalencias en inglés y en español estándar.

Inglés	Español de EE.UU.	Español estándar
building	el bildin	el edificio
to deliver	hacer delivery	entregar (a domicilio)
dishes	los dishes	los platos
freeway, highway	el frigüey, el jaigüey	la autopista
to freeze	frisar	congelar
furniture	la furnitura	los muebles
to go shopping	chopear	ir de compras
grocery	el grócery	la bodega, el supermercado
to load	lodear	cargar
lunch	el lonche	el almuerzo, la comida
market	la marqueta	el mercado
roof	el rufo	el techo
truck	la troca	el camión
to vacuum	vacunclinear	aspirar

Lección 18

Práctica

1 **Completar** Elige la palabra o expresión correcta para completar cada oración.

1. Ése de la esquina es el _____ donde yo vivo.

2. Mario tomó el _____ y llegamos en tres horas a Nueva York.

3. Carola, ¿quieres _____ conmigo? Hay ofertas en todas las tiendas del centro.

4. Primero tienes que _____ el programa para poder abrir el archivo.

2 **Lista** Piensa en otras seis palabras del inglés que usas con frecuencia al hablar en español. Escribe después las palabras adecuadas del español para esas palabras.

1. _____ _____   4. _____ _____
2. _____ _____   5. _____ _____
3. _____ _____   6. _____ _____

Lección 18 Cuaderno para hispanohablantes **277**

cultura

Univisión, un punto de encuentro

Durante 40 años, Univisión ha sido una empresa pionera en la industria de los medios de comunicación dedicados a servir al público hispano en los Estados Unidos. Hoy en día, Univisión es no sólo la cadena de televisión en español más grande de los Estados Unidos, sino también la quinta cadena de televisión entre todas las que hay en los Estados Unidos.

La programación de Univisión está hecha a la medida y para los gustos, preferencias y necesidades informativas de los televidentes hispanos de los Estados Unidos. Por ejemplo, las telenovelas destinadas a la audiencia familiar y adolescente son el género más popular entre los hispanos de todas las edades. Allí **se lucen** actores y actrices estelares, como Ludwika Paleta, Thalía, Fernando Colunga y Valentín Lanús.

Pero Univisión no es sólo telenovelas. Uno de los segmentos más importantes para los televidentes hispanos son los noticieros, que **gozan** de mucha credibilidad. El *Noticiero Univisión* (ganador del premio Emmy) garantiza información instantánea, completa y confiable sobre todas las noticias de última hora. Además, este noticiero lo conducen Jorge Ramos y María Elena Salinas, dos personas de mucha aceptación entre el público hispano.

El entretenimiento, por su parte, es uno de los segmentos preferidos de Univisión. Aquí participan verdaderas personalidades, como el legendario Don Francisco de *Sábado Gigante*. Este programa (el más antiguo en horas estelares de la televisión) se ha convertido en un rito del sábado. En esa misma línea están los más **atrevidos** programas de entrevistas, entre los que destaca *Cristina*, el programa que lleva más tiempo en el aire y que ha ganado el premio Emmy. Definitivamente, Univisión es entretenimiento, información y diversión.

Fechas en que Univisión hizo historia

1970 Fue la primera cadena de televisión de los Estados Unidos en cubrir la Copa Mundial de Fútbol en vivo.

1976 Se convirtió en la primera cadena televisiva de este país en conectar a sus afiliadas vía satélite, ¡incluso antes que ABC o NBC!

1981 Fue la primera empresa de los Estados Unidos en ser autorizada para recibir programación desde un país extranjero vía satélite.

---

se lucen: sobresalen, destacan; **gozan:** disfrutan; **atrevidos:** intrépidos, audaces

---

1 **Comprensión** Responde a las preguntas con oraciones completas.

1. ¿Qué lugar ocupa Univisión entre las cadenas de televisión de los EE.UU.?

2. ¿Cuáles son dos cosas importantes que ha realizado Univisión?

3. ¿Crees que Univisión sigue los estándares de la industria o los establece?

4. ¿Cuáles son los programas de Univisión que más te gustan? ¿Por qué?

estructura

18.1 Cláusulas con **si**

Las cláusulas con **si** describen una condición o evento del cual depende otra condición o evento. En las oraciones que tienen cláusulas con **si** se encuentran esta cláusula y una cláusula principal (o resultado).

Cláusula con *si*	Cláusula principal
CONDICIÓN	**RESULTADO**
Si salimos temprano,	llegaremos a tiempo.

▶ En las situaciones hipotéticas, las cláusulas expresan lo que sucedería si algo fuera a ocurrir. En estos casos, el verbo de la cláusula con **si** va en pretérito imperfecto de subjuntivo y el verbo de la cláusula principal va en condicional.

Cláusula con *si*	Cláusula principal
PRETÉRITO IMPERFECTO DE SUBJUNTIVO	**CONDICIONAL**
Si **hicieras** más deportes,	no te **aburrirías** tanto.

▶ Las cláusulas con **si** también pueden describir una situación hipotética en el pasado. En este caso se usan los tiempos perfectos.

Cláusula con *si*	Cláusula principal
PLUSCUAMPERFECTO DE SUBJUNTIVO	**CONDICIONAL PERFECTO**
Si **hubiera bajado** la gasolina,	**habríamos ahorrado** mucho en los viajes.

▶ **¡Atención!** Observa que con las cláusulas que llevan el condicional, siempre se usa un pasado de subjuntivo (pretérito imperfecto o pluscuamperfecto) en la otra cláusula, nunca otro condicional.

PRETÉRITO IMPERFECTO DE SUBJUNTIVO

Si **hiciera** buen tiempo,

CONDICIONAL

iríamos a la playa.

CONDICIONAL PERFECTO

No **habrías aprendido** a tocar bien el piano

PLUSCUAMPERFECTO DE SUBJUNTIVO

si no **hubieras practicado** a diario.

▶ Las cláusulas con **si** también pueden expresar condiciones o eventos que son posibles o probables de ocurrir. En estos casos, la cláusula con **si** va en presente de indicativo y el verbo de la cláusula principal va en presente, futuro cercano, futuro o en forma de mandato.

Si **me gradúo** este año, **busco** trabajo.   Si **me gradúo** este año, **buscaré** trabajo.

¿**Vas a buscar** trabajo si te **gradúas** este año?   Si **te gradúas** este año, **busca** trabajo.

▶ Cuando la cláusula con **si** expresa condiciones o eventos pasados habituales, no una situación hipotética, se usa el imperfecto de indicativo tanto en la cláusula con **si** como en la cláusula principal (o resultado).

Ella **iba** con gusto si la **llamaban** para una entrevista.   Se **vestía** rapidito si lo **invitaban** a cenar afuera.

Lección 18

Práctica

1 Resumen Revisa lo que aprendiste sobre las cláusulas con **si** y completa esta tabla de resumen.

Resumen de cláusulas con si

Condición	Cláusula con *si*	Cláusula principal
posible o probable	**Si** + presente de indicativo	Presente de indicativo _____ _____ _____
habitual en el pasado	**Si** + imperfecto de indicativo	_____
hipotética (presente)	**Si** + _____	Condicional
hipotética (pasado)	**Si** + _____	Condicional perfecto

2 Noticias A tu tía le gusta opinar sobre las noticias de actualidad. Escribe oraciones completas para expresar lo que dice que *habría ocurrido* si *hubieran hecho* lo adecuado. Usa el primer verbo en condicional perfecto y una cláusula con **si** cuyo verbo esté en pluscuamperfecto de subjuntivo.

> **modelo**
> El huracán causó heridos. No evacuaron la zona.
> **El huracán no habría causado tantos heridos si hubieran evacuado la zona antes.**

1. La guerra estalló. No llegaron a un acuerdo.

_____

2. El carro destruyó la barrera. No la hicieron de material firme.

_____

3. El desempleo aumentó. No mejoraron la economía.

_____

4. El SIDA se ha mantenido. No han lanzado nuevas campañas de prevención.

_____

5. La huelga de una empresa duró mucho. No tenían un representante para negociar.

_____

6. El edificio nuevo se derrumbó. Autorizaron la construcción en un terreno blando.

_____

7. El candidato favorito no ganó las elecciones. Sus simpatizantes no votaron.

_____

8. La transmisión en vivo se cortó. La tormenta llegó antes de tiempo.

_____

18.2 Usos del subjuntivo: resumen

▶ Ya sabes cómo se conjugan los verbos en los diferentes tiempos del subjuntivo. Completa las tablas con las formas correctas de los verbos de las tres conjugaciones.

El presente de subjuntivo

verbos en -ar	verbos en -er	verbos en -ir
informe	comprenda	transmita
_____	_____	_____
_____	_____	_____
informéis	comprendáis	transmitáis
_____	_____	_____

El pretérito imperfecto de subjuntivo

verbos en -ar	verbos en -er	verbos en -ir
informara	comprendiera	transmitiera
_____	_____	_____
_____	_____	_____
informarais	comprendierais	transmitierais
_____	_____	_____

El pretérito perfecto de subjuntivo

verbos en -ar	verbos en -er	verbos en -ir
haya informado	haya comprendido	haya transmitido
_____	_____	_____
_____	_____	_____
hayáis informado	hayáis comprendido	hayáis transmitido
_____	_____	_____

El pluscuamperfecto de subjuntivo

verbos en -ar	verbos en -er	verbos en -ir
hubiera informado	hubiera comprendido	hubiera transmitido
_____	_____	_____
_____	_____	_____
hubierais informado	hubierais comprendido	hubierais transmitido

Lección 18

▷ Observa los ejemplos con cuidado para completar las oraciones con la forma correcta del subjuntivo.

El subjuntivo se usa...	
1. después de verbos o expresiones de deseo e influencia, cuando el sujeto de la cláusula subordinada es diferente del sujeto de la cláusula principal.	▷ **Deseo** que (tú) _____ (llevar) esta carta al alcalde. ▷ **Es importante** que los niños no _____ (ver) tanta violencia en la televisión.
2. después de verbos o expresiones de emoción, cuando el sujeto de la cláusula subordinada es diferente del de la cláusula principal.	▷ Nos **alegra** que _____ (bajar) el desempleo. ▷ Luis **espera** que la inundación no _____ (dejar) demasiadas víctimas.
3. después de verbos o expresiones de duda, incredulidad y negación.	▷ **No creo** que la tormenta _____ (durar) demasiado. Mañana debe salir el sol. ▷ **No es verdad** que la paz _____ (ser) imposible.
4. después de las conjunciones **a menos que, antes (de) que, con tal (de) que, en caso (de) que, para que** y **sin que.**	▷ Los conflictos seguirán **a menos que** los políticos _____ (ponerse) de acuerdo. ▷ El congreso aprobó una ley **para que** _____ (respetarse) más los derechos de las personas.
5. después de **cuando, después (de) que, en cuanto, hasta que** y **tan pronto como** cuando se refieren a acciones futuras.	▷ Saldremos **cuando** _____ (terminar) los relámpagos. ▷ Nadie podrá entrar a la fábrica **hasta que** _____ (finalizar) la huelga.
6. para referirse a un antecedente indefinido que se menciona en la cláusula principal.	▷ Necesito una periodista que _____ (entrevistar) al presidente.
7. después de **si** para expresar algo imposible, improbable o hipotético.	▷ **Si** nos _____ (comunicar) con Ana, habríamos sabido dónde buscar trabajo.

Práctica

1 **Conjugar** Completa la tabla con las formas de subjuntivo del verbo **saber**. Recuerda que el verbo **saber** es irregular.

Presente	Pret. Imperfecto	Pret. Perfecto	Pluscuamperfecto
sepa	_____	haya sabido	_____
_____	_____	_____	_____
_____	_____	_____	hubiera sabido
sepáis	supierais	hayáis sabido	hubierais sabido
_____	_____	_____	_____

2 **Mensajes** Osvaldo es columnista en un periódico. Ayer estuvo todo el día fuera de su casa y tiene varios mensajes en la contestadora. Escribe oraciones completas para expresar lo que dicen los mensajes. Agrega algunas palabras para hacer más descriptivas tus oraciones.

> **modelo**
>
> yo / necesitar / pasar a ver / hoy en la tarde
> Habla Helena. *Necesito que me pases a ver hoy en la tarde...*

1. querer / revisar / reporte de ayer

    Habla el señor Pérez. _____

2. pedir / entregar / artículo mañana

    Habla Marcela. _____

3. Insistir en / cumplir / con los plazos

    Habla el señor Pérez. _____

4. rogar / cubrir / evento fuera de la ciudad

    Soy la señora Barrera. _____

5. desear / venir / a cenar el sábado

    Soy tu mamá. _____

6. rogar / ayudar / edición del fin de semana

    Habla Marcela. _____

7. preferir / no cambiar / estilo de redacción

    Soy Enrique. _____

8. sugerir / escribir / tema de actualidad

    Habla la señora Barrera. _____

Lección 18

Lección 18 Cuaderno para hispanohablantes | **283**

3   **Emociones fuertes** Éste es el relato de un periodista que narra lo que sucedió cuando fue a cubrir una noticia y lo sorprendió una tormenta. Completa el texto con verbos en subjuntivo. Usa los verbos de la lista.

contactar	ir	poder	saber	tener
estar	pedir	quedar	salir	ver

Ese día llegamos muy temprano al lugar. El equipo y yo esperábamos que el clima no

(1) _____ tan peligroso. Desde el estudio nos pedían que nos

(2) _____ con ellos cada hora. Yo dudaba de que (3) _____

hacerlo, porque el viento era cada vez más fuerte. Ahora pienso que ésa fue la tormenta más

grande que yo jamás (4) _____. La zona fue evacuada totalmente. Los árboles

se movían como si se (5) _____ a desprender del suelo. El viento arremolinado

llevaba la lluvia desordenadamente. Dudaba de que (6) _____ un solo lugar

seco a esas alturas de los acontecimientos. Cuando mis compañeros vieron las imágenes de los

despachos se sorprendieron de que (7) _____ ilesos. Aun así, logramos mantener

la conexión y pudimos informar en vivo tal como nos lo pidieron. Quizá no habríamos ido

si (8) _____ lo peligroso que sería. Y por eso me siento orgulloso de que mis

compañeros y yo (9) _____ el valor de cumplir con nuestro trabajo. Si los

productores me (10) _____ reportear otro evento extremo, lo haría sin dudar y

con el mismo equipo de trabajo.

4   **Informe** Éste es un informe sobre el fin de una huelga. Completa las oraciones con el verbo en pluscuamperfecto de subjuntivo. Agrega algunas palabras para hacer más descriptivas tus oraciones. (Pista: Todas las respuestas deben comenzar con **si**).

> **modelo**
>
> (gobierno / intervenir)
> La huelga se habría prolongado varias semanas más **si no hubiera intervenido el gobierno.**

1. (directores / explicar)

    Los empleados habrían aceptado las condiciones _____

2. (todos los empleados / ir a la huelga)

    La producción se habría detenido _____

3. (huelga / continuar)

    La empresa habría tenido muchas pérdidas _____

4. (sindicato / permitir)

    La oposición habría apoyado la huelga _____

5. (prensa / informar)

    Pocas personas se habrían enterado de lo sucedido _____

6. (trabajadores / plantear)

    Los directores no se habrían enterado del descontento _____

adelante

Lectura

Antes de leer

¿Con qué país o países te identificas? ¿Qué acontecimientos personales y mundiales han influido en tus opiniones sobre tu propia nacionalidad?

_____

_____

_____

Sobre la autora

Isabel Allende, escritora chilena y estadounidense, nació en Perú en 1942 de padres chilenos. Desde 1945, pasó la mayor parte de su juventud en Chile, con períodos en Bolivia y en el Líbano. Huyó de Chile tras el asesinato de su tío Salvador Allende, presidente del país, durante el golpe de estado del general Pinochet en 1973. Su primera novela, *La casa de los espíritus*, fue publicada en el exilio y tuvo una gran aceptación por parte de los críticos y de los lectores. Su obra ha recibido premios literarios en Chile, México, Estados Unidos y Europa, y ha sido traducida a veintisiete idiomas. La familia, el amor, el poder y el feminismo son algunos de los temas recurrentes que aparecen en sus escritos. Isabel Allende reside actualmente en el norte de California.

Unas palabras para comenzar
(fragmento de *Mi país inventado: un paseo nostálgico por Chile*)

Nací en medio de la **humareda** y **mortandad** de la Segunda Guerra Mundial y la mayor parte de mi juventud transcurrió esperando que el planeta volara en pedazos cuando alguien apretara distraídamente un botón y se dispararan las bombas atómicas. Nadie esperaba vivir muy largo; andábamos apurados tragándonos cada momento antes de que nos sorprendiera el apocalipsis, de modo que no había tiempo para examinar el propio ombligo y tomar notas, como se usa ahora. Además crecí en Santiago de Chile, donde cualquier tendencia natural hacia la autocontemplación es **cercenada en capullo**. El refrán que define el estilo de vida de esa ciudad es: «Camarón que se duerme se lo lleva la corriente». En otras culturas más sofisticadas, como la de Buenos Aires o Nueva York, la visita al psicólogo era una actividad normal; abstenerse se consideraba evidencia de incultura o simpleza mental. En Chile, sin embargo, sólo los locos peligrosos lo hacían, y sólo en una camisa de fuerza; pero eso cambió en los años setenta, junto con la llegada de la revolución sexual. Tal vez exista una conexión... En mi familia nadie recurrió jamás a terapia, a pesar de que varios de nosotros éramos clásicos casos de estudio, porque la idea de confiar asuntos íntimos a un desconocido, a quien además se le pagaba para que escuchara, era absurda; para esto estaban los curas y las tías. Tengo poco entendimiento para la reflexión, pero en las últimas semanas me he sorprendido pensando en mi pasado con una frecuencia que sólo puede explicarse como signo de senilidad prematura.

Dos sucesos recientes han desencadenado esta epidemia de recuerdos. El primero fue una observación casual de mi nieto Alejandro, quien me sorprendió escrutando el mapa de mis arrugas frente al espejo y dijo compasivo: «No te preocupes, vieja, vas a vivir por lo menos tres años más». Decidí entonces que había llegado la hora de echar otra mirada a mi vida, para averiguar cómo deseo conducir esos tres años que tan generosamente me han sido adjudicados. El otro acontecimiento fue una pregunta de un desconocido durante una conferencia de escritores de viajes, que me tocó inaugurar. Debo aclarar que no pertenezco a ese extraño grupo de personas que viaja a lugares remotos, sobrevive a la bacteria y luego publica libros para convencer a los **incautos** de que sigan sus pasos. Viajar es un esfuerzo desproporcionado, y más aún a lugares donde no hay servicio de habitaciones. Mis vacaciones ideales son en una silla bajo un quitasol en mi patio, leyendo libros sobre aventureros viajes que jamás haría a menos que fuera escapando de algo. Vengo del llamado Tercer Mundo (¿cuál es el segundo?) y tuve que atrapar un marido para vivir legalmente en el primero; no tengo intención de regresar al subdesarrollo sin una buena razón. Sin embargo, y muy a pesar mío, **he deambulado** por cinco continentes y además me ha tocado ser autoexiliada e inmigrante. Algo sé de viajes y por eso me pidieron que hablara en aquella conferencia. Al terminar mi breve discurso, se levantó una mano entre el público y un joven me preguntó qué papel jugaba la nostalgia en mis novelas. Por un momento quedé muda. Nostalgia... según el diccionario es «la pena de verse ausente de la patria, la melancolía provocada por el recuerdo de una dicha perdida». La pregunta me cortó el aire, porque hasta ese instante no me había dado cuenta de que escribo como un ejercicio constante de **añoranza**. He sido **forastera** durante casi toda mi vida, condición que acepto porque no me queda alternativa. Varias veces me he visto forzada a partir, rompiendo ataduras y dejando todo atrás, para comenzar de nuevo en otra parte; he sido peregrina por más caminos de los que puedo recordar. De tanto despedirme se me secaron las raíces y debí generar otras que, a falta de un lugar geográfico donde afincarse, lo han hecho en la memoria; pero, ¡cuidado!, la memoria es un laberinto donde **acechan** minotauros.

Si me hubieran preguntado hace poco de dónde soy, habría replicado, sin pensarlo mucho, que de ninguna parte, o latinoamericana, o tal vez chilena de corazón. Hoy, sin embargo, digo que soy americana, no sólo porque así lo atestigua mi pasaporte, o porque esa palabra incluye a América de norte a sur, o porque mi marido, mi hijo, mis nietos, la mayoría de mis amigos, mis libros y mi casa están en el norte de California, sino también porque no hace mucho un atentado terrorista destruyó las torres gemelas del World Trade Center y desde ese instante algunas cosas han cambiado. No se puede permanecer neutral en una crisis. Esta tragedia me ha confrontado con mi sentido de identidad; me doy cuenta que hoy soy una más dentro de la **variopinta** población norteamericana, tanto como fui antes chilena. Ya no me siento alienada en Estados Unidos. Al ver el colapso de las torres tuve la sensación de haber vivido esa pesadilla en forma casi idéntica. Por una escalofriante coincidencia —karma histórico— los aviones secuestrados en Estados Unidos se estrellaron contra sus objetivos un martes 11 de septiembre, exactamente el mismo día de la semana y del mes —y casi a la misma hora de la mañana— en que ocurrió el golpe militar de Chile, en 1973. Aquél fue un acto terrorista orquestado por la CIA contra una democracia. Las imágenes de los edificios ardiendo, del humo, las llamas y el pánico, son similares en ambos escenarios. Ese lejano martes de 1973 mi vida se partió, nada volvió a ser como antes, perdí a mi país. El martes **fatídico** de 2001 fue también un momento decisivo, nada volverá a ser como antes y yo gané un país.

humareda: nube de humo; **mortandad:** número de muertos; **cercenada en capullo:** acortada inmediatamente; **incautos:** ingenuos, fáciles de engañar; **he deambulado:** he andado; **añoranza:** nostalgia (de otros tiempos, de la patria o del hogar); **forastera:** extranjera; **acechan:** siguen los pasos (para cazar); **variopinta:** diversa, variada; **fatídico:** fatal

1 **Comprensión** Responde a las preguntas con oraciones completas.

1. ¿Dónde creció la autora? ¿Por qué se exilió de su país?

   _____

2. La autora dice que dos sucesos recientes han causado su "epidemia de recuerdos". ¿Cuáles son?

   _____

   _____

3. ¿Por qué fue invitada la autora a hablar en una conferencia de escritores de viajes?

   _____

4. La autora cita varias razones por las cuales se identifica como "americana". Señala tres.

   _____

   _____

5. La autora describe las similitudes entre los acontecimientos históricos del 11 de septiembre de 1973 y aquéllos del 11 de septiembre de 2001. ¿Cuáles son, y cómo se distinguen los efectos de aquellas dos fechas en la vida de la autora?

   _____

   _____

   _____

2 **Interpretación** Responde a las preguntas con oraciones completas.

1. ¿Cómo era el ambiente político en el cual creció la autora?

   _____

2. ¿Cuál es la actitud de la autora hacia los viajes? ¿Compartes su opinión? ¿Por qué?

   _____

3. ¿Por qué dice la autora que "la memoria es un laberinto donde acechan minotauros"?

   _____

4. ¿Por qué crees que la autora describe el golpe militar de Chile en 1973 como "un acto terrorista"? ¿Estás de acuerdo?

   _____

   _____

5. Según tu opinión, ¿qué efectos positivos y negativos tienen los acontecimientos políticos y mundiales en tu propio sentido de identidad? ¿Cuáles son los momentos históricos que han marcado tu propia vida?

   _____

   _____

6. ¿Cómo respondes a la pregunta "De dónde eres"? ¿Crees que es posible perder o ganar un país? ¿Por qué?

   _____

   _____

Sobre la autora

Julia de Burgos nació en Puerto Rico en 1914 y falleció en Nueva York en 1953. Aunque una buena parte de su vida estuvo marcada por la pobreza y la desesperación, consiguió el reconocimiento literario a los pocos años de comenzar su carrera como escritora. En 1938 publicó "Poema en veinte surcos" y en 1939 "Canción de la verdad sencilla", poemario premiado por el Instituto de Literatura Puertorriqueña. Su influencia en el ambiente literario de Puerto Rico se basa en su ideología nacionalista y su condición de pionera del feminismo y de la liberación de la mujer. En el marco de la poesía estadounidense —Julia de Burgos pasó los últimos años de su vida en Nueva York y escribió varios libros en inglés— sus poemas son vistos como influencia de otras grandes poetas por su lirismo, contenido sensual y las conexiones que establece entre la historia, la política, el amor y el feminismo. A pesar de su corta vida, está considerada una de las grandes poetisas de Latinoamérica.

Yo misma fui mi ruta

Yo quise ser como los hombres quisieron que yo fuese:

un intento de vida;

un juego al escondite con mi ser.

Pero yo estaba hecha de presentes,

y mis pies planos sobre la tierra **promisoria**

no resistían caminar hacia atrás,

y seguían adelante, adelante,

burlando las cenizas para alcanzar el beso

de los senderos nuevos.

A cada paso adelantado en mi ruta hacia el frente

rasgaba mis espaldas el aleteo desesperado

de los troncos viejos.

Pero la rama estaba desprendida para siempre,

y a cada nuevo azote la mirada mía

se separaba más y más y más de los lejanos

horizontes aprendidos:

y mi rostro iba tomando la expresión que le venía de adentro,

la expresión definida que asomaba un sentimiento

de liberación íntima;

un sentimiento que surgía

del equilibrio sostenido entre mi vida

y la verdad del beso de los senderos nuevos.

Ya definido mi rumbo en el presente,

me sentí brote de todos los suelos de la tierra,

de los suelos sin historia,

de los suelos sin porvenir,

del suelo siempre suelo sin orillas

de todos los hombres y de todas las épocas.

Y fui toda en mí como fue en mí la vida...

Yo quise ser como los hombres quisieron que yo fuese:

un intento de vida;

un juego al escondite con mi ser.

Pero yo estaba hecha de presentes;

cuando ya los **heraldos** me anunciaban

en el **regio** desfile de los troncos viejos,

se me torció el deseo de seguir a los hombres,

y el homenaje se quedó esperándome.

promisoria: que hace una promesa; **heraldos:** mensajeros que anuncian noticias importantes; **regio:** magnífico

---

1 **Comprensión** Responde a las preguntas con oraciones completas.

1. ¿Es la poeta conformista o individualista?

   _____

2. Según ella, ¿cómo querían los hombres que ella fuera?

   _____

3. ¿Por qué decidió no seguir la ruta trazada por los hombres?

   _____

4. ¿Es fácil su marcha hacia adelante? ¿Cómo lo sabes?

   _____

5. ¿Cómo le afecta ser su propia ruta?

   _____

6. ¿Cuáles son algunas palabras y frases que utiliza para representar aquello de lo que quiere escapar del pasado? ¿Cuáles utiliza para representar la ruta individual que quiere tomar en el presente?

   _____

   _____

2 **Interpretación** Contesta las preguntas con oraciones completas.

1. ¿Cómo informa el título del contenido del poema?

   _____

2. Escribe una lista de los términos relacionados con el mundo natural que hay en el poema. ¿Cómo los utiliza la autora y qué importancia tienen en el contenido del texto?

   _____

3. ¿Encuentras alguna conexión entre estos términos y el lugar de origen de la poeta?

   _____

4. ¿Es la nacionalidad de la poeta relevante en este poema? ¿Y su condición de mujer? ¿Cómo?

   _____

5. ¿Ha progresado el papel de la mujer en la sociedad gracias al feminismo? ¿Cómo?

   _____

6. ¿Respeta nuestra sociedad la personalidad femenina?

   _____

Lección 18

Escritura

Estrategia

Escribir introducciones y conclusiones eficaces

Las introducciones y las conclusiones tienen un propósito similar: ambas tratan de centrar la atención del lector en el tema que se está tratando. La introducción presenta un breve anticipo del tema. Además, informa a tu lector de los puntos importantes que tratará el cuerpo de tu escrito. La conclusión reafirma esos puntos y resume en forma concisa la información que se ha proporcionado. Un dato o una estadística convincente, una anécdota humorística o una pregunta dirigida al lector son todas formas interesantes de comenzar o terminar tu escrito.

Por ejemplo, si vas a escribir un informe sobre lo que consideras el mayor problema del mundo, puedes comenzar un ensayo sobre el hambre mundial con el dato de que más de 850 millones de personas en el mundo tienen hambre. El resto de tu párrafo introductorio puede resumir los aspectos que vas a cubrir en el cuerpo de tu escrito, como por qué hay hambre en el mundo, dónde es peor y qué puede hacer la gente para ayudar. En tu conclusión, puedes resumir la información más importante del informe y reunir esta información de tal forma que tu lector quiera saber aún más sobre el tema. Podrías escribir, por ejemplo: "A pesar de que terminar con el hambre mundial sigue siendo uno de los desafíos más grandes que enfrenta hoy nuestra sociedad, hay muchas cosas que cada persona puede hacer para ayudar a superar el problema."

Introducciones y conclusiones

Trabajen en parejas para escribir una oración de introducción y otra de conclusión sobre estos temas.

1. La obligación de una sociedad de cuidar a todos sus miembros

2. Otro problema mundial importante

3. El papel de los voluntarios en la solución de problemas mundiales

TEMA: Escribir una composición

Antes de escribir

1 Vas a escribir una composición sobre este tema:

Si tuvieras la oportunidad, ¿qué harías para mejorar el mundo? ¿Qué cambios harías en el mundo si tuvieras el poder y los recursos necesarios? ¿Qué podrías hacer ahora y qué podrías hacer en el futuro? También debes considerar estas preguntas:

▷ ¿Pondrías fin a todas las guerras? ¿Cómo?

▷ ¿Protegerías el medio ambiente? ¿Cómo?

▷ ¿Promoverías la igualdad y eliminarías el sexismo y el racismo? ¿Cómo?

▷ ¿Eliminarías la corrupción en la política? ¿Cómo?

▷ ¿Eliminarías el problema de la falta de vivienda y el hambre?

▷ ¿Promoverías tu causa en los medios de comunicación? ¿Cómo?

▷ ¿Te dedicarías a alguna causa específica dentro de tu comunidad? ¿Cuál?

▷ ¿Te dedicarías a solucionar problemas nacionales o internacionales? ¿Cuáles?

2 Escribe una lista de tres cambios que harías, usando las preguntas anteriores como guía. Organiza tus ideas para escribir una composición de cinco párrafos: una introducción, una parte central de tres párrafos (un párrafo para cada cambio que harías) y una conclusión.

Escribir

Usa tus ideas de la sección anterior para escribir tu composición. Verifica el uso correcto del condicional y del pretérito imperfecto de subjuntivo.

Después de escribir

1 Para asegurarte de que tienes una introducción y una conclusión bien desarrolladas, usa el siguiente diagrama Venn para compararlas. Estas dos secciones deben contener la misma información sobre las tres ideas centrales de tu composición, pero también deben tener otra información e ideas diferentes.

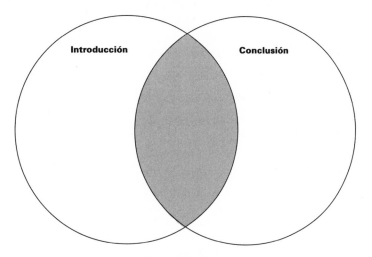

Introducción   Conclusión

2 Una vez que hayas completado el diagrama, decide si necesitas revisar tu introducción y conclusión para hacerlas más eficaces. Haz las revisiones que te parezcan necesarias.

3 Ahora intercambia tu borrador con el de un(a) compañero/a de clase. Coméntalo y contesta estas preguntas.

▶ ¿Incluyó tu compañero/a una introducción bien desarrollada?

▶ ¿Escribió él/ella tres párrafos sobre tres cambios que haría?

▶ ¿Incluyó él/ella una conclusión bien desarrollada y relacionada a la introducción, pero que también contiene una idea o información nueva?

▶ ¿Usó él/ella bien las formas del condicional y del pretérito imperfecto de subjuntivo?

▶ ¿Qué detalles añadirías? ¿Cuáles quitarías? ¿Qué otros comentarios tienes para tu compañero/a?

4 Revisa tu narración según los comentarios de tu compañero/a. Después de escribir la versión final, léela otra vez para eliminar errores en:

▶ la ortografía

▶ la puntuación

▶ el uso de letras mayúsculas y minúsculas

▶ la concordancia entre sustantivos y adjetivos

▶ el uso del condicional

▶ el uso del pretérito imperfecto de subjuntivo

Lección 18 Cuaderno para hispanohablantes

Lección 18

¡Todos a bordo!

Lección 1

Antes de ver el video

1   **¿Qué tal?** En este episodio, Álex, Javier, Maite e Inés se saludan por primera vez al salir de viaje a las montañas. Mira el fotograma y escribe lo que crees que dicen Álex y Javier.

_____

_____

_____

_____

_____

_____

Mientras ves el video

2   **Completar** Mira el episodio **¡Todos a bordo!** y completa estas oraciones.

SRA. RAMOS	Hola, don Francisco. ¿Cómo (1) _____ usted?
DON FRANCISCO	Bien, gracias. ¿Y (2) _____?
SRA. RAMOS	¿(3) _____ hora es?
DON FRANCISCO	(4) _____ las diez.
SRA. RAMOS	Tengo (5) _____ documentos para ustedes.
DON FRANCISCO	Y (6) _____ soy don Francisco, el conductor.
SRA. RAMOS	Aquí tienes (7) _____ documentos de viaje.
INÉS	Yo (8) _____ Inés.
JAVIER	¿Qué tal? Me (9) _____ Javier.
ÁLEX	Mucho (10) _____, Javier. (11) _____ soy Álex.
INÉS	(12) _____ permiso.

3   **¿De dónde son?** Mira el **Resumen** de este episodio e indica de qué país es cada viajero.

Nombre	País
1. Inés	_____
2. Maite	_____
3. Javier	_____
4. Álex	_____

Video

Actividades del video para **Fotonovela**

Después de ver el video

4 **¿Quién?** Escribe el nombre de la persona que dice cada oración.

1. Sí, señora. _____

2. Soy del Ecuador, de Portoviejo. _____

3. Oye, ¿qué hora es? _____

4. Oiga, ¿qué hora es? _____

5. ¡Adiós a todos! _____

6. Y tú eres Alejandro Morales Paredes, ¿no? _____

7. Son todos. _____

8. Mucho gusto, Javier. _____

9. De Puerto Rico. ¿Y tú? _____

10. ¿Javier Gómez Lozano? _____

11. Buenos días, chicos. _____

12. Aquí, soy yo. _____

13. ¡Todos a bordo! _____

14. ¿Y los otros? _____

15. ¡Buen viaje! _____

5 **Ho, ho, hola...** Imagínate que acabas de conocer al hombre o la mujer de tus sueños, quien ¡sólo habla español! ¡No seas tímido/a! Escribe lo que se dirían ustedes en su primera conversación para empezar a conocerse.

_____

_____

_____

_____

_____

_____

6 **En la clase** Imagina que estás en Ecuador estudiando español. Escribe cómo sería tu conversación con el/la profesor(a) de español en el primer día que llegas a la universidad.

_____

_____

_____

_____

_____

_____

_____

¿Qué clases tomas?   Lección 2

Antes de ver el video

1 **Impresiones** Según las impresiones que tuviste de los cuatro viajeros en la **Lección 1**, escribe los nombres de las clases que crees que cada uno está tomando o en las que cada uno puede estar interesado. Rodea con un círculo el nombre del personaje que te parece más estudioso y subraya el nombre del personaje que te parece más hablador.

ÁLEX	INÉS	JAVIER	MAITE
_____	_____	_____	_____
_____	_____	_____	_____
_____	_____	_____	_____

Mientras ves el video

2 **¿Quién y a quién?** Mira el episodio **¿Qué clases tomas?** e indica quién hace estas preguntas y a quién van dirigidas. Una pregunta va dirigida a dos personas distintas.

Preguntas	¿Quién?	¿A quién?
1. ¿Qué tal las clases en la UNAM?	_____	_____
2. ¿También tomas tú geografía?	_____	_____
3. ¿Cómo te llamas y de dónde eres?	_____	_____
4. ¿En qué clase hay más chicos?	_____	_____
5. ¿No te gustan las computadoras?	_____	_____

3 **En la UNAM** Mira las imágenes de la **Universidad Nacional Autónoma de México** que recuerda Álex. Marca con "√" las personas, acciones, cosas y lugares que aparecen en estas imágenes.

____ 1. chicas   ____ 5. hablar   ____ 9. grabadora

____ 2. turistas   ____ 6. dibujar   ____ 10. papel

____ 3. estudiantes   ____ 7. estudiar   ____ 11. computadoras

____ 4. chicos   ____ 8. viajar   ____ 12. biblioteca

4 **Resumen** Mira el **Resumen** de este episodio y completa estas oraciones.

1. Hay _____ personas en el grupo.

2. Hay _____ chicos en el grupo.

3. Hay _____ chicas en el grupo.

4. Inés toma inglés, historia, arte, sociología y _____.

5. Maite toma inglés, literatura y _____.

6. Los chicos son de la Universidad San Francisco de _____.

7. Javier toma _____ clases este semestre.

8. Javier toma historia y _____ los lunes, miércoles y viernes.

9. Javier toma _____ los martes y jueves.

10. Para Javier, ¡las _____ no son interesantes!

Actividades del video para **Fotonovela**   **295**

Video

Después de ver el video

5 Corregir La información subrayada en estas oraciones es incorrecta. Escribe los datos correctos en los espacios que se dan.

1. <u>Javier</u> tiene una computadora. _____

2. <u>Álex</u> toma geografía, inglés, historia, arte y sociología. _____

3. <u>Maite</u> tiene un amigo en la UNAM. _____

4. Inés es de <u>México</u>. _____

5. <u>Inés</u> toma una clase de computación. _____

6. <u>Álex</u> toma inglés, literatura y periodismo. _____

7. <u>Javier</u> toma cinco clases este semestre. _____

8. Javier es de <u>Portoviejo</u>. _____

6 Asociar Escribe las tres palabras o frases de la lista que asocias con cada personaje.

¡Adiós, Mitad del Mundo!	dibujar	la UNAM
cinco clases	estudiar mucho	periodismo
de Puerto Rico	historia, computación, arte	¡Qué aventura!
del Ecuador	Hola, Ricardo…	Radio Andina

1. Álex _____ _____

2. Maite _____ _____

3. Inés _____ _____

4. Javier _____ _____

7 ¿Y tú? Escribe un breve párrafo que exprese quién eres, de dónde eres, dónde estudias (ciudad y universidad o escuela) y qué clases tomas este semestre.

_____
_____
_____
_____
_____
_____
_____
_____

¿Es grande tu familia?   Lección 3

Antes de ver el video

1 **Examinar el título** Fíjate en el título del episodio. Según el título y el fotograma, ¿qué crees que vas a ver en este segmento? Usa tu imaginación.

_____

_____

_____

_____

_____

_____

_____

Mientras ves el video

2 **Completar** Completa cada oración de la columna A con la palabra correcta de la columna B, de acuerdo con la información del episodio **¿Es grande tu familia?**

A	B
1. Vicente _____ diez años.	trabajador
2. La madre de Javier es muy _____.	tiene
3. La _____ de Maite se llama Margarita.	vive
4. El abuelo de Javier es muy _____.	delgado
5. Vicente es muy _____.	bonita
6. Graciela _____ en Guayaquil.	tía

3 **La familia de Inés** Marca con "√" las personas o cosas que aparecen en las imágenes que recuerda Inés sobre su familia.

____ 1. una cena familiar

____ 2. una panorámica de Quito

____ 3. escenas del campo en Ecuador

____ 4. Inés abrazando a su mamá

____ 5. la cuñada de Inés, Francesca

____ 6. la sobrina de Inés, Graciela

____ 7. el sobrino de Inés, Vicente

____ 8. el hermano menor de Inés

____ 9. el hermano mayor de Inés

____ 10. los abuelos de Inés

____ 11. un niño pequeño en su sillita

____ 12. los padres de la cuñada de Inés

4 **Resumen** Mira el **Resumen** de este episodio e indica si lo que dicen estas afirmaciones es **cierto** o **falso**.

	Cierto	Falso
1. La familia de Inés vive en el Ecuador.	○	○
2. Inés tiene unas fotos de su familia.	○	○
3. Javier habla de sus tíos.	○	○
4. Maite cree que el padre de Javier es muy alto.	○	○
5. Javier tiene una foto de sus padres.	○	○

Video

Actividades del video para **Fotonovela**

Después de ver el video

5 **Seleccionar** Escoge la letra de la palabra o frase que completa mejor cada oración.

1. Vicente es el _____ de Pablo y de Francesca.

   a. primo   b. abuelo   c. padre   d. sobrino

2. Los _____ de Pablo viven en Roma.

   a. abuelos   b. suegros   c. hermanos   d. padres

3. El _____ de Inés es periodista.

   a. padre   b. sobrino   c. primo   d. hermano

4. Maite tiene una _____ que se llama Margarita.

   a. tía   b. abuela   c. prima   d. suegra

5. _____ de Javier es _____

   a. El abuelo; guapo.   b. La madre; trabajadora.   c. El padre; alto.   d. El hermano; simpático.

6. _____ de Javier es _____

   a. La abuela; trabajadora.   b. El hermano; alto.   c. El padre; trabajador.   d. La mamá; bonita.

7. _____ tiene _____

   a. Javier; calor.   b. Maite; frío.   c. Inés; sueño.   d. Don Francisco; hambre.

8. Javier dibuja a _____

   a. Inés.   b. Álex.   c. don Francisco.   d. Maite.

6 **Preguntas** Contesta estas preguntas sobre el episodio.

1. ¿Quién tiene una familia grande?

   _____

2. ¿Tiene hermanos Javier?

   _____

3. ¿Cómo se llama la madre de Javier?

   _____

4. ¿Cuántos años tiene el sobrino de Inés?

   _____

5. ¿Cómo es el abuelo de Javier?

   _____

7 **Preguntas personales** Contesta estas preguntas sobre tu familia.

1. ¿Cuántas personas hay en tu familia? ¿Cuál es más grande, tu familia o la familia

   de Inés? _____

   _____

2. ¿Tienes hermanos/as? ¿Cómo se llaman? _____

   _____

3. ¿Tienes un(a) primo/a favorito/a? ¿Cómo es? _____

   _____

4. ¿Cómo es tu tío/a favorito/a? ¿Dónde vive? _____

   _____

Video

¡Vamos al parque!   Lección 4

Antes de ver el video

1   **Álex y Maite**   En este episodio, los viajeros llegan a Otavalo y tienen una hora libre antes de registrarse en el hotel. Álex y Maite, que todavía no se conocen muy bien, deciden ir al parque para charlar. ¿Qué cosas crees que van a ver ellos en el parque? ¿Sobre qué piensas que van a hablar?

_____

_____

_____

_____

_____

_____

Mientras ves el video

2   **Completar**   Estas oraciones están tomadas del episodio **¡Vamos al parque!** Mira el segmento y completa las oraciones con los verbos que faltan.

1. _____ una hora libre.

2. Tenemos que _____ a las cabañas a las cuatro.

3. ¿Por qué no _____ al parque, Maite?

4. Podemos _____ y _____ el sol.

3   **El Parque del Retiro**   Marca con "√" las actividades que están haciendo las personas en las imágenes que recuerda Maite sobre este famoso parque de Madrid.

_____ 1. Una mujer patina.   _____ 5. Tres señoras corren.

_____ 2. Unos jóvenes esquían.   _____ 6. Un hombre pasea en bicicleta.

_____ 3. Dos chicos pasean en bicicleta.   _____ 7. Un niño pequeño está con sus padres.

_____ 4. Un chico y una chica bailan.   _____ 8. Dos chicos pasean.

4   **Resumen**   En el **Resumen** de este episodio, don Francisco reflexiona sobre el hecho de que ya no es tan joven como era antes. Completa los espacios de la columna A con la palabra correcta de la columna B.

A	B
1. Los jóvenes tienen mucha _____.	corre
2. Inés y Javier desean _____ por la ciudad.	pasear
3. Álex y Maite deciden ir al _____.	tomar
4. Maite desea _____ unas postales en el parque.	parque
5. A veces Álex _____ por la noche.	practica
6. Álex invita a Maite a _____ con él.	energía
7. Don Francisco no _____ deportes.	escribir
8. Pero don Francisco sí tiene mucha energía... para leer el periódico y _____ un café.	correr

Video

Actividades del video para **Fotonovela**   **299**

Después de ver el video

5 **¿De dónde es?** Completa las palabras de las oraciones 1 a 11 con las letras que faltan. Luego, ordena las letras de los cuadrados para formar la palabra que complete la oración número 12.

1. Álex y Maite van al p __ __ __ __ ☐.

2. A las cuatro tienen que ir a las __ __ __ ☐ __ __ __.

3. ☐ __ r __ __ __ es uno de los pasatiempos favoritos de Maite.

4. Maite quiere escribir unas p __ __ ☐ __ __ __ __ __.

5. Inés y Javier van a pasear por la __ __ ☐ d __ __.

6. Don Francisco lee el __ e __ __ __ __ __ __ ☐.

7. Los cuatro estudiantes tienen una hora l __ __ ☐ __.

8. Los chicos están en la ciudad de ☐ __ __ v __ __ __.

9. Álex es muy __ f __ __ __ __ ☐ __ __ __ a los deportes.

10. Cuando está en __ a __ __ ☐ __, Maite pasea mucho por el Parque del Retiro.

11. Don Francisco toma un c ☐ __ __.

12. El joven del parque es _____.

6 **Me gusta** Completa la tabla con las actividades, pasatiempos o deportes que te gusta practicar. Indica también cuándo y dónde haces cada actividad.

Mis pasatiempos favoritos	¿Cuándo?	¿Dónde?

7 **Preguntas** Contesta las preguntas con oraciones completas.

1. ¿Son aficionados/as a los deportes tus amigos/as? ¿Cuáles son sus deportes favoritos?

_____
_____
_____

2. ¿Qué hacen tú y tus amigos/as cuando tienen ratos libres?

_____
_____

3. ¿Qué vas a hacer esta noche? ¿Vas a estudiar? ¿Descansar? ¿Mirar televisión? ¿Ver una película? ¿Por qué? _____

_____
_____
_____

Video

Tenemos una reservación.   # Lección 5

Antes de ver el video

1 **¿Qué hacen?** Don Francisco y los viajeros acaban de llegar a las cabañas. De acuerdo con el fotograma, ¿qué piensas que están haciendo en este momento? ¿Qué crees que van a hacer inmediatamente después?

_____
_____
_____
_____
_____
_____
_____

Mientras ves el video

2 **¿Quién?** Mira el episodio **Tenemos una reservación.** y escribe el nombre de la persona que dice cada una de estas expresiones.

Expresión	Nombre
1. ¿Es usted nueva aquí?	_____
2. ¡Uf! ¡Menos mal!	_____
3. Hola, chicas. ¿Qué están haciendo?	_____
4. Y todo está muy limpio y ordenado.	_____
5. Hay muchos lugares interesantes por aquí.	_____

3 **Los hoteles** Mira las imágenes que recuerda don Francisco sobre los hoteles de Ecuador y marca con "√" la oración que mejor las resume.

_____ 1. No hay muchos hoteles en Ecuador.

_____ 2. Hay muchas cabañas bonitas en la capital de Ecuador.

_____ 3. Don Francisco no va a muchos hoteles.

_____ 4. Don Francisco tiene muchos hoteles impresionantes.

_____ 5. Los hoteles de Ecuador son impresionantes... hay hoteles de todo tipo.

4 **Resumen** Mira el **Resumen** de este episodio y completa cada oración con la palabra que falta.

1. **ÁLEX**   Javier, Maite, Inés y yo estamos en nuestro _____ en Otavalo.

2. **JAVIER**   Oigan, no están nada mal las _____, ¿verdad?

3. **INÉS**   Oigan, yo estoy aburrida. ¿_____ hacer algo?

4. **MAITE**   Estoy cansada y quiero _____ un poco porque (...) voy a correr con Álex.

5. **ÁLEX**   Es muy inteligente y simpática... y también muy _____.

Video

Después de ver el video

5 **¿Cierto o falso?** Indica si lo que dice cada oración es **cierto** o **falso**. Corrige la información falsa.

1. Don Francisco y los viajeros llegan a la universidad.

_____

2. Don Francisco habla con una empleada del hotel.

_____

3. Inés y Álex están aburridos.

_____

4. Javier desea ir a explorar la ciudad un poco más.

_____

5. Maite desea descansar.

_____

6. Álex y Maite van a correr a las seis.

_____

6 **Resumir** Escribe un breve resumen de este episodio con tus propias palabras. Intenta no omitir información importante.

_____

_____

_____

_____

_____

_____

_____

_____

7 **Preguntas** Contesta estas preguntas con oraciones completas.

1. ¿Te gusta ir de vacaciones? ¿Por qué? _____

_____

_____

2. ¿Adónde te gusta ir de vacaciones? ¿Por qué? _____

_____

_____

3. ¿Con quién(es) vas de vacaciones? _____

_____

_____

Video

¡Qué ropa más bonita!

Lección 6

Antes de ver el video

1 **Describir** Mira el fotograma y describe lo que ves. Tu descripción debe contestar estas preguntas: ¿Dónde está Javier? ¿Con quién está hablando? ¿Cuál es el propósito de la conversación?

_____
_____
_____
_____
_____
_____
_____
_____

Mientras ves el video

2 **Ordenar** Mira el episodio **¡Qué ropa más bonita!**, e indica el orden en que escuchaste estas oraciones.

____ a. Le cuesta ciento cincuenta mil sucres.

____ b. Me gusta aquélla. ¿Cuánto cuesta?

____ c. La vendedora me lo vendió a muy buen precio.

____ d. ¡Qué mal gusto tienes!

____ e. Mejor vamos a tomar un café. ¡Yo invito!

____ f. Me gusta regatear con los vendedores.

3 **San Juan** Marca con "√" las cosas que se ven durante las imágenes que Javier recuerda sobre las tiendas de San Juan.

____ 1. una vendedora

____ 2. un centro comercial

____ 3. unas camisetas

____ 4. un mercado al aire libre

____ 5. un dependiente

____ 6. una tienda de ropa para niños

4 **Resumen** Mira el **Resumen** de este episodio e indica quién dice cada oración: Inés, Javier o el vendedor.

_____ 1. Bueno, para usted… ciento treinta mil.

_____ 2. (…) es muy simpático… ¡y regatea muy bien!

_____ 3. Voy a ir de excursión a las montañas y necesito un buen suéter.

_____ 4. Hoy (…) visitamos un mercado al aire libre.

_____ 5. Mmm… quiero comprarlo. Pero, señor, no soy rico.

Actividades del video para **Fotonovela**

Después de ver el video

5 **Completar** Completa las oraciones con las palabras correctas de la lista.

botas	impermeable	sombrero
camisa	libre	suéter
caro	montañas	talla
hermana	rosado	vestido

1. Inés y Javier van de compras a un mercado al aire _____.

2. Inés quiere comprar algo para su _____ Graciela.

3. Javier compra un _____ en el mercado.

4. Las bolsas del vendedor son típicas de las _____.

5. Inés compra una bolsa, una _____ y un _____.

6. Javier usa _____ grande.

---

6 **Corregir** Corrige estas afirmaciones falsas sobre el episodio.

1. Javier compró un sombrero y una camisa.

_____

2. Inés prefiere la camisa gris con rayas rojas.

_____

3. Inés compró una blusa para su hermana.

_____

4. Javier quiere comprar un traje de baño porque va a la playa.

_____

---

7 **Preguntas** Contesta las preguntas con oraciones completas.

1. ¿Te gusta ir de compras? ¿Por qué? _____

_____

2. ¿Adónde vas de compras? ¿Por qué? _____

_____

3. ¿Con quién(es) vas de compras? ¿Por qué? _____

_____

4. Imagina que estás en un centro comercial y que tienes mil dólares. ¿Qué vas a comprar? ¿Por qué?

_____

_____

5. Cuando compras un auto, ¿regateas con el/la vendedor(a)? _____

_____

Video

¡Jamás me levanto temprano!   Lección 7

Antes de ver el video

1   **La rutina diaria** En este episodio Javier y Álex charlan sobre su rutina de la mañana. ¿Qué cosas crees que van a mencionar?

_____

_____

_____

_____

_____

_____

_____

Mientras ves el video

2   **¿Álex o Javier?** Mira el episodio **¡Jamás me levanto temprano!**, e indica con "√" si la actividad corresponde a la rutina de Álex o a la de Javier.

Actividad	Álex	Javier
1. levantarse tarde	_____	_____
2. dibujar por la noche	_____	_____
3. despertarse a las seis	_____	_____
4. correr por la mañana	_____	_____
5. escuchar música por la noche	_____	_____

3   **Ordenar** Mira las imágenes sobre la rutina diaria de Álex e indica en qué orden hace estas cosas.

____ a. ducharse   ____ d. despertarse a las seis

____ b. vestirse   ____ e. afeitarse

____ c. levantarse temprano   ____ f. cepillarse los dientes

4   **Resumen** Mira el **Resumen** de este episodio y completa las oraciones con las palabras que faltan.

1. **JAVIER** Álex no sólo es mi _____ sino mi despertador.

2. **ÁLEX** Me gusta _____ temprano.

3. **ÁLEX** Vuelvo, me ducho, _____ y a las siete y media te _____.

4. **JAVIER** Hoy _____ a un mercado al aire libre con Inés.

5. **ÁLEX** _____ levanto a las siete menos cuarto y _____ por treinta minutos.

Video

Después de ver el video

5   **Preguntas**   Usa oraciones completas para contestar las preguntas sobre el episodio.

1. ¿Qué está haciendo Álex cuando vuelve Javier del mercado?

_____

2. ¿Le gusta a Álex el suéter que compró Javier?

_____

3. ¿Por qué Javier no puede despertarse por la mañana?

_____

4. ¿A qué hora va a levantarse Álex mañana?

_____

5. ¿A qué hora sale el autobús mañana?

_____

6. ¿Dónde está la crema de afeitar?

_____

6   **Preguntas personales**   Contesta las preguntas con oraciones completas.

1. ¿A qué hora te levantas durante la semana? ¿Y los fines de semana?

_____

_____

2. ¿Prefieres acostarte tarde o temprano? ¿Por qué?

_____

_____

3. ¿Te gusta más bañarte o ducharte? ¿Por qué?

_____

_____

4. ¿Cuántas veces por día te cepillas los dientes?

_____

_____

5. ¿Te lavas el pelo todos los días? ¿Por qué?

_____

_____

7   **Tus vacaciones**   Describe tu rutina de la mañana cuando estás de vacaciones.

_____

_____

_____

_____

_____

¿Qué tal la comida?   Lección 8

Antes de ver el video

1   **En un restaurante** ¿Qué tipos de cosas sueles hacer y decir cuando comes en un restaurante?

_____

_____

_____

_____

_____

_____

_____

_____

Mientras ves el video

2   **¿Quién?** Mira el episodio **¿Qué tal la comida?** y escribe el nombre de la persona que dice cada una de estas frases.

Afirmación	Nombre
1. ¡Tengo más hambre que un elefante!	_____
2. Pero si van a ir de excursión deben comer bien.	_____
3. Y de tomar, les recomiendo el jugo de piña, frutilla y mora.	_____
4. Hoy es el cumpleaños de Maite.	_____
5. ¡Rico, rico!	_____

3   **Los restaurantes de Madrid** Mira las imágenes que Maite recuerda sobre los restaurantes de Madrid y marca con "√" la oración que mejor las resume.

_____ 1. Es muy caro salir a cenar en Madrid.

_____ 2. A Maite no le gustan los restaurantes de Madrid.

_____ 3. Hay una gran variedad de restaurantes en Madrid.

_____ 4. Los restaurantes de Madrid son muy elegantes.

4   **Resumen** Mira el **Resumen** de este episodio y completa las oraciones con las palabras que faltan.

1. **JAVIER** ¿Qué nos _____ usted?

2. **DON FRANCISCO** Debo _____ más a menudo.

3. **DOÑA RITA** ¿_____ lo traigo a todos?

4. **DON FRANCISCO** Es bueno _____ a la dueña del mejor restaurante de la ciudad.

5. **JAVIER** Para mí las _____ de maíz y un ceviche de _____.

Video

Nombre _____ Fecha _____

Después de ver el video

5 Opiniones Escribe los nombres de los personajes que expresaron estas opiniones, ya sea verbal o físicamente.

_____ 1. Don Francisco es un conductor excelente.
_____ 2. El servicio en este restaurante es muy eficiente.
_____ 3. Nuestros pasteles son exquisitos.
_____ 4. ¡Caldo de patas! Suena como un plato horrible.
_____ 5. Las tortillas de maíz son muy sabrosas. Se las recomiendo.
_____ 6. Las montañas de nuestro país son muy hermosas.

6 Corregir Corrige estas afirmaciones falsas sobre el episodio.

1. El Cráter es un mercado al aire libre.

2. La señora Perales trabaja en El Cráter. Es camarera.

3. Maite pide las tortillas de maíz y la fuente de fritada.

4. Álex pide el caldo de patas y una ensalada.

5. De beber, todos piden té.

6. La señora Perales dice que los pasteles de El Cráter son muy caros.

7 Preguntas personales Contesta las preguntas con oraciones completas.

1. ¿Almuerzas en la cafetería de tu universidad? ¿Por qué? _____

2. ¿Cuál es tu plato favorito? ¿Por qué? _____

3. ¿Cuál es el mejor restaurante de tu comunidad? Explica tu opinión. _____

4. ¿Cuál es tu restaurante favorito? ¿Cuál es la especialidad de ese restaurante? _____

5. ¿Sales mucho a cenar con tus amigos/as? ¿Adónde van a cenar? _____

Video

¡Feliz cumpleaños, Maite!   **Lección 9**

Antes de ver el video

1   **Una fiesta**   En este episodio, la señora Perales y don Francisco sorprenden a Maite con una fiesta de cumpleaños. Basándote en esta información, ¿qué esperas ver en este episodio?

_____

_____

_____

_____

_____

_____

_____

Mientras ves el video

2   **Ordenar**   Mira el episodio **¡Feliz cumpleaños, Maite!**, y pon estas acciones en el orden correcto.

_____ a. Álex recuerda la quinceañera de su hermana.

_____ b. Los estudiantes miran el menú.

_____ c. Javier pide un pastel de chocolate.

_____ d. La señora Perales trae un flan, un pastel y una botella de vino.

_____ e. Los estudiantes deciden dejarle una buena propina a la señora Perales.

3   **La quinceañera**   Mira las imágenes que Álex recuerda sobre la fiesta de quinceañera de su hermana. Pon una marca "√" en la columna **Sí** al lado de las acciones que ocurrieron en las imágenes, y en la columna **No** al lado de las que *no* ocurrieron.

Acción	Sí	No
1. Álex canta para su hermana.	_____	_____
2. Todos se sientan a cenar.	_____	_____
3. Todos nadan en la piscina.	_____	_____
4. Varias personas bailan.	_____	_____

4   **Resumen**   Mira el **Resumen** de este episodio e indica quién dice cada una de estas líneas.

_____ 1. Señora Perales, mi cumpleaños es el primero de octubre...

_____ 2. Dicen que las fiestas son mejores cuando son una sorpresa.

_____ 3. ¿Hoy es tu cumpleaños, Maite?

_____ 4. Ayer te lo pregunté, ¡y no quisiste decírmelo!

Video

Después de ver el video

5 **Corregir** Corrige estas afirmaciones falsas sobre el episodio.

1. Álex le sirve un pastel de cumpleaños a Maite.

_____

2. Don Francisco le deja una buena propina a la señora Perales.

_____

3. Maite cumple diecinueve años.

_____

4. Don Francisco toma una copa de vino.

_____

5. El cumpleaños de Javier es el quince de diciembre.

_____

6. El cumpleaños de Maite es el primero de octubre.

_____

6 **Eventos importantes** Haz una lista con las tres acciones que consideres más importantes de este episodio. Explica tu decisión.

_____
_____
_____
_____
_____
_____
_____

7 **Preguntas personales** Contesta las preguntas con oraciones completas.

1. ¿Vas a muchas fiestas? ¿Qué haces en las fiestas? _____

_____

2. ¿Qué haces antes de ir a una fiesta? ¿Y después? _____

_____

3. ¿Cuándo es tu cumpleaños? ¿Cómo vas a celebrarlo? _____

_____

4. ¿Te gusta recibir regalos en tu cumpleaños? ¿Qué tipo de regalos? _____

_____

¡Uf! ¡Qué dolor!   **Lección 10**

Antes de ver el video

1   **Un accidente** Mira el fotograma. ¿Dónde crees que están Javier y don Francisco? ¿Qué ocurre en esta escena?

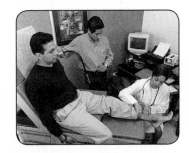

_____

_____

_____

_____

_____

_____

_____

Mientras ves el video

2   **¿Quién?** Mira el episodio **¡Uf! ¡Qué dolor!** y marca con "√" la columna adecuada para indicar quién dijo cada frase.

Expresión	Javier	Don Francisco	Dra. Márquez
1. ¡Creo que me rompí el tobillo!	_____	_____	_____
2. ¿Cómo se lastimó el pie?	_____	_____	_____
3. ¿Embarazada? Definitivamente NO.	_____	_____	_____
4. ¿Está roto el tobillo?	_____	_____	_____
5. No te preocupes, Javier.	_____	_____	_____

3   **Clínicas y hospitales** Mira las imágenes que recuerda Javier de instalaciones médicas en Puerto Rico y marca con "√" las cosas que se ven.

____ 1. una paciente   ____ 6. letreros

____ 2. una computadora   ____ 7. unos edificios

____ 3. enfermeras   ____ 8. unas pastillas

____ 4. un termómetro   ____ 9. un microscopio

____ 5. una radiografía   ____ 10. una inyección

4   **Resumen** Mira el **Resumen** de este episodio. Después, completa las oraciones con las palabras que faltan y escribe el nombre de la persona que dice cada línea.

_____ 1. De niño tenía que ir mucho a una _____ en San Juan.

_____ 2. ¿Cuánto tiempo _____ que se cayó?

_____ 3. Tengo que descansar durante dos o tres días porque me _____ el tobillo.

_____ 4. No está _____ el tobillo.

_____ 5. Pero por lo menos no necesito el _____ para dibujar.

Video

Después de ver el video

5 **Seleccionar** Escribe la letra que corresponde a la palabra o palabras que mejor completan cada oración.

1. ____ conoce a una doctora que trabaja en una clínica cercana.

    a. Don Francisco b. Maite c. Álex d. Inés

2. La doctora Márquez le va a ____ unas pastillas a Javier.

    a. vender b. comprar c. recetar d. romper

3. Cuando era ____, ____ se enfermaba mucho de la garganta.

    a. niña; la doctora Márquez b. niño; Javier c. niño; Álex d. niño; don Francisco

4. La doctora Márquez quiere ver si Javier se rompió uno de los huesos ____.

    a. de la pierna b. del pie c. del tobillo d. de la rodilla

5. Una vez ____ se rompió la pierna jugando al ____.

    a. don Francisco; fútbol b. Javier; béisbol c. la doctora Márquez; baloncesto d. Álex; fútbol

6. ____ se cayó cuando estaba en ____.

    a. Álex; el parque b. Javier; el autobús c. Don Francisco; la clínica d. Javier; el restaurante

6 **Preguntas** Contesta las preguntas con oraciones completas.

1. ¿Tiene fiebre Javier? ¿Está mareado?

_____

2. ¿Cuánto tiempo hace que se cayó Javier?

_____

3. ¿Cómo se llama la clínica donde trabaja la doctora Márquez?

_____

4. ¿A quién no le gustaban mucho ni las inyecciones ni las pastillas?

_____

5. ¿Va a poder ir Javier de excursión con sus amigos?

_____

7 **Preguntas personales** Contesta las preguntas con oraciones completas.

1. ¿Te gusta ir al/a la médico/a? ¿Por qué?_____

2. ¿Tienes muchas alergias? ¿Eres alérgico/a a algún medicamento?_____

_____

3. ¿Cuándo es importante ir a la sala de emergencias?_____

_____

4. ¿Qué haces cuando tienes fiebre y te duele la garganta? _____

_____

Tecnohombre, ¡mi héroe!

Lección 11

Antes de ver el video

1 **¿Qué pasa?** Mira el fotograma. ¿Dónde crees que están Inés y don Francisco? ¿Qué crees que están haciendo y por qué?

_____

_____

_____

_____

_____

_____

_____

Mientras ves el video

2 **¿Qué oíste?** Mira el episodio **Tecnohombre, ¡mi héroe!** y marca con "√" las expresiones que oigas.

____ 1. Lo siento. No está.

____ 2. ¿Quién habla?

____ 3. Con el señor Fonseca, por favor.

____ 4. ¡A sus órdenes!

____ 5. ¡Uy! ¡Qué dolor!

____ 6. ¡No me digas!

____ 7. Estamos en Ibarra.

____ 8. Viene enseguida.

____ 9. No puede venir hoy.

____ 10. No veo el problema.

3 **Madrid** Mira las imágenes que recuerda Maite de las calles de Madrid y marca con "√" las cosas que se ven.

____ 1. calles

____ 2. bicicletas

____ 3. carros

____ 4. una motocicleta

____ 5. monumentos

____ 6. taxis

____ 7. un _walkman_

____ 8. un taller

____ 9. una ambulancia

____ 10. una gasolinera

4 **Resumen** Mira el **Resumen** de este episodio y escribe el nombre de la persona que dice cada línea.

_____ 1. Cuando estaba en la escuela secundaria, trabajé en el taller de mi tío.

_____ 2. Y Álex (…) usó su teléfono celular para llamar a un mecánico.

_____ 3. Al salir de Quito los otros viajeros y yo no nos conocíamos muy bien.

_____ 4. Piensa que puede arreglar el autobús aquí mismo.

_____ 5. Es bueno tener superamigos, ¿no?

Actividades del video para **Fotonovela**

Video

Después de ver el video

5 **Corregir** Corrige estas afirmaciones falsas sobre el episodio.

1. Don Francisco llamó al señor Fonseca, el mecánico.

_____

2. Maite aprendió a arreglar autobuses en el taller de su tío.

_____

3. Don Francisco descubre que el problema está en el alternador.

_____

4. El mecánico saca una foto de Tecnohombre y la Mujer Mecánica con Maite y don Francisco.

_____

5. El asistente del señor Fonseca está mirando la televisión.

_____

6. El autobús está a unos treinta y cinco kilómetros de la ciudad.

_____

6 **Una carta** Imagina que Maite está escribiéndole una carta a una amiga sobre lo que pasó hoy. Escribe lo que crees que diría Maite en la carta.

_____

_____

_____

_____

_____

_____

_____

7 **Preguntas personales** Contesta las preguntas con oraciones completas.

1. Cuando tu carro está descompuesto, ¿lo llevas a un(a) mecánico/a o lo arreglas tú mismo/a? ¿Por qué? _____

_____

_____

2. ¿Conoces a un(a) buen(a) mecánico/a? ¿Cómo se llama? _____

_____

_____

3. ¿Tienes un teléfono celular? ¿Para qué lo usas? _____

_____

_____

¡Les va a encantar la casa!

Lección 12

Antes de ver el video

1   **En la casa** En esta lección, los estudiantes llegan a Ibarra, cerca de la zona donde van a ir de excursión. Con esta información en mente, mira el fotograma y describe lo que pasa.

_____

_____

_____

_____

_____

_____

Mientras ves el video

2   **¿Cierto o falso?** Mira el episodio **¡Les va a encantar la casa!** e indica si lo que dicen las oraciones es **cierto** o **falso**.

	Cierto	Falso
1. La señora Vives es la hermana de don Francisco.	○	○
2. Hay mantas y almohadas en el armario de la alcoba de los chicos.	○	○
3. El guía llega mañana a las siete y media de la mañana.	○	○
4. Don Francisco va a preparar todas las comidas.	○	○
5. La señora Vives cree que Javier debe poner las maletas en la cama.	○	○

3   **En México** Mira las imágenes que recuerda Álex de alojamiento en México y pon una marca "√" al lado de las cosas que se ven.

_____ 1. balcones   _____ 4. una bicicleta

_____ 2. puertas   _____ 5. un perro

_____ 3. apartamentos   _____ 6. una vaca

4   **Resumen** Mira el **Resumen** de este episodio y marca con "√" los eventos que ocurrieron.

_____ 1. La señora Vives les dice a los estudiantes que deben descansar.

_____ 2. Inés habla de la llegada de los estudiantes a la casa.

_____ 3. Inés dice que va a acostarse porque el guía llega muy temprano mañana.

_____ 4. Don Francisco les dice a los estudiantes que les va a encantar la casa.

_____ 5. Javier dice que los estudiantes van a ayudar a la señora Vives con los quehaceres domésticos.

Video

Después de ver el video

5 **Seleccionar** Escribe la letra de la(s) palabra(s) que mejor completa(n) cada oración.

1. Don Francisco dice que la casa es ____ .
   a. pequeña pero bonita   b. pequeña pero cómoda   c. cómoda y grande

2. La habitación de los chicos tiene dos camas, una ____ y una ____ .
   a. mesita de noche; cómoda b. cafetera; lavadora   c. cómoda; tostadora

3. El sofá y los sillones ____ son muy cómodos.
   a. del jardín   b. de la sala   c. de las alcobas

4. Al fondo del ____ hay un ____ .
   a. apartamento; comedor   b. edificio; baño   c. pasillo; baño

5. Inés le dice a ____ que los estudiantes quieren ayudarla a ____ la comida.
   a. Maite; comprar   b. la señora Vives; preparar c. don Francisco; comprar

6 **Preguntas** Contesta las preguntas sobre el episodio con oraciones completas.

1. ¿Cómo se llama el guía que viene mañana?

_____

_____

2. ¿Quién puso su maleta en la cama?

_____

_____

3. ¿Cómo se llama el ama de casa?

_____

_____

4. ¿Quién quiere que los estudiantes hagan sus camas?

_____

_____

5. Según don Francisco, ¿por qué deben acostarse temprano los estudiantes?

_____

_____

7 **Escribir** Imagina que eres uno de los personajes que viste en este episodio. Escribe un párrafo desde el punto de vista de ese personaje, resumiendo lo que pasó en el episodio.

_____

_____

_____

_____

_____

Video

¡Qué paisaje más hermoso!

Antes de ver el video

1   **El paisaje** En este episodio Martín lleva a los estudiantes al área donde van a ir de excursión. ¿De qué crees que hablan los estudiantes y Martín cuando llegan allí?

_____

_____

_____

_____

_____

_____

_____

Mientras ves el video

2   **Opiniones** Mira el episodio **¡Qué paisaje más hermoso!** y marca con "√" las opiniones que se escuchan en el video.

_____ 1. Hay un gran problema de contaminación en la Ciudad de México.

_____ 2. En las montañas, la contaminación no afecta al río.

_____ 3. El aire aquí en las montañas está muy contaminado.

_____ 4. No es posible hacer mucho para proteger el medio ambiente.

_____ 5. Es importante controlar el uso de automóviles.

3   **Los paisajes de Puerto Rico** Mira las imágenes que recuerda Javier del campo de Puerto Rico y pon una marca "√" al lado de las cosas que se ven.

_____ 1. un río   _____ 4. una flor

_____ 2. unas montañas   _____ 5. unas nubes

_____ 3. un pez   _____ 6. unos árboles

4   **Resumen** Mira el **Resumen** de este episodio y completa las oraciones. Escribe también el nombre del personaje que dijo cada oración.

_____ 1. Martín nos explicó lo que teníamos que hacer para proteger el _____ .

_____ 2. Y sólo deben caminar por el _____ .

_____ 3. No creo que haya _____ más bonitos en el mundo.

_____ 4. La _____ es un problema en todo el mundo.

_____ 5. ¡_____ que las comparta conmigo!

Video

Después de ver el video

5 **¿Cierto o falso?** Indica si lo que dicen las oraciones es **cierto** o **falso**. Corrige la información falsa.

1. Maite dice que su carro contamina mucho el aire.

_____

2. Martín dice que el río no está contaminado cerca de las ciudades.

_____

3. A Maite no le gusta el paisaje.

_____

4. Según Martín, es muy importante cuidar la naturaleza.

_____

5. Martín cree que es importante tocar las flores y las plantas.

_____

6 **Preguntas** Contesta las preguntas con oraciones completas.

1. ¿Se pueden tomar fotos durante la excursión?

_____
_____

2. Según Javier, ¿cómo son los paisajes de Puerto Rico?

_____
_____

3. ¿Qué deben hacer los estudiantes si ven por el sendero botellas, papeles o latas?

_____
_____

4. ¿Qué va a hacer Maite si no puede conducir su carro en Madrid?

_____
_____

5. Según Álex, ¿cómo es el aire de la capital de México?

_____
_____

7 **Describir** Escribe un párrafo indicando lo que puede hacer la gente para proteger el medio ambiente en su comunidad.

_____
_____
_____
_____

Video

Estamos perdidos.   # Lección 14

Antes de ver el video

1 **En el centro** En este episodio Álex y Maite se pierden mientras hacen diligencias. ¿Qué diligencias crees que tienen que hacer? Según el fotograma, ¿qué crees que harán para encontrar lo que buscan?

_____

_____

_____

_____

_____

_____

Mientras ves el video

2 **Ordenar** Mira el episodio **Estamos perdidos.** y numera estos hechos del uno al cinco indicando el orden en que ocurrieron en el video.

____ a. Maite le describe a Inés los eventos del día.

____ b. Don Francisco y Martín les dan consejos a los estudiantes sobre la excursión.

____ c. Álex y Maite se pierden pero un joven les da direcciones.

____ d. Maite y Álex van al banco y al supermercado.

____ e. Álex y Maite deciden ir al centro.

3 **Completar** Completa las oraciones mientras ves el episodio.

1. Estamos conversando sobre la _____ de mañana.

2. Les _____ que traigan algo de comer.

3. ¿Hay un _____ por aquí con cajero automático?

4. Fuimos al banco y al _____.

5. También buscamos un _____.

4 **Resumen** Mira el **Resumen** del episodio y marca con "√" los hechos que se ven en el segmento.

____ 1. Maite sugiere que vayan ella y Álex al supermercado para comprar comida.

____ 2. Inés dice que necesita ir al banco y al supermercado.

____ 3. Maite le pregunta al joven si hay un banco por allí con cajero automático.

____ 4. Álex y Maite toman un helado juntos.

Actividades del video para **Fotonovela** | **319**

Video

Después de ver el video

5   **Seleccionar**   Escribe la letra de la opción que mejor completa cada oración.

1. Don Francisco les recomienda a los estudiantes que ____ para la excursión.

    a. compren comida   b. traigan refrescos   c. lleven ropa adecuada   d. compren un mapa

2. Martín les aconseja a los estudiantes que traigan ____

    a. comida.   b. unos refrescos.   c. un teléfono celular.   d. helado.

3. Inés quiere que Álex y Maite le compren ____

    a. un mapa.   b. unas estampillas.   c. unas postales.   d. una cámara.

4. Álex y Maite van al banco, al correo y ____

    a. al supermercado.   b. a la joyería.   c. al consultorio.   d. al cine.

5. Antes de volver a la casa, Álex y Maite van a una ____

    a. pescadería.   b. joyería.   c. heladería.   d. panadería.

6. Maite piensa que el joven que les dio direcciones es ____

    a. guapo pero antipático.   b. alto y guapo.   c. simpático e inteligente.   d. guapo y simpático.

6   **Escribir**   Escribe un resumen de lo que pasó hoy desde el punto de vista de Maite.

7   **Las diligencias**   Escribe un párrafo describiendo algunas de las diligencias que hiciste la semana pasada. ¿En qué consistieron las diligencias y a qué lugares tuviste que ir mientras las hacías?

Nombre _____   Fecha _____

¡Qué buena excursión!   Lección 15

Antes de ver el video

1 **Una excursión** Haz una lista de las cosas que harías y dirías durante una excursión por un lugar bonito.

_____

_____

_____

_____

_____

_____

_____

Mientras ves el video

2 **¿Quién?** Mira el episodio **¡Qué buena excursión!** e indica quién dijo cada una de estas oraciones.

_____ 1. Ya veo que han traído lo que necesitan.

_____ 2. No puedo creer que finalmente haya llegado el gran día.

_____ 3. Increíble, don Efe. Nunca había visto un paisaje tan espectacular.

_____ 4. Nunca había hecho una excursión.

_____ 5. Creo que la señora Vives nos ha preparado una cena muy especial.

3 **Un gimnasio en Madrid** Mira las imágenes que recuerda Maite sobre su gimnasio en Madrid y marca con "√" las personas que se ven.

____ 1. una mujer que hace abdominales

____ 2. un hombre que lleva pantalones cortos rojos

____ 3. un hombre que levanta pesas

____ 4. una mujer que lleva una camiseta roja

4 **Resumen** Mira el **Resumen** del episodio y numera estos hechos del uno al cinco indicando el orden en que ocurrieron en este segmento.

____ a. Javier dice que sacó muchísimas fotos.

____ b. Inés menciona que Martín es un guía muy bueno.

____ c. Inés dice que se alegra de haber conocido a los otros estudiantes.

____ d. Martín recomienda que los chicos hagan unos ejercicios de estiramiento.

____ e. Maite dice que le encantó la excursión.

Video

Actividades del video para **Fotonovela**   **321**

Después de ver el video

5 **¿Cierto o falso?** Indica si lo que dicen las oraciones es **cierto** o **falso**. Corrige la información falsa.

1. Según Álex, es muy bonita el área donde hicieron la excursión.

_____

2. Martín y los estudiantes hacen unos ejercicios de estiramiento después de la excursión.

_____

3. Don Francisco dice que el grupo debe volver a la casa para preparar la cena.

_____

4. Maite va a un gimnasio cuando está en Madrid.

_____

5. Maite va a tener mucho que decirle a su familia cuando regrese a España.

_____

6 **Preguntas personales** Contesta las preguntas con oraciones completas.

1. ¿Vas al gimnasio todos los días? ¿Por qué? _____

_____

2. ¿Sacas muchas fotos cuando estás de vacaciones? ¿Por qué? _____

_____

3. ¿Te gusta comer una cena grande después de hacer ejercicio? Explica por qué. _____

_____

4. ¿Has visto alguna vez un paisaje tan bonito como el paisaje que vieron Álex, Maite, Javier e Inés?
   ¿Dónde? _____

_____

5. ¿Quieres hacer una excursión como la que hicieron los cuatro estudiantes? Explica tu respuesta.

_____

_____

7 **Describir** Escribe una descripción de tu rutina para estar en forma o la de un(a) amigo/a.

_____

_____

_____

_____

_____

_____

_____

_____

_____

Video

¡Es un plan sensacional!

Lección 16

Antes de ver el video

1 **Planes para el futuro** En este episodio los cuatro viajeros y don Francisco hablan sobre sus planes para el futuro. ¿Qué cosas crees que mencionan?

_____
_____
_____
_____
_____
_____
_____
_____

Mientras ves el video

2 **Planes y profesiones** Mira el episodio **¡Es un plan sensacional!** Luego indica quién dijo cada oración y completa los espacios con las palabras que faltan.

_____ 1. Martín es el mejor _____ que conozco.

_____ 2. He decidido que (...) voy a establecer mi propia _____ de turismo.

_____ 3. Con su experiencia y talento, _____ un gran éxito.

_____ 4. Me _____ en la tele entrevistando a políticos, científicos, hombres y mujeres de negocios y actores y actrices.

_____ 5. Todo el mundo _____ comprar mis cuadros y llegaré a ser más famoso que Picasso, que Dalí, que Velázquez...

3 **Las profesiones en Puerto Rico** Mira las imágenes que recuerda Javier de profesiones interesantes en Puerto Rico, y marca con "√" las personas y cosas que se ven en el segmento.

____ 1. teléfonos celulares

____ 2. un profesor

____ 3. una profesora

____ 4. un médico

____ 5. una arqueóloga

____ 6. dos camareros

4 **Resumen** Mira el **Resumen** del episodio y pon una marca "√" al lado de los hechos que se ven.

____ 1. Inés dice que Martín fue un guía estupendo.

____ 2. Maite dice que va a ser una pintora muy famosa.

____ 3. Álex dice que él y los otros viajeros van a seguir siendo amigos.

____ 4. Álex dice que va a establecer una compañía especializada en Internet.

____ 5. Álex escribe sobre la conversación que tuvieron él y sus amigos.

Video

Después de ver el video

5 **Preguntas** Contesta las preguntas con oraciones completas.

1. ¿Quién dice que va a ser un pintor famoso?

_____

2. ¿Qué quiere hacer Maite en el futuro?

_____

3. ¿Cuáles son los planes de Inés para el futuro?

_____

4. ¿Qué piensa hacer don Francisco?

_____

5. ¿Qué habrá hecho Álex en cinco años?

_____

6 **En tu opinión** Contesta las preguntas con oraciones completas.

1. En tu opinión, ¿cuál de los personajes va a tener la profesión más interesante?
   Explica tu opinión. _____

_____

2. ¿Cuál de los personajes será el/la más rico/a? Explica tu opinión. _____

_____

3. ¿Cuál de los personajes será el/la más famoso/a? Explica tu opinión. _____

_____

4. ¿Cuál de los personajes será el/la más feliz? Explica tu opinión.

_____

_____

5. ¿Cuáles de los personajes van a lograr sus metas? Explica tu opinión.

_____

_____

_____

7 **Tus planes** Escribe una descripción de cómo será tu vida dentro de cinco años. No olvides
mencionar a tu familia, tus amigos, el lugar donde vives, tus pasatiempos y tu profesión.

_____

_____

_____

_____

_____

_____

_____

Video

¡Ahí vienen Romeo y Julieta!   Lección 17

Antes de ver el video

1 **Romeo y Julieta** En este episodio Álex y Maite salen juntos. Basándote en el título del episodio y en el fotograma, ¿qué crees que va a pasar en su cita?

_____

_____

_____

_____

_____

_____

_____

Mientras ves el video

2 **Ordenar** Mira el episodio **¡Ahí vienen Romeo y Julieta!** y numera los hechos del uno al seis, en el orden en que ocurrieron en el video.

____ a. Álex canta (¡pero muy mal!).

____ b. Álex dice que sus películas favoritas son las de ciencia ficción.

____ c. Álex y Maite ven que no abren el teatro hasta más tarde.

____ d. Álex y Maite se besan.

____ e. Maite dice que le gustaría ser cantante de ópera.

____ f. Álex menciona que le gusta la poesía de Octavio Paz.

3 **Los espectáculos de México** Mira las imágenes que recuerda Álex de eventos culturales en México y marca con "√" las cosas que aparecen en el segmento.

____ 1. cantantes   ____ 4. bailarines

____ 2. una iglesia   ____ 5. bailarinas

____ 3. murales   ____ 6. pintores

4 **Resumen** Mira el **Resumen** del episodio e indica cuál de estas oraciones resume mejor el segmento.

____ 1. Álex y Maite se besaron en la entrada.

____ 2. Álex y Maite salieron juntos y Álex quiere salir con Maite otra vez.

____ 3. Álex y Maite se divirtieron pero Maite ya no quiere salir con Álex.

____ 4. Álex y Maite se divirtieron y Maite quiere salir con Álex otra vez.

____ 5. Javier e Inés sorprendieron a Álex y a Maite cuando volvieron a la casa.

Video

Después de ver el video

5   **Seleccionar** Escribe la letra de la opción que mejor completa cada oración.

1. Abren el teatro a las _____

    a. seis y media.   b. seis.   c. siete y media.   d. siete.

2. Maite dice que le gustan mucho las películas _____

    a. románticas.   b. de ciencia ficción.   c. de horror.   d. de aventuras.

3. Álex dice que le gusta mucho leer la poesía de _____

    a. García Lorca.   b. Carme Riera.   c. Octavio Paz.   d. Gabriela Mistral.

4. A Álex le gustaría ser _____

    a. cantante de ópera.   b. pintor.   c. poeta.   d. periodista.

5. De no ser periodista, a Maite le gustaría ser _____

    a. poeta.   b. actriz.   c. novelista.   d. cantante de ópera.

6. Cuando Álex y Maite regresan a la casa, _____ los sorprenden a la puerta.

    a. Javier y don Francisco   b. Inés y don Francisco   c. Javier e Inés   d. Javier, Inés y don Francisco

6   **En tu opinión** Contesta las preguntas con oraciones completas.

1. ¿Crees que Álex y Maite van a salir juntos cuando vuelvan a Quito? ¿Por qué?

_____

_____

2. Álex y Maite tienen intereses similares, pero ¿son compatibles? Explica tu opinión.

_____

_____

3. ¿Crees que Javier e Inés van a ser novios algún día? ¿Por qué?

_____

_____

7   **En tu comunidad** Describe algunos de los eventos culturales que hay en tu comunidad o región.

_____

_____

_____

_____

_____

_____

_____

_____

_____

_____

Video

¡Hasta la próxima!   Lección 18

Antes de ver el video

1 **¿Qué pasa?** Mira el fotograma. ¿Dónde crees que están los viajeros? ¿Con quién hablan y de qué?

_____

_____

_____

_____

_____

_____

_____

_____

Mientras ves el video

2 **Completar** Mira el episodio **¡Hasta la próxima!** y completa las oraciones.

1. ¿Qué _____, don Francisco? ¡Qué _____ volver a verlo!

2. Nos _____ en clase de _____.

3. Me _____ hacerles una _____ sobre las

   _____ del viaje.

4. A ver... empecemos _____, Inés. ¿Cuál _____ tu

   experiencia _____?

5. Pero si nuestro _____ no _____ estado allí con nosotros,

   seguro que nos _____ perdido.

3 **¿Qué viste?** Mira el episodio **¡Hasta la próxima!** y marca con "√" los hechos que aparecen en el video.

____ 1. Maite describe la fiesta sorpresa en el restaurante El Cráter.

____ 2. Don Francisco besa a la señora Ramos.

____ 3. Maite le dice a Roberto que Álex es su novio.

____ 4. Álex dice que le gustaría hacer el viaje otra vez.

4 **Resumen** Mira el **Resumen** del episodio y numera estos hechos del uno al cuatro indicando el orden en que ocurrieron en este segmento.

____ a. Álex y Maite se besan.

____ b. Don Francisco ve que sus nuevos pasajeros son dos chicas y dos chicos.

____ c. Javier dice que él y los otros viajeros tuvieron un viaje estupendo.

____ d. Roberto le pregunta a Álex si le gustaría hacer el viaje otra vez.

Actividades del video para **Fotonovela**   **327**

Video

Después de ver el video

5   **Preguntas**   Contesta las preguntas con oraciones completas.

1. ¿Por qué quiere Roberto escribir un artículo sobre el viaje?

_____

_____

2. Para Inés, ¿cuál fue la mejor parte del viaje?

_____

_____

3. ¿Qué le dice Maite a Roberto sobre el viaje?

_____

_____

4. ¿Qué le menciona Javier a Roberto sobre el viaje?

_____

_____

5. Según Álex, ¿por qué le gustaría hacer el viaje otra vez?

_____

_____

6   **Un artículo**   Imagina que eres un(a) colega de Roberto en el periódico de la escuela. Escribe un breve artículo sobre el viaje usando la información que reunió Roberto.

_____

_____

_____

_____

_____

_____

_____

7   **¿Qué va a pasar?**   Los viajeros y don Francisco acaban de regresar a Quito. ¿Qué crees que les depara el futuro? ¿Crees que Álex y Maite seguirán viéndose? ¿Se casarán? ¿Empezarán a salir juntos Inés y Javier? ¿Alcanzarán sus metas profesionales los estudiantes y don Francisco?

_____

_____

_____

_____

_____

_____

_____

Video

Panorama: Los Estados Unidos   Lección 1

Antes de ver el video

1 **Más vocabulario** Clasifica las palabras de la lista en categorías según su significado. Clasifica las palabras con la letra **P** si se refiere a *Profesiones*, **E** si se refiere a *Entretenimiento* y **C** si se refiere a *Cantidades*.

_____ 1. algunos

_____ 2. beisbolistas

_____ 3. comparsa

_____ 4. concursos

_____ 5. diseñador

_____ 6. disfraces

_____ 7. escritora

_____ 8. espectáculos

_____ 9. mayoría

_____ 10. millón

_____ 11. muchos

_____ 12. por ciento

2 **Deportes** Este video habla de algunos beisbolistas dominicanos muy famosos. Como preparación, contesta estas preguntas sobre deportes.

1. ¿Qué deportes son populares en los Estados Unidos? _____

2. ¿Cuál es tu deporte favorito? _____

3. ¿Practicas deportes? ¿Cuáles? _____

Mientras ves el video

3 **Cognados** Marca con "√" los cognados que se oyen en el video.

___ 1. agosto

___ 2. carnaval

___ 3. celebrar

___ 4. discotecas

___ 5. democracia

___ 6. famosos

___ 7. festival

___ 8. independencia

___ 9. intuición

___ 10. populares

Después de ver el video

4 **Responder** Contesta las preguntas con oraciones completas.

1. ¿Cuántos hispanos hay en Estados Unidos?

_____

2. ¿De dónde es la mayoría de los hispanos en Estados Unidos?

_____

3. ¿Quiénes son Pedro Martínez y Manny Ramírez?

_____

4. ¿Dónde hay muchas discotecas y estaciones de radio hispanas?

_____

5. ¿Qué son WADO y Latino Mix?

_____

6. ¿Es Julia Álvarez una escritora dominicana?

_____

Video

Panorama: Canadá

Lección 1

Antes de ver el video

1 **Más vocabulario** Indica la palabra de cada lista que no pertenece con el resto.

1. hispanos – hijas – trabajadores – ciudades

2. investigadores – bancos – escuelas – hospitales

3. revista – periódico – seguridad – canal de televisión

4. mantienen – viven – conservan – preservan

5. Bolivia – Canadá – Montreal – Nicaragua

2 **Responder** Este video habla de la comunidad hispana en Montreal. Como preparación antes de ver el video, contesta estas preguntas sobre tu familia.

1. ¿Dónde nacieron tus padres? ¿Y tus abuelos? _____

2. Si alguno de ellos vino a los Estados Unidos de otro país, ¿cuándo y por qué vino?

_____

3. ¿Estás familiarizado/a con la cultura del país de tus antepasados? ¿Qué sabes de su cultura? ¿Sigues algunas de sus tradiciones? ¿Cuáles?_____

_____

Mientras ves el video

3 **Marcar** Marca con "√" las palabras que se oyen en el video.

___ 1. apartamento   ___ 3. diario   ___ 5. horas   ___ 7. instituciones   ___ 9. lápiz

___ 2. comunidad   ___ 4. escuela   ___ 6. hoteles   ___ 8. laboratorio   ___ 10. el programa

Después de ver el video

4 **¿Cierto o falso?** Indica si lo que dice cada oración es **cierto** o **falso**. Corrige la información falsa.

1. Los hispanos en Montreal son de Argentina. _____

2. En Montreal no hay canales de televisión en español. _____

3. En Montreal hay hispanos importantes. _____

4. Una hispana importante en el campo de la biología es Ana María Seifert. _____

5. Ella vive con sus dos hijas en una mansión en Montreal. _____

6. Ella pasa muchas horas en el museo. _____

7. En su casa se mantienen muchas tradiciones argentinas. _____

8. Ella participa en convenciones nacionales e internacionales. _____

Panorama: España   Lección 2

Antes de ver el video

1 **Más vocabulario** Empareja cada palabra con su definición.

_____ 1. acto de traer los toros al corral   a. gigante

_____ 2. muy viejo   b. peligroso

_____ 3. animal bravo con cuernos   c. cohete

_____ 4. mucho más grande de lo normal   d. antiguo

_____ 5. que puede causar daño   e. pañuelo

_____ 6. trozo de tela cuadrado   f. toro

                                                g. encierro

2 **Festivales** En este video vas a aprender sobre una fiesta popular española. Escribe qué cosas se suelen ver y hacer en una fiesta popular.

_____

_____

_____

_____

Mientras ves el video

3 **Ordenar** Numera estas palabras y frases en el orden en que aparecen en el video.

_____ a. cohete   _____ c. gigante   _____ e. muchas personas

_____ b. cuatro mujeres en   _____ d. mitad hombre,   _____ f. toro
         un balcón   mitad caballo

Después de ver el video

4 **Fotos** Escribe una breve descripción de cada fotograma.

_____

_____

_____

_____

_____

_____

Video

Actividades del video para **Panorama cultural** **331**

_____

_____

_____

_____

_____

5 **Crucigrama** Completa las oraciones y después usa las palabras para completar el crucigrama.

1. El Festival de San Fermín es la combinación de tres fiestas, una de ellas es las

    _____ comerciales.

2. Las _____ son los eventos favoritos de los niños.

3. La fiesta religiosa en honor a San Fermín, las ferias comerciales y los eventos taurinos son

    celebraciones _____.

4. Los Sanfermines es una de las _____ tradicionales españolas.

5. La gente lleva ropa blanca y _____ rojos.

6. En los encierros la gente corre delante de diecisiete _____.

7. En las comparsas hay figuras _____ hombre mitad animal.

8. En los días del festival, hay ocho _____ por día.

9. En las comparsas hay ocho _____.

10. Las comparsas pasan por las _____ de Pamplona.

11. Otras figuras tienen enormes _____.

¹				S			
²			A				
	³	N					
	⁴F						
⁵		E					
	⁶	R					
	⁷M						
⁸	I						
⁹	N						
¹⁰	E						
¹¹	S						

Video

Panorama: Ecuador

Lección 3

Antes de ver el video

1 **Más vocabulario** Completa las oraciones con las palabras de la lista.

archipiélago	islas	recurso
científicos	pingüinos	tortugas

1. Un grupo de islas es un _____ .

2. Las _____ son animales que tienen una concha en la espalda.

3. Los _____ trabajan para proteger el ecosistema.

4. Cerca de Ecuador están las _____ Galápagos.

5. Los _____ son pájaros que no pueden volar.

2 **Foto** Describe el fotograma. Escribe al menos tres oraciones.

_____

_____

_____

_____

_____

3 **Predecir** Mira el fotograma de la actividad anterior y escribe lo que crees que vas a ver en el video. Escribe al menos dos oraciones.

_____

_____

_____

4 **Emparejar** Empareja las palabras de la primera columna con sus antónimos.

_____ 1. grande   a. nada

_____ 2. muchas   b. aquí

_____ 3. todo   c. tampoco

_____ 4. también   d. sobre

_____ 5. allá   e. viejas

_____ 6. jóvenes   f. descansar

_____ 7. cerca   g. pocas

_____ 8. trabajar   h. pequeña

                         i. lejos

Video

Actividades del video para **Panorama cultural** | **333**

Mientras ves el video

5 **Marcar** Marca con "√" los verbos que oigas mientras miras el video.

_____ 1. aprender   _____ 5. escribir   _____ 9. tener

_____ 2. bailar   _____ 6. estudiar   _____ 10. tomar

_____ 3. beber   _____ 7. leer   _____ 11. vivir

_____ 4. comprar   _____ 8. recibir

Después de ver el video

6 **Responder** Contesta las preguntas con oraciones completas.

1. ¿En qué océano están las islas Galápagos?

_____

_____

2. ¿Qué hacen los científicos que viven en las islas?

_____

_____

3. ¿Qué hacen los turistas que visitan las islas?

_____

_____

4. ¿Qué proyectos tiene la Fundación Charles Darwin?

_____

_____

5. ¿Cuáles son los animales más grandes que viven en las islas?

_____

_____

6. ¿Por qué son importantes estas islas?

_____

_____

7 **Preferencias** De todos los animales que viste en el video, ¿cuál es tu favorito? Escribe tres oraciones completas describiendo tu animal favorito.

_____

_____

_____

_____

_____

_____

Video

Panorama: México

Antes de ver el video

1 **Más vocabulario** Escribe una oración con cada palabra.

1. (energía) _____

2. (fiesta) _____

3. (sentir) _____

4. (valle) _____

2 **Describir** Este video habla de las ruinas arqueológicas de Teotihuacán donde, todos los años, tiene lugar la celebración del equinoccio. ¿Sabes lo que es el equinoccio? Intenta escribir una definición.

equinoccio: _____

_____

3 **Categorías** Coloca las palabras de la lista en las categorías correspondientes de la tabla.

arqueológicos	gente	increíble	mexicanos	Teotihuacán
capital mexicana	hacen	interesante	moderno	tienen
celebrar	hombres	jóvenes	mujeres	Valle de México
ciudad	importante	Latinoamérica	niños	van
escalar				

Lugares	Personas	Verbos	Adjetivos

Mientras ves el video

4 **Marcar** Marca con "√" los pasatiempos que se ven en el video.

_____ 1. pasear _____ 4. escalar (pirámides) _____ 7. visitar monumentos

_____ 2. nadar _____ 5. tomar el sol _____ 8. bucear

_____ 3. patinar _____ 6. ver películas

Video

Después de ver el video

5 **Completar** Completa las oraciones con las palabras apropiadas de la lista.

la capital mexicana	muy interesante
la celebración del equinoccio	pasean
celebrar	sentir
comienzan	sol
manos	el Valle de México

1. Teotihuacán está a cincuenta kilómetros de _____.

2. A _____ van muchos grupos de música tradicional.

3. Todos quieren _____ la energía del sol en sus _____.

4. Ir a las pirámides de Teotihuacán es una experiencia _____.

5. Las personas _____ por las ruinas.

6 **¿Cierto o falso?** Indica si lo que dice cada oración es **cierto** o **falso**. Corrige la información falsa.

1. Las pirámides de Teotihuacán están lejos del Valle de México.

_____

2. Muchas personas van a Teotihuacán todos los años para celebrar el equinoccio.

_____

3. Turistas de muchas nacionalidades van a la celebración.

_____

4. La gente prefiere ir a Teotihuacán en sus ratos libres.

_____

5. La celebración del equinoccio termina a las cinco de la mañana.

_____

6. Las personas celebran la energía que reciben de Teotihuacán todos los años.

_____

7 **Foto** Describe el fotograma. Escribe por lo menos tres oraciones.

_____
_____
_____
_____
_____

Video

Antes de ver el video

1   **Más vocabulario** Encuentra las palabras de la segunda columna que correspondan a las de la primera.

_____ 1. angosto   a. estatua

_____ 2. sitio   b. costa

_____ 3. escultura   c. lugar

_____ 4. artesanía   d. vecindario

_____ 5. fuente   e. agua

_____ 6. barrio   f. estrecho

                     g. hecho a mano

2   **Preferencias** Este video describe las atracciones que ofrece San Juan, la capital de Puerto Rico. Escribe al menos tres cosas que te gusta hacer cuando visitas una ciudad por primera vez.

_____

_____

_____

_____

_____

_____

_____

Mientras ves el video

3   **Cognados** Marca con "√" los cognados que escuches mientras ves el video.

_____ 1. aeropuerto   _____ 9. estrés

_____ 2. área   _____ 10. histórico

_____ 3. arte   _____ 11. información

_____ 4. artístico   _____ 12. nacional

_____ 5. cafés   _____ 13. permanente

_____ 6. calma   _____ 14. presidente

_____ 7. capital   _____ 15. restaurantes

_____ 8. construcciones

Video

Después de ver el video

4   **Corregir** Corrige estas afirmaciones falsas sobre el episodio.

1. El Viejo San Juan es el barrio más moderno de la capital.

_____

2. El Morro es el centro artístico y cultural de Puerto Rico.

_____

3. Muchos artistas locales compran sus creaciones en las calles.

_____

4. En diciembre se celebra la Fiesta de la Calle San Sebastián con conciertos, exposiciones especiales de arte y un carnaval.

_____

5. En el Museo de las Américas presentan exposiciones relacionadas con la Historia de Norteamérica.

_____

6. Todos los días, más de un millón de visitantes llegan al Centro de Información de Turismo del Viejo San Juan.

_____

5   **Completar** Completa las oraciones con palabras de la lista.

camina	coloniales	excelente	galerías	promociona
capital	esculturas	exposición	hermoso	

1. En la bahía de la _____ de Puerto Rico está el Castillo de San Felipe del Morro.

2. Muchas de las construcciones del Viejo San Juan son _____.

3. En la mayoría de los parques hay _____ inspiradas en la historia del país.

4. El Instituto de Cultura Puertorriqueña _____ eventos culturales en la isla.

5. Hay muchas _____ de arte y museos.

6. En el Museo de San Juan hay una _____ permanente de la historia de Puerto Rico.

6   **Preferencias** De todos los lugares de San Juan que se describen, ¿cuál te pareció más interesante? Describe este lugar y explica por qué lo encontraste tan interesante.

_____

_____

_____

_____

_____

_____

Video

Panorama: Cuba

Antes de ver el video

1 **Más vocabulario** Escribe una breve definición de cada palabra.

1. conversar: _____

2. imágenes: _____

3. barco: _____

4. comunidad: _____

5. solución: _____

2 **Responder** Este video muestra a personas visitando a **santeros** para hablar con ellos de sus problemas y sus futuros. Como preparación antes de ver el video, contesta estas preguntas sobre tu conducta y tus creencias.

1. ¿Hablas con alguien cuando tienes problemas? ¿Con quién?

_____

_____

_____

2. ¿Crees que hay personas que pueden "ver" el futuro?

_____

_____

_____

Mientras ves el video

3 **Marcar** Marca con "√" las actividades que se ven en el video.

_____ 1. hombre escribiendo

_____ 2. hombre leyendo

_____ 3. mujer corriendo

_____ 4. mujer llorando

_____ 5. niño jugando

_____ 6. personas bailando

_____ 7. personas caminando

_____ 8. personas cantando

_____ 9. personas conversando

Después de ver el video

4 **Responder** Contesta estas preguntas con oraciones completas.

1. ¿Qué es la santería?
_____

2. ¿Quiénes son los santeros?
_____

3. ¿Qué venden en las tiendas de santería?
_____

4. ¿Para qué visitan las personas a los santeros?
_____

5. ¿Quiénes son los Eggún?
_____

6. ¿Qué hacen los Eggún cuando van a las casas de las personas?
_____

5 **¿Cierto o falso?** Indica si lo que dice cada oración es **cierto** o **falso**. Corrige la información falsa.

1. Cada tres horas sale un barco de La Habana con destino a Regla.
_____

2. Regla es una ciudad donde se practica la santería.
_____

3. La santería es una práctica religiosa muy común en algunos países latinoamericanos.
_____

4. Los santeros no son personas importantes en su comunidad.
_____

5. La santería es una de las tradiciones cubanas más viejas.
_____

6 **Escribir** En este video se ve a un santero hablando con una mujer. Escribe una breve conversación. Incluye lo que le preguntaría la mujer al santero y cómo le respondería él para ayudarla.

_____

_____

_____

_____

_____

_____

_____

_____

_____

Video

Panorama: Perú

Lección 7

Antes de ver el video

1 **Más vocabulario** Lee estas oraciones. Escribe un sinónimo para cada una de las palabras subrayadas.

1. El clima cálido, la humedad y el sol producen plantas <u>exuberantes</u>. _____

2. Vamos a dar un paseo en <u>canoa</u> por el río. _____

3. Quiero ver un paisaje nuevo. Cambiemos de <u>ruta</u> por un día. _____

4. Este lugar es uno de los más <u>bellos</u> que he visto. _____

2 **Preferencias** En este video vas a aprender sobre algunos deportes inusuales. Como preparación antes de ver el video, contesta estas preguntas sobre tu interés en los deportes.

1. ¿Qué deportes practicas?

_____

2. ¿Dónde los practicas?

_____

3. ¿Qué deportes te gusta ver en televisión?

_____

Mientras ves el video

3 **Fotos** Describe los fotogramas. Escribe al menos tres oraciones para cada uno.

_____
_____
_____
_____
_____
_____

_____
_____
_____
_____
_____
_____

Video

Actividades del video para **Panorama cultural**

Después de ver el video

4 **¿Cierto o falso?** Indica si lo que dice cada oración es **cierto** o **falso**. Corrige la información falsa.

1. Pachamac es el destino favorito para los que pasean en bicicletas de montaña.

_____

2. El *sandboard* es un deporte antiguo de Perú.

_____

3. El *sandboard* se practica en Ocucaje porque en este lugar hay muchos parques.

_____

4. El Camino Inca termina en Machu Picchu.

_____

5. El Camino Inca se puede completar en dos horas.

_____

6. La pesca en pequeñas canoas es un deporte tradicional.

_____

_____

5 **Completar** Completa las oraciones con palabras de la lista.

aventura	kilómetros	pesca
excursión	llamas	restaurante
exuberante	parque	tradicional

1. En Perú se practican muchos deportes de _____.

2. Pachamac está a 31 _____ de Lima.

3. La naturaleza en Santa Cruz es muy _____.

4. En Perú, uno de los deportes más antiguos es la _____ en pequeñas canoas.

5. Caminar con _____ es uno de los deportes tradicionales en Perú.

6. Santa Cruz es un sitio ideal para ir de _____.

6 **Escribir** Imagina que acabas de completar el **Camino Inca** acompañado/a de una llama. Escribe una breve carta a un(a) amigo/a contándole las cosas que hiciste y viste en el camino.

_____

_____

_____

_____

_____

_____

_____

_____

Video

Panorama: Guatemala   Lección 8

Antes de ver el video

1 **Más vocabulario** Completa las oraciones con las palabras de la lista.

alfombras	destruir	sobrevivir
calle	ruinas	terremoto

1. Hubo varios muertos, pero muchos consiguieron _____.
2. Un gran _____ estuvo a punto de _____ la ciudad.
3. Necesitamos _____ para cubrir el piso frío en invierno.
4. La semana pasada visitamos las _____ de un templo antiguo.

2 **Describir** Este video habla de un mercado al aire libre en Guatemala. Describe un mercado al aire libre que conozcas.

mercado: _____
_____
_____
_____
_____
_____

3 **Categorías** Coloca las palabras de la lista en las categorías correspondientes de la tabla.

bonitas	espectaculares	indígenas	quieres
calles	grandes	mercado	región
colonial	habitantes	monasterios	sentir
conocer	iglesias	mujeres	vieja

Lugares	Personas	Verbos	Adjetivos

Video

Mientras ves el video

4 **Marcar** Marca con "√" las acciones y escenas que aparecen en el video.

_____ 1. fuente

_____ 2. hombres con vestidos morados

_____ 3. mujer bailando

_____ 4. mujer llevando bebé en el mercado

_____ 5. mujeres haciendo alfombras de flores

_____ 6. niñas sonriendo

_____ 7. niño dibujando

_____ 8. personas hablando

_____ 9. ruinas

_____ 10. turista mirando el paisaje

Después de ver el video

5 **Completar** Completa las oraciones con palabras de la lista.

> aire libre   alfombras   atmósfera   fijo   indígenas   regatear

1. En Semana Santa las mujeres hacen _____ con miles de flores.

2. En Chichicastenango hay un mercado al _____ los jueves y domingos.

3. En el mercado los artículos no tienen un precio _____ .

4. Los clientes tienen que _____ cuando hacen sus compras.

5. En las calles de Antigua, los turistas pueden sentir la _____ del pasado.

6. Muchos _____ de toda la región vienen al mercado a vender sus productos.

6 **¿Cierto o falso?** Indica si lo que dice cada oración es **cierto** o **falso**. Corrige la información falsa.

1. Antigua fue la capital de Guatemala hasta 1773.

_____

2. Una de las celebraciones más importantes de Antigua es la de Semana Santa.

_____

3. En esta celebración, muchas personas se visten con ropa de color verde.

_____

4. Antigua es una ciudad completamente moderna.

_____

5. Chichicastenango es una ciudad mucho más grande que Antigua.

_____

6. El terremoto de 1773 destruyó todas las iglesias y monasterios en Antigua.

_____

7 **Escribir** Escribe cuatro oraciones para comparar las ciudades de Antigua y Chichicastenango.

_____

_____

_____

_____

_____

Video

Panorama: Chile

Antes de ver el video

1 **Más vocabulario** Empareja cada palabra con su antónimo.

____ 1. repartir

____ 2. disfrutar

____ 3. indígena

____ 4. escalar

____ 5. remoto

a. cercano

b. forastero

c. bajar

d. vista

e. juntar, unir

f. sufrir

2 **Escribir** Este video habla de la isla de Pascua. Como preparación antes de verlo, contesta estas preguntas.

1. ¿Has estado en una isla o conoces una? ¿Cómo se llama?

_____

2. ¿Dónde está? ¿Cómo es?

_____

Mientras ves el video

3 **Fotos** Describe los fotogramas. Escribe al menos tres oraciones para cada imagen.

_____

_____

_____

_____

_____

_____

_____

_____

_____

_____

_____

_____

Video

Actividades del video para **Panorama cultural**

Después de ver el video

4 **Completar** Completa las oraciones con palabras de la lista.

atracción	indígena
característico	llega
diferente	recursos
difícil	remoto
escalan	repartidas

1. Rapa Nui es el nombre de la isla de Pascua en la lengua _____ de la región.

2. Esta isla está en un lugar _____.

3. Los habitantes de esta isla no tenían muchos _____ naturales.

4. En un día de verano la temperatura _____ a los noventa grados.

5. Las esculturas moai son el elemento más _____ de esta isla.

6. Hay más de novecientas esculturas _____ por toda la isla.

7. Otra gran _____ de la isla es el gran cráter Rano Kau.

8. Los visitantes _____ el cráter para disfrutar de la espectacular vista.

5 **Preferencias** Enumera al menos dos cosas que te gustaron sobre el video. Explica tu elección.

_____
_____
_____
_____
_____
_____
_____
_____
_____
_____
_____
_____
_____
_____
_____

Video

Panorama: Costa Rica
Lección 10

Antes de ver el video

1 **Más vocabulario** Empareja cada palabra con la frase que mejor la describa.

___ 1. bosque

___ 2. riqueza

___ 3. nuboso

___ 4. regla

___ 5. tienda de campaña

a. lleno de nubes

b. refugio o albergue portátil para acampar

c. norma que se debe obedecer

d. una zona con muchos árboles

e. abundancia de algo

2 **Foto** Describe el fotograma escribiendo al menos tres oraciones.

_____

_____

_____

_____

_____

_____

_____

3 **Categorías** Clasifica estas palabras en las categorías de la tabla.

bosque	guía	pedir	sacar
diferentes	hermosos	permite	Tortuguero
entrar	Monteverde	playa	turistas
exóticas	nuboso	pueblos	visitantes
frágil			

Lugares	Personas	Verbos	Adjetivos

Video

Mientras ves el video

4 **Marcar** Mientras ves el video, marca con "√" las reglas que se mencionan.

_____ 1. En el parque Monteverde no pueden entrar más de 150 personas al mismo tiempo.

_____ 2. Los turistas tienen que dormir en tiendas de campaña.

_____ 3. Los turistas no pueden visitar Tortuguero en febrero.

_____ 4. Después de la seis no se permite ir a la playa sin un guía certificado.

_____ 5. Los turistas no pueden tocar las tortugas.

_____ 6. En Tortuguero está prohibido tomar fotografías.

Después de ver el video

5 **Completar** Completa las oraciones con las palabras de la lista.

acampan	entrar	pasan	prohíbe
conservan	estudiar	prefieren	transportan

1. En Monteverde se _____ más de dos mil especies diferentes de animales.

2. En este parque no pueden _____ más de 150 personas al mismo tiempo.

3. Algunos turistas _____ en Monteverde.

4. Otros _____ ir a los hoteles de los pueblos que están cerca de Monteverde.

5. Se _____ sacar fotografías.

6 **Preferencias** Escribe un párrafo describiendo qué lugares de Costa Rica te gustaría visitar y explica por qué.

_____

_____

_____

_____

_____

_____

_____

_____

_____

_____

_____

_____

_____

_____

Video

Panorama: Argentina

Lección 11

Antes de ver el video

1 **En contexto** Lee este párrafo y presta atención al significado de las palabras subrayadas. Después, escoge cuatro palabras y expresiones y escribe un sinónimo para cada una de ellas.

<u>Actualmente</u>, en algunos barrios de mi ciudad están abriendo <u>salones de baile</u> para promover la cultura local. La idea <u>surgió</u> de las asociaciones de jubilados. Además de bailar, quienes quieren ser <u>cantantes</u> también pueden demostrar su talento. A mis abuelos les encanta ir y practicar <u>pasos</u> de baile que <u>extrañan</u> de otros tiempos pasados. Tocan música de todo <u>género</u>, incluido el tango. La oferta cultural se completa con los cuadros que <u>exponen</u> los artistas locales en estos salones.

1. _____

2. _____

3. _____

4. _____

2 **Completar** Completa las oraciones usando las palabras subrayadas de la actividad anterior. Haz las modificaciones necesarias.

1. Los artistas _____ sus pinturas en las calles.

2. Britney Spears es una _____ famosa.

3. El tango tiene _____ muy complicados.

4. El jazz es un _____ musical que se originó en los Estados Unidos.

5. El tango _____ en Buenos Aires, Argentina.

6. La gente va a los _____ a divertirse.

7. Las personas _____ mucho a su país cuando tienen que vivir en el extranjero.

Mientras ves el video

3 **Marcar** Marca con "√" los cognados que aparecen en el video.

_____ 1. adultos

_____ 2. aniversario

_____ 3. arquitectura

_____ 4. artistas

_____ 5. demostración

_____ 6. conferencia

_____ 7. dramático

_____ 8. exclusivamente

_____ 9. famosos

_____ 10. gráfica

_____ 11. impacto

_____ 12. musical

Video

Actividades del video para **Panorama cultural**   **349**

Después de ver el video

4 **¿Cierto o falso?** Indica si lo que dice cada oración es **cierto** o **falso**. Corrige la información falsa.

1. Guillermo Alio dibuja en el suelo una gráfica para enseñar a cantar.

_____

2. El tango es música, danza, poesía y pintura.

_____

3. Alio es un artista que baila y canta al mismo tiempo.

_____

4. Alio y su pareja se ponen pintura verde en los zapatos.

_____

5. Ahora los tangos son historias de hombres que sufren por amor.

_____

6. El tango tiene un tono dramático y nostálgico.

_____

5 **Completar** Completa las oraciones con las palabras de la lista.

actualmente	compositor	fiesta	género	homenaje	pintor	surgió	toca

1. El tango es un _____ musical que se originó en Argentina en 1880.
2. El tango _____ en el barrio La Boca.
3. _____ este barrio se considera un museo al aire libre.
4. En la calle Caminito se _____ y se baila el tango.
5. Carlos Gardel fue el _____ de varios de los tangos más famosos.
6. En el aniversario de su muerte, sus aficionados le hacen un _____.

6 **Responder** Contesta las preguntas con oraciones completas.

1. ¿Por qué crees que el tango es tan famoso en todo el mundo?

_____

2. ¿Te gustaría aprender a bailar tango? ¿Por qué?

_____

3. ¿Qué tipo de música te gusta? Explica tu respuesta.

_____

Panorama: Panamá

Lección 12

Antes de ver el video

1 **Más vocabulario** Indica con qué opción se podrían sustituir las palabras subrayadas sin cambiar el significado de la oración.

a. anualmente

b. arrecife

c. disfrutar

d. vecindario

e. sitio

f. torneo

Aquí está el <u>lugar</u> (1) _____ del accidente, en esta playa al lado del <u>banco</u> (2) _____ de coral. Mi hermano ganó el último <u>campeonato</u> (3) _____ de pesca submarina que se celebra <u>cada año</u> (4) _____. Aunque quiera, no puedo <u>pasarlo bien</u> (5) _____ en la playa porque siempre me acuerdo del accidente.

2 **Responder** Este video habla de los mejores lugares para bucear y hacer *surf* en Panamá. Antes de ver el video, contesta estas preguntas.

1. ¿Te gusta el *surf*? ¿Por qué?

_____

2. ¿Practicas este deporte? ¿Conoces a alguien que lo practique? ¿Dónde lo practica/s?

_____

Mientras ves el video

3 **Ordenar** Numera los fotogramas en el orden en que aparecen en el video.

_____

_____

_____

Actividades del video para **Panorama cultural** | **351**

Video

Después de ver el video

4 **Emparejar** Completa las oraciones de la primera columna con las frases de la segunda columna.

1. La isla Contadora es la más grande _____
2. Allí siempre hace calor _____
3. En Panamá, los visitantes pueden bucear en el océano Pacífico por la mañana, _____
4. Las islas de San Blas son 365, _____
5. En Santa Catarina los deportistas disfrutan de _____

a. por la noche.
b. del archipiélago.
c. la playa blanca y el agua color turquesa.
d. por eso se puede bucear en todas las estaciones.
e. una para cada día del año.
f. y en el mar Caribe por la tarde.

5 **Responder** Contesta las preguntas con oraciones completas.

1. ¿Qué país centroamericano tiene costas en el océano Pacífico y en el mar Caribe?

_____

_____

2. ¿Por qué Las Perlas es un buen lugar para bucear?

_____

_____

3. ¿Cómo llegan los turistas a la isla Contadora?

_____

_____

4. ¿Cómo se llaman los indígenas que viven en las islas San Blas?

_____

_____

5. ¿Adónde van los mejores deportistas de *surfing* del mundo?

_____

_____

6 **Pasatiempos** Completa la tabla.

Mis deportes/ pasatiempos favoritos	Por qué me gustan	Dónde/cuándo los practico

Video

Panorama: Colombia   Lección 13

Antes de ver el video

1   **Más vocabulario** Clasifica las palabras en la categoría más adecuada de acuerdo con su significado.

alrededores	cordillera	disfrutar
belleza natural	costas	feria
campesinos	delfín	fiesta
carroza	desfile	orquídea

Lugares	Celebraciones	Seres vivos
_____	_____	_____
_____	_____	_____
_____	_____	_____
_____	_____	_____
_____	_____	_____

Mientras ves el video

2   **Preguntas** Contesta las preguntas sobre los fotogramas con oraciones completas.

1. ¿Cómo se llama esta celebración?

   _____

   _____

   _____

2. ¿Dónde vive este animal?

   _____

   _____

   _____

Video

Después de ver el video

3 **Emparejar** Empareja los elementos de la primera columna que mejor se relacionen con los de la segunda columna.

_____ 1. el grano colombiano que se exporta mucho

_____ 2. el Carnaval de Barranquilla

_____ 3. en Colombia crecen muchas

_____ 4. aquí vive el delfín rosado

_____ 5. desfile de los silleteros

_____ 6. aquí vive el cóndor

a. el café

b. río Amazonas

c. un desfile de carrozas decoradas

d. orquídeas

e. Feria de las Flores

f. Nevado del Huila

4 **Completar** Completa las oraciones con las palabras de la lista.

Amazonas	carrozas	el cóndor	flor
campesinos	celebra	encuentra	reserva

1. En el Parque de Orquídeas hay más de tres mil especies de esta _____ .

2. En los alrededores del Parque Nevado del Huila vive _____ .

3. El río _____ está al sur de Colombia.

4. El Parque Amaracayu es una _____ natural.

5. Los _____ de la región participan en el desfile de los silleteros.

6. El domingo de carnaval se hace un desfile con _____ decoradas.

5 **Responder** Contesta las preguntas con oraciones completas.

1. ¿Qué es lo primero que piensas cuando oyes la palabra *carnaval*?

_____

_____

_____

2. ¿Cuál crees que es el carnaval más famoso del mundo? ¿Por qué?

_____

_____

_____

3. ¿Cuál es el carnaval más famoso de los Estados Unidos? ¿Cómo se celebra?

_____

_____

_____

Video

Panorama: Venezuela **Lección 14**

Antes de ver el video

1 **Más vocabulario** Completa el párrafo con las palabras de la lista.

castillo	medir
catarata	según
cima	teleférico

Para rescatar a la princesa, el príncipe tenía que llegar al (1) _____ que estaba

en la (2) _____ de la montaña. Por suerte, estos eran tiempos modernos y había

un (3) _____ que lo llevó hasta allí. (4) _____ la leyenda,

la princesa estaba obsesionada con (5) _____ la longitud de su cabello y hacía

años que no salía al exterior. Cuando el príncipe llegó al punto más alto de la montaña, pudo ver

algo que nunca había podido ver desde abajo, una (6) _____ de aguas cristalinas

hermosísima —una auténtica maravilla— y por un momento se olvidó de la princesa.

2 **Preferencias** En este video vas a aprender más sobre dos de las atracciones turísticas más famosas
de Venezuela: sus playas y sus montañas. Antes de ver el video, termina estas oraciones.

1. Me gusta/No me gusta ir a la playa porque _____

_____

_____

2. Me gusta/No me gusta ir de excursión a las montañas porque _____

_____

_____

Mientras ves el video

3 **Marcar** Marca con "√" los cognados que se oyen en el video.

_____ 1. animales

_____ 2. arquitectura

_____ 3. construcción

_____ 4. diversa

_____ 5. famoso

_____ 6. geológicas

_____ 7. horizontales

_____ 8. marina

_____ 9. mitología

_____ 10. naturales

_____ 11. plantas

_____ 12. verticales

Actividades del video para **Panorama cultural**

Video

Después de ver el video

4 **¿Cierto o falso?** Indica si lo que dicen las oraciones es **cierto** o **falso**. Corrige la información falsa.

1. El Fortín Solano es la capital comercial de isla Margarita.

   _____

2. Tepuyes es el nombre que los indígenas piaroas les dan a las montañas.

   _____

3. Se cree que en el Parque Nacional Canaima hay muchas especies de plantas y animales que nunca han sido clasificadas.

   _____

4. El Salto Ángel es la catarata más alta del mundo.

   _____

5. Según la mitología de los piaroas el tepuy Autana representa la muerte.

   _____

6. La isla Margarita es conocida como la Perla del Amazonas.

   _____

5 **Completar** Completa las oraciones con las palabras de la lista. No vas a usar algunas de las palabras.

clase	islas	metros	río	verticales
fuertes	marina	planas	teleférico	

1. En Venezuela hay castillos y _____ que sirvieron para proteger al país hace muchos años.

2. En Venezuela hay más de 311 _____.

3. La isla Margarita tiene una fauna _____ muy diversa.

4. Los hoteles de isla Margarita son de primera _____.

5. El Parque Nacional Canaima tiene 38 grandes montañas de paredes _____ y cimas _____.

6. Venezuela también tiene el _____ más largo del mundo.

6 **Escribir** Escribe sobre las tres cosas del video que encontraste más interesantes. Usa oraciones completas y explica con detalles.

_____

_____

_____

_____

_____

_____

_____

Video

Panorama: Bolivia

Lección 15

Antes de ver el video

1 **Más vocabulario** Empareja cada palabra con su definición.

____ 1. alimento

____ 2. enorme

____ 3. particular

____ 4. salar

____ 5. tratamiento

a. extensión de sal por la evaporación de agua salada

b. único/a

c. terapia para curar una enfermedad o condición

d. muy grande

e. comida, nutrición

2 **Foto** Describe el fotograma en al menos tres oraciones completas.

_____

_____

_____

_____

_____

_____

_____

3 **Predecir** Basándote en el fotograma anterior, ¿de qué crees que va a tratar el episodio?

_____

_____

_____

Mientras ves el video

4 **Marcar** Marca con "√" los cognados que se oyen en el video.

____ 1. abundante

____ 2. arte

____ 3. color

____ 4. contacto

____ 5. cultura

____ 6. diversa

____ 7. estrés

____ 8. exceso

____ 9. exótico

____ 10. extraordinario

____ 11. presente

____ 12. región

Video

Después de ver el video

5 **Palabra correcta** Las palabras subrayadas en estas oraciones son incorrectas. Corrígelas.

1. El salar de Uyuni está al <u>norte</u> de Bolivia.

   La palabra correcta es: _____

2. La sal sin exceso es <u>mala</u> para las personas que sufren de enfermedades de los huesos.

   La palabra correcta es: _____

3. Los hoteles de esta región se hicieron con cuidado porque el contacto en exceso con la sal es <u>excelente</u> para la salud.

   La palabra correcta es: _____

4. Estos hoteles ofrecen a los huéspedes masajes y otros tratamientos para aliviar el <u>acné</u>.

   La palabra correcta es: _____

5. La sal se usa en Uyuni para <u>dañar</u> los alimentos.

   La palabra correcta es: _____

6. El salar de Uyuni parece un gran <u>parque</u> de color blanco.

   La palabra correcta es: _____

6 **Preferencias** ¿Te gustaría alojarte en un hotel donde todo está hecho de sal? Da dos razones por las que sí te gustaría alojarte y dos por las que no. Explica.

Razones por las que me gustaría:

_____

_____

_____

_____

_____

_____

Razones por las que no me gustaría:

_____

_____

_____

_____

_____

_____

_____

Video

Panorama: Nicaragua   Lección 16

Antes de ver el video

1 **Más vocabulario** Empareja cada palabra o frase con su sinónimo.

____ 1. artesanía   a. ciervo

____ 2. atractivo   b. producto fabricado a mano

____ 3. burlarse de   c. regalo

____ 4. dioses   d. adorar

____ 5. laguna   e. divinidades

____ 6. ofrenda   f. interesante

____ 7. venado   g. lago

____ 8. venerar   h. reírse

2 **Categorías** Clasifica las palabras en categorías.

artesanales	creían	famosa	pueblo	significan
autoridades	deriva	habitantes	reciente	tradicionales
bailan	enojados	laguna	región	venden
capital	extensas	políticos		

Lugares	Personas	Verbos	Adjetivos

Mientras ves el video

3 **Marcar** Marca con "√" los verbos que se oyen en el video.

____ 1. bailan   ____ 5. correr   ____ 9. jugar

____ 2. burlan   ____ 6. creían   ____ 10. venden

____ 3. calmar   ____ 7. deriva   ____ 11. veneraban

____ 4. comer   ____ 8. estudiar   ____ 12. ver

Actividades del video para **Panorama cultural**

Después de ver el video

4

Emparejar Empareja los elementos de la primera columna que mejor se relacionen con los de la segunda columna.

_____ 1. la más reciente erupción del Volcán Masaya

_____ 2. Los indígenas les daban esto a los dioses para calmar al volcán.

_____ 3. *mazalt* y *yan*

_____ 4. Pasaba cuando los dioses estaban enojados.

_____ 5. el Torovenado

a. una celebración

b. ofrendas

c. El volcán hacía erupción.

d. nombre *Masaya* en lengua indígena

e. 1993

5

Respuestas Contesta las preguntas con oraciones completas.

1. ¿Cómo se llama el pueblo donde está situada la laguna de Masaya?

_____

2. ¿De dónde se deriva el nombre *Masaya*?

_____

3. ¿Cuál es la fiesta más importante que se celebra en Masaya?

_____

4. ¿De quiénes se burlan los habitantes en estas fiestas?

_____

5. ¿Por qué se le conoce a Masaya como la capital del folklore nicaragüense?

_____

6. ¿Qué venden en el mercado, además de frutas y verduras?

_____

6

Escribir Escribe un breve resumen del video.

_____

_____

_____

_____

_____

_____

_____

_____

_____

_____

_____

_____

Video

Panorama: República Dominicana Lección 16

Antes de ver el video

1 **Más vocabulario** Completa las oraciones con las palabras de la lista.

1. Yo no sé _____ ningún instrumento musical.

2. La música juega un _____ muy importante en las fiestas.

3. El Día de la Independencia es una _____ .

4. La bachata y el merengue son dos _____ caribeños.

5. Esos tres músicos quieren _____ un grupo de salsa.

a. fiesta nacional

b. tocar

c. crear

d. ritmos

e. papel

2 **Preguntas** El video habla de dos géneros musicales famosos de la República Dominicana. Contesta estas preguntas antes de ver el video.

1. ¿Cuál es el género musical estadounidense con más fama internacional?

_____

2. ¿Te gusta esta música? ¿Por qué?

_____

_____

Mientras ves el video

3 **Marcar** Marca con "√" las actividades y lugares que se ven en el video.

_____ 1. niños sonriendo

_____ 2. mujer vendiendo ropa

_____ 3. parejas bailando

_____ 4. hombre tocando acordeón

_____ 5. niño jugando al fútbol

_____ 6. espectáculo de baile en teatro

_____ 7. bandera de la República Dominicana

_____ 8. mujer peinándose

_____ 9. boulevard

_____ 10. playa

Después de ver el video

4 **Corregir** Las palabras subrayadas en estas oraciones son incorrectas. Corrígelas.

1. Uno de los mejores ejemplos de la mezcla de culturas en la República Dominicana es la arquitectura.

La palabra correcta es: _____

2. El Festival del merengue se celebra en las plazas de Santo Domingo todos los veranos.

La palabra correcta es: _____

3. La música de República Dominicana está influenciada por la música tradicional de Asia.

La palabra correcta es: _____

Video

Actividades del video para **Panorama cultural** **361**

4. En todo el país hay discotecas donde se toca y se baila la bachata y el <u>jazz</u>.

La palabra correcta es: _____

5. El 27 de febrero de cada año los dominicanos celebran el día de la <u>madre</u>.

La palabra correcta es: _____

6. La bachata y el merengue son ritmos <u>poco</u> populares en la República Dominicana.

La palabra correcta es: _____

5 **Emparejar** Empareja los elementos de la primera columna que mejor se relacionen con los de la segunda columna.

_____ 1. Aquí la gente baila la bachata y el merengue.

_____ 2. Este músico recibió en 1966 la Medalla presidencial.

_____ 3. *El Bachatón*

_____ 4. Juan Luis Guerra, Johnny Ventura y Wilfredo Vargas

_____ 5. La música dominicana recibió la influencia de estas personas.

a. Johnny Pacheco

b. varios de los muchos músicos de bachata y merengue con fama internacional

c. los indígenas que vivían en la región

d. las discotecas de la ciudad

e. En este programa de televisión sólo se toca la bachata.

6 **Seleccionar** Indica qué oración resume mejor lo que viste en el video.

_____ 1. Por muchos años, muchos emigrantes llegaron a la República Dominicana y crearon la actual cultura dominicana.

_____ 2. Todas las estaciones de radio tocan bachata y hay un programa de televisión muy popular dedicado exclusivamente a esta música, llamado *El Bachatón*.

_____ 3. Los ritmos más populares de la República Dominicana, la bachata y el merengue, son producto de varias culturas y forman parte integral de la vida de los dominicanos.

_____ 4. Una fiesta tradicional dominicana es el Festival del Merengue, que se celebra todos los veranos desde 1966 por las calles de Santo Domingo.

7 **Responder** Contesta las preguntas con oraciones completas.

1. ¿Cuál es tu música favorita? ¿Por qué?

_____

2. ¿Dónde escuchas esta música? ¿Cuándo?

_____

3. ¿Quiénes son los intérpretes más famosos de esta música? ¿Cuál de ellos te gusta más?

_____

4. ¿Te gusta bailar? ¿Qué tipo de música bailas?

_____

5. ¿Es la música algo importante en tu vida? ¿Por qué?

_____

Panorama: El Salvador — Lección 17

Antes de ver el video

1 **Más vocabulario** Elige la palabra que mejor completa cada oración.

1. Con tomate, cebolla y aceite se hace _____ (salsa/sopa) para acompañar el arroz.

2. La leche es un _____ (alimento/cereal) muy completo para los niños.

3. El yogur es una buena _____ (vitamina/fuente) de calcio.

4. El maíz, el trigo y la cebada son tipos de _____ (alubia/grano).

2 **Categorías** Clasifica las palabras en categorías.

arepas	comerciales	restaurantes
buena	importante	sal
catedrales	maíz	tamales
cebolla	mercados	tradicionales
centrales	plazas	usa
ciudades	postre	Valle de México
comenzaron	queso	vivían

Lugares	Comida	Verbos	Adjetivos

Mientras ves el video

3 **Marcar** Marca con "√" los verbos que se oyen en el video.

_____ 1. bailar   _____ 5. describir   _____ 8. saber   _____ 11. vender

_____ 2. cocinar   _____ 6. hacer   _____ 9. servir   _____ 12. usar

_____ 3. comer   _____ 7. limpiar   _____ 10. tocar   _____ 13. vivir

_____ 4. decir

Después de ver el video

4 **Completar** Completa las oraciones con palabras de la lista.

aceite	fuente	pupusas
arroz	maíz	sal
camarón	postre	símbolo

1. En El Salvador el _____ es el alimento principal de la dieta diaria.

2. Las pupusas se comen a veces como _____ acompañadas de frutas y chocolate.

3. En todos los lugares importantes de las ciudades y pueblos de El Salvador se venden

   _____.

4. Para hacer las pupusas se usa maíz, agua, _____ y sal.

5. El maíz es una buena _____ de carbohidratos.

6. El maíz se ha usado como _____ religioso.

5 **Foto** Describe el fotograma en al menos tres oraciones.

_____

_____

_____

_____

_____

6 **Escribir** Escribe sobre tu plato favorito y explica cómo se prepara. No olvides incluir todos los ingredientes necesarios.

_____

_____

_____

_____

_____

_____

_____

_____

_____

_____

_____

_____

364   Actividades del video para **Panorama cultural**

Video

Panorama: Honduras

Antes de ver el video

1 **Más vocabulario** Indica qué palabra no pertenece con el resto.

1. confuso – claro – evidente

2. afuera – alrededor – dentro de

3. tamaño – pequeño – escala

4. serpiente – quetzal – cactus

5. ordinario – impresionante – normal

2 **Predecir** ¿Recuerdas el video de la **Lección 4**? Era sobre las pirámides de Teotihuacán. En esta lección vas a oír sobre otras pirámides, las de la ciudad de Copán en Honduras. Escribe un párrafo sobre las cosas que crees que vas a ver en el video.

_____

_____

_____

_____

_____

_____

Mientras ves el video

3 **Marcar** Marca con "√" las palabras que se oyen en el video.

_____ 1. azteca

_____ 2. bailes

_____ 3. cultura precolombina

_____ 4. grupos

_____ 5. maya

_____ 6. ochocientos

_____ 7. quetzal

_____ 8. Rosalila

_____ 9. Sol

_____ 10. Tegucigalpa

Después de ver el video

4   **Seleccionar** Elige la opción que mejor completa cada oración.

1. Una ciudad muy importante de la cultura _____ es Copán.
   a. olmeca   b. salvadoreña   c. azteca   d. maya

2. Desde mil novecientos _____ y cinco científicos han trabajado en estas ruinas.
   a. cincuenta   b. setenta   c. sesenta   d. noventa

3. Los mayas fueron grandes artistas, _____, matemáticos, astrónomos y médicos.
   a. maestros   b. estudiantes   c. arquitectos   d. cantantes

4. Ricardo Agurcia descubrió un templo _____ una pirámide.
   a. afuera de   b. cerca de   c. dentro de   d. a un lado de

5. En Copán encontraron el texto más _____ que dejó la gran civilización maya.
   a. extenso   b. corto   c. interesante   d. divertido

6. En Copán está el Museo de _____ Maya.
   a. Arte   b. Pintura   c. Escultura   d. Texto

7. La puerta del museo tiene la forma de la boca de _____.
   a. una serpiente   b. un gato   c. un puma   d. un quetzal

8. En la sala principal se encuentra la réplica _____ Rosalila.
   a. de la pirámide b. de la ciudad   c. del Templo   d. de la ruina

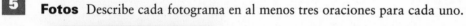

5   **Fotos** Describe cada fotograma en al menos tres oraciones para cada uno.

_____
_____
_____
_____
_____

_____
_____
_____
_____
_____

6   **Escribir** Imagínate que has ido a Copán. Escríbele una postal a tu amigo/a contándole todo lo que viste.

_____
_____
_____
_____
_____

Video

Panorama: Paraguay   **Lección 18**

Antes de ver el video

1   **Más vocabulario** Elige la palabra que mejor completa cada oración.

1. El café tiene sabor _____ (dulce/amargo).

2. _____ (Hervir/Freír) es cocer en agua.

3. La calabaza es una verdura de color _____ (púrpura/anaranjado).

4. Las cápsulas de vitaminas son suplementos _____ (alimenticios/medicinas).

5. Para producir tabaco hay que _____ (cortar/quemar) las hojas
   después de cultivarlas.

2   **Preferencias** En este video vas a aprender sobre la importancia de una bebida de la dieta de
Paraguay similar al café. ¿Te gusta el café? ¿Es popular en tu país? ¿Crees que es bueno para la salud?
Escribe un párrafo contestando las preguntas.

_____

_____

_____

_____

Mientras ves el video

3   **Ordenar** Numera las oraciones en el orden en que aparecen en el video.

_____ a. El mate es un alimento.

_____ b. Hay muchas técnicas para preparar el mate.

_____ c. Tomar mate era ilegal.

_____ d. El mate se toma a toda hora.

_____ e. La yerba mate crece en América del Sur.

_____ f. El mate tiene vitaminas, minerales y antioxidantes.

_____ g. El mate tiene un sabor amargo.

_____ h. Los indígenas guaraní creían que esta planta era un regalo de sus antepasados.

_____ i. El mate es típico de Paraguay, Argentina y Uruguay.

_____ j. El mate es usado por personas que quieren adelgazar.

Video

Después de ver el video

4   **Fotos**   Describe cada fotograma en al menos tres oraciones para cada uno.

_____

_____

_____

_____

_____

_____

_____

_____

_____

_____

5   **Responder**   Contesta las preguntas con oraciones completas.

1. ¿Qué es el mate?

_____

2. ¿Dónde es típico el mate?

_____

3. ¿Cómo usaban los indígenas guaraní el mate?

_____

4. ¿Cómo se usa hoy en día el mate?

_____

5. ¿Por qué era ilegal tomar mate?

_____

6. ¿Qué características tiene el mate?

_____

6   **Escribir**   Escribe un breve resumen de lo que viste en el video.

_____

_____

_____

_____

_____

_____

_____

Video

  Actividades del video para **Panorama cultural**

Panorama: Uruguay   **Lección 18**

Antes de ver el video

1 **Más vocabulario** Empareja cada palabra o frase con su definición.

_____ 1. asado   a. ganadero habitante de la pampa de Argentina y Uruguay

_____ 2. cabalgata colectiva b. período de cien años

_____ 3. ganadería   c. espectáculo donde se montan caballos sin domar

_____ 4. gaucho   d. paseo a caballo en grupos

_____ 5. jineteada   e. cría de caballos y vacas

_____ 6. ranchos ganaderos   f. granjas donde se cría ganado

_____ 7. siglo   g. carne cocida al fuego

2 **Predecir** Basándote en los fotogramas, escribe sobre el tema que tratará el video.

_____

_____

_____

_____

_____

Mientras ves el video

3 **Describir** Escribe con tus propias palabras una descripción de lo siguiente.

1. Las estancias son _____

_____

2. Los gauchos son _____

_____

3. Las cabalgatas colectivas son _____

_____

4. Las jineteadas son _____

_____

Video

Después de ver el video

4 **Responder** Contesta las preguntas con oraciones completas.

1. ¿Te gustaría quedarte por unos días en una estancia? ¿Por qué?

_____

2. ¿Por qué crees que a los turistas les gustan estos lugares? ¿Por qué son tan especiales?

_____

3. ¿Hay en tu país hoteles parecidos a las estancias? ¿Cómo son?

_____

_____

5 **Imaginar** Imagínate que eres un(a) agente de viajes y tienes que planear un itinerario para unos clientes que van a una estancia. Escribe el itinerario en el cuadro.

lunes	
martes	
miércoles	
jueves	
viernes	
sábado	
domingo	

6 **Escribir** Ahora imagínate que eres un gaucho. ¿Cómo es tu rutina diaria? Describe qué actividades haces todos los días.

En la mañana yo _____

_____

_____

En la tarde yo _____

_____

_____

En la noche yo _____

_____

_____

Video

Text Credits

179 © Calpurnio. Publicado en el diario *20 Minutos* en 2006.

214 "La velada del sapo" and "Una palmera" by Rosario Castellanos. D.R. © 1998 by Fondo de cultura económica. Carretera Picacho-Ajusco 227, C.P. 14200, México, D.F.

224 © Alfonsina Storni, "Cuadrados y ángulos" and "Versos a la tristeza de Buenos Aires."

225 © Carlos Fuentes, *La región más transparente.*

238 From *Cuando era puertorriqueña* by Esmeralda Santiago. Introducción y traducción © 1994 by Random House, Inc. Used by permission of Vintage Español, a division of Random House, Inc.

254 *El carpintero* de Eduardo Hughes Galeano, inédito en libro.

256–257 "Mi maletín" by Wenceslao Gálvez is reprinted with permission from the publisher of *En otra voz: Antología de la literatura hispana de los Estados Unidos.* © 2002 (Houston: Arte Público Press — University of Houston).

269–270 © Federico García Lorca, "Romance sonámbulo." Reprinted by permission of Herederos de Federico García Lorca.

271 © Gladys Ilarregui, "El poema en mangas de camisa."

285–286 Isabel Allende. Un fragmento de la obra *Mi país inventado.* © Isabel Allende, 2003.

288–289 © Julia de Burgos, "Yo misma fui mi ruta."